在鄂尔多斯市第三中学庆祝教师节大会上发言

出席由中央教科所、中国伦理学会德育专业委员会
组织的“整体构建和谐德育体系实验研究”会议

出席一线教育讲坛会议
与田万生教授在一起

在鄂尔多斯市乌审旗高级中学讲示范课

带领学生进行60华里的远足活动

在军事博物馆前接受爱国主义教育

赴山东烟台市中英文学校参观学习

与忻州师范学院薛振齐、赵三再和李国田（原河曲中学校长）在一起

与宏志班学生一起参观中国人民抗日战争纪念馆

与青年教师在一起

2011年全国和谐德育年会暨第十四届学术研讨会
中国伦理学会德育专业委员会第七届学术研讨会
●德育科研优秀成果

心语实录

教育的真谛

窦根锁 杨喜生 编著

中央民族大学出版社
China Minzu University Press

图书在版编目（CIP）数据

心语实录——教育的真谛/窦根锁、杨喜生编著．—北京：中央民族大学出版社，2012.6

ISBN 978-7-5660-0228-0

Ⅰ．①心…　Ⅱ．①窦…　Ⅲ．①德育—中国—文集

Ⅳ．①G41-53

中国版本图书馆CIP数据核字（2012）第132305号

心语实录——教育的真谛

编　　著　窦根锁　杨喜生
责任编辑　吴　云
封面设计　严　兮
出 版 者　中央民族大学出版社
　　　　　北京市海淀区中关村南大街27号　邮编：100081
　　　　　电话：68472815（发行部）传真：68932751（发行部）
　　　　　　　　68932218（总编室）　　　　68932447（办公室）
发 行 者　全国各地新华书店
印 刷 厂　北京宏伟双华印刷有限公司
开　　本　880×1230（毫米）　1/32　印张：9.25
字　　数　250千字
版　　次　2012年8月第1版　2012年8月第1次印刷
书　　号　ISBN 978-7-5660-0228-0
定　　价　35.00元

序（一）

教育的真谛，这是一个教育哲学问题。古今中外人们对教育真谛的论说，仁者见仁，智者见智，不一而足。

在春秋争霸、社会动荡的历史时期，孔子提出“克己复礼为仁”，“己欲立而立人，己欲达而达人，己所不欲，勿施于人”，这便是孔老夫子理解的教育真谛。在魏晋玄学日盛，道统不传的唐初，韩愈强调“师者，所以传道授业解惑也”。这就是古文运动领袖对教育真谛的解说。从纳粹集中营幸存者中走出来的教师，目睹惨无人性的法西斯暴行，反思教育的真谛，结论必然是帮助学生成为具有人性的人。在疾风暴雨式的阶级斗争年代成长起来的教师，他们理所当然地认为教育的真谛是培养革命接班人。在改革开放、集中精力搞经济建设年代培养出来的教师，他们自然与时俱进地认为教育的真谛是培养建设者。在实践科学发展观、构建和谐社会的今天，全社会都在倡导以人为本、关注民生，必然要求教育要以学生为本，更加注重为学生的一生幸福奠基。

为“立人达人”、“传道受业”也好，为培养“接班人”、“建设者”也罢，说到底，教育是培养人的社会活动。培养什么人？怎样培养人？这些问题都是教育真谛派生出来的必须回答的问题。

《心语实录》这本书虽然不是教育学或教育哲学专著，但它却是一位从教30年的老教师从心灵深处发出的呼唤，它用一封封真实的书信，用一篇篇感人的日记，用一段段用心抒写的评语，诠释着教育的真谛。

培养什么人？我们从学生写给窦根锁老师千百封书信中撷取两三片纸，从一滴水中可以看到太阳的光辉。第一片：“窦老师，您教给了我许多做人的道理。做人，要学望远镜——目光远大、心胸开阔；做人，要学显微镜——洞察入微、细致准确。做人，要学平面镜——正面纯朴、以诚相待；做人，千万不要学哈哈镜，因为它抹煞真理、哗众取宠。”第二片：“听了您的那节课——《路在前方》，我更加坚定了自己的信念。以前，我迷路了，走得很痛苦，但现在升了高三，我的路走得很踏实。我很喜欢您那些做人的道理：做一个真正的人！”第三片：“听了您的话才知道我们不应该是‘收听器’。在课堂上，我们应该是演员，老师是导演，所以学习的主人是我们。我们不仅要学习好，更要会学习；不仅要学知识，更要学会做真人。”从这三名学生发自肺腑的话中，我们可以看到窦老师是如何教书育人的，正如大教育家陶行知先生所说的“千教万教教人求真，千学万学学做真人”。

这就是教育的真谛——育人为本，德育为先。

怎样培养人？我们再读一读窦老师写给学生的评语吧。例一：“老师爱看你欣喜的笑脸，也爱看你为集体、为大家热情服务时认真的态度，你是一位活泼可爱的女孩。不过你的学习又常常使我不安，一会儿语句不通顺，一会儿出现错别字，能改掉这些缺点吗？”例二：“在我们相处的三年时光里，聪明可爱、真诚坦率、兴趣广泛、想象力丰富的你，真使我难以忘怀，在你即将开始新生活之际，我真诚地祝福你能有一个光辉的未来，有一片任你拼搏的辽阔的天地！”例三：“把生活比作大海，把友情比作大海中的浪花，大海有了浪花更加美丽，生活有了友情更加甜蜜，愿你珍惜和同学间的友情，用真诚和宽容去融化一切误会。”从这三段评语的字里行间，我们看到了窦老师对学生的爱。有了这种师爱，就可以建立和谐的师生关系，就能够走进学生的心灵，成为学生的良师益友；有了这种师爱，就能够发现学生的优点、特点、闪光点，从而激励学生健康成长；有了这种师爱，就善于对学生润物无声，指点迷津，导航人生！这就是教育的真谛——以心育心，以爱育爱。

窦老师所在的内蒙古鄂尔多斯市第三中学是我主持的“十一五”规划重点课题“和谐德育研究与实验”的先进实验学校，窦老师也曾被评选为先进实验教师。粗读了《心语实录》一书，实在令我感动。窦老师被评为“先进实验教师”、“师德标兵”、“优秀班主任”是当之无愧的。我十分高兴地推荐窦老师参评中国伦理学会德育专业委员会的“百位德育名师”，并愿意向全国广大教育工作者特别是中小学班主任推荐这本书。于是写了上述这段话，作为序。

詹万生

2011年3月10日

（詹万生，中央教育科学研究所原德育中心主任、中国伦理学会德育专业委员会会长、和谐德育研究与实验总课题组组长）

序（二）

在教学是科学还是艺术的讨论中，可能更关注的是教学的方法问题是技术性问题还是艺术性问题。当强调教学方法是技术性问题时，可能会追循类似于自然科学那样的技术主义路线，更多探寻教师教学的基本模式、基本规律，以便在教师培养程序中加以应用。那么，科学的教学模式和教学规律便可以在不同的人身上进行复制和传递，教育教学便似乎可以以一套科学的程序塑造出众多的“魏书生”。

但在教育教学实践中成长的教师往往会发觉，在实际的教学过程中，我们很难技术性地去复制某位名师的“教学技术”，即使复制下来，在实际的使用中也会发觉此技术的效果非彼技术的效果。因而在实际的教学实践中，教育教学方法可能并不是一种技术化的路线，而是一种千人千面的艺术创造和理解。如果承认教学是一种艺术，那么就会注重在教学实践过程中的反思和理解，注重自身思想、修养对教学行为潜移默化的约束与指导，就会注重对教学生活的情境性体验，注重教学过程中对人的关怀和理解，就会去追求理想中教育对人性的解读和解放。一名新教师走向专家级教师的过程，不是一个获取教学技术的过程，而应该是一个个人教学生活的体验和理解过程。伴随其教学生活的是一种对生活的思考和理解，那是一种富有人性和人情的经验性过程。那么在教师专业发展的过程中，对每一位专家级教师成长经历的生活性阅读和理解，可能更有助于教师形成自己对教育教学艺术的深层理解和体悟。

窦根锁老师，正是这样一位饱含生活热情、追求教育理想、不断探索和体悟教育教学艺术而长期坚守在基层教学岗位的教师。我与窦老师相识近 20 年，对窦老师的人生历程，特别是作为一名教师的成长经历，我还是所知甚多的，因而也便欣然接受了为此书作序的邀请。

窦老师是在高中毕业后由于其对历史学科的酷爱和出色的成绩而被留校任教的。窦老师的教学生涯是在一种传统的师徒式的帮带关系中开启和成长的。老师的示范，徒弟的理解和模仿，师徒在各自理解基础上的分析和讨论，徒弟在修改、调整中体悟着自己的学习生活，师徒就是在这种理解、讨论、协商的过程中完善着教学的过程，体验着教学的艺术。而窦老师与学生相处的艺术，也正是发轫于自己对老先生教学艺术的理解与感悟，丰富了自己教学实践的体验与反思。

本书作为师生在共同的教学场景中对教育生活的真实体验与理解，再现了教育实践场景中师生关系的构建过程，以及师生形成尊重、理解和互助的学习共同体的过程，而这一过程正是对“教学的艺术是爱的艺术”的至理的生活化的展现。

草草数语，且作为我对窦老师从教生活的一种理解和解读。

赵振国

2010 年 11 月 19 日

序（三）

古今中外，教师的职责即教书育人，而“育人”更为重要。韩愈曾说过：“师者，所以传道、授业、解惑也”，他把“传道”放在了首位。党中央一再号召，要全面贯彻党的教育方针，坚持育人为本、德育为先，把促进学生健康成长作为学校一切工作的出发点和落脚点，并要求广大教师要当好学生健康成长的指导者和引路人，这就明确指出了学校和教师的首要任务就是要培养学生良好的思想品质和高尚的道德情操，就是要引导学生做一个合格的人。因为“教育是对受教育者心理上所施行的一种确定的、有目的的和有系统的感化作用，以便在受教育者的身心上，养成教育者所希望的品质”（加里宁语），“名副其实的教育，本质上就是品格教育”（布贝尔语），“教育人就是要形成人的性格”（欧文语）。所以，既要做“经师”，更要做“人师”，就成为每一位教师的天职。

如果说做“经师”不易的话，那么当“人师”就更难了。因为人是有思想、有感情、有个性的鲜活的生命体，青少年则是一个正在由幼稚走向成熟的特殊的群体，教师要塑造他们的灵魂，既要有科学的态度，又要有艺术的方法，实在是一门复杂而深奥的学问。窦根锁老师在30多年的教育生涯中，以无比忠诚教育事业的态度，以无限热爱学生的热情，以对学生极端负责的精神，潜心研究，精心施教，循循善诱，适时引导，使学生明确了怎样做人，树立了正确的世界观、人生观和价值观，闪光点得以发扬光大，不足之处及时克服和弥补，进而“直挂云帆济沧海”，成为社会的有用之人甚至栋梁之材。《心语实录》中学生的来信、日记、心得、随笔从多个角度再现了窦老师启发、引导学生的感人场景，蕴含了窦老师教书育人的理念，展示了窦老师塑造学生灵魂的艺术和方法。直陈一些教育的理念和方法，固然有价值；而事后学生“心灵的回应”则更具说服力。所以，有心者应从本书中分析、总结、研究、汲取教书育人特别是“育人”的规律与方法，当是大有裨益的。

当今时代，“一切以学生的发展为本”已成为人们的共识，而学生的发展首先是思想品德的发展。这是教育规律的要求，也是社会发展的需要。每一位教师都应以窦根锁老师为榜样，既要教好书，更要育好人，把阳光雨露播洒到每一个学生的心中，把毕生的精力贡献给神圣而崇高的教育事业！

廉子清

2011 年 4 月 5 日

目　录

教育真正的作用。

今天，在鄂尔多斯市第三中学德育处杨喜生主任的大力协作下，将多年积累下来的部分学生写给我的书信、《接力日记》、个人心得等，改编成《心语实录》一书奉献给大家。正如一位智者所说："教育本身就意味着：一棵树摇动另一棵树，一朵云推动另一朵云，一个灵魂呼唤另一个灵魂。"我的本意也正在于此，希望读到本书的读者，能有所感、有所悟……甚至能引起读者朋友们灵魂深处的变革。

《心语实录》显然算不上一部教育学著作，但它却是我们师生共同成长的足迹，也是心灵长跑的驿站。从爱心与责任出发，记录下一个个鲜活的奋发向上的熠熠闪光的美好人生。

本书在编辑过程中，曾蒙詹万生、廉子清和赵三再先生厚爱，指迷种种；尤其是詹万生先生、河南大学赵振国老师，分别为本书撰写序言，廉子清先生（内蒙古鄂尔多斯市第三中学校长）、赵三再先生（忻州师范学院历史副教授）分别为本书撰写序（三）和后记，在此特向他们表示衷心的感谢！同时本书还得到了忻州日报社《教育周刊》主编胡秀娥以及刘永胜（开明出版社）、刘晓燕（华东师范大学博士）、任小平（当代中国出版社）、任智茹（北京师范大学博士）同志和山西省河曲巡镇中学要利忠，鄂尔多斯市第三中学冯喜军、王憨、张强、张混飞、谢彩霞、邬蒙老师的协助，在此一并鸣谢！

2012 年 2 月 10 日

编者的话

——从爱心与责任出发

爱因斯坦说过："学校教给你的东西都忘记之后，剩下
教育。"这句话是什么意思呢？原来，他在告诉我们：教育
在于对人的改变；教育的方式主要在于对人的影响；教育的
于牵引人的灵魂。

曾有一位纳粹集中营的幸存者，当上了美国一所中学的
每当一位新教师进到学校，他就会交给新教师一封信，信
"亲爱的老师，我亲眼看到过人类不该见到的情景：毒气室
专长的工程师建造；儿童被学识渊博的医生毒死。这一切，
使我怀疑，教育究竟是为了什么？我的请求是：请你帮助学
为具有人性与爱心的人。只有在我们的孩子具有人性与爱心
下，读、写、算的能力才有真正的价值。"正是受到这一事
示，每当我接任新一届班主任或科任老师的时候，我总是要
毕业考上大学或走向社会的部分学生给我的来信，还有留在
《接力日记》，以及他们所写的心得等，拿给学生看，读给大
就是想方设法牵引学生的灵魂抵达至善、至美、至高的境界

书 信

鲜花感恩雨露，因为雨露滋润它成长；苍鹰感恩蓝天，因为蓝天让它展翅飞翔；高山感恩大地，因为大地让它高耸。而我们感恩老师，因为是他们让我们在知识的海洋里遨游，让我们看清了是与非、善与恶；让我们在困难面前有了勇往直前的勇气……

您不是演员，却吸引着我们饥渴的目光；您不是歌唱家，却让知识的清泉叮咚作响，唱出迷人的歌曲；您不是雕塑家，却塑造着一批批青年人的灵魂……

您的思想，您的话语，充溢着诗意，蕴含着哲理，又显得那么神奇——呵，在我们的脑海里，它们曾激起过多少美妙的涟漪！

刻在木板上的名字未必不朽；刻在石头上的名字也未必流芳百世；老师，您的名字刻在我们心灵上——这才是真正的永存。

引 子

当今时代，现代化的联络工具比比皆是：电话、电子邮件、传真……凡此种种使人们的交流更为便捷。而传统手写书信越来越不受人们的青睐，甚而被遗忘。事实上，娓娓道来的话语，洋洋洒洒的充满个人特色的富有人情味的笔墨，还有萦绕在纸面上的似有若无的一缕缕浅香……读出来，看上去，给人的感觉是多么的亲切、温暖！就在人们几乎都不愿意动笔写信的时候，一封手写的书信会让你享受到久违的惊喜与感动，那种交流该有多么特别啊！在我担任班主任工作期间，充分利用传统书信这种方式与学生、家长展开广泛的联系与交流。

鸿雁架桥梁，尺素传其情。小小的书信密切了家长、班主任和学生之间的感情。当感情得到很好的沟通时，每一方都容易成为教育中的主体——而主体教育不正是我们每一名教育工作者所期盼的吗？

从教近三十年，搬家无数次，由山西河曲巡镇中学到河曲中学又到内蒙古鄂尔多斯市第三中学，学生和家长们寄来的信件被我弄丢了许多，《心语实录》的出版意愿，就是让这些宝贵的书信得以留存。这些带有浓浓的墨香并散发着如春的气息的一封封书信让我倍感珍惜！

来自学生的信

（一）

尊敬的窦老师：

我早就想给您写一封信，却一直拖到现在，真是不好意思！

窦老师，想必您现在工作一定很忙吧！不过，再忙您也该注意您的身体呀！

我来上海已经整两个月了，期间感受颇多，好多时候都会有无所适从的感觉。

两个月中，我又一次经历了“大一”的感受，一切都不熟悉。再次感到了茫然，每天接受的信息很多，却无从分析。自己该怎样去做？好在还有晓燕她一直帮助我，还有以前“山大”的同学，让我少了些孤独和困惑，但茫然仍旧是不可避免的。

在所有棘手的问题中，最令我头疼的还是学习上的问题。上了四年的大学，乃至这么多年的苦学，却很少去真正地思考，去思考自己将来做些什么，可是现在却完全变了，现在上课中最多的就是追问（老师的追问和自己的追问）为什么，虽然最后不一定能找出答案，但是这却是一个不断思索的过程。现在我感觉自己在这方面的能力太差了，因此我得努力去提高自己，但提高还需要以丰富的知识为基础，为此我只好再去刻苦地学习，运用自己的大脑不断地思索。

窦老师，近几年来，我一直都会经常反思自己所经历过的事情，所走过的路，其中您教我的那三年显得尤为重要。那是一段自信与不自信的失望与奋发的过程。那三年，从始至终，若是没有您的鼓励与支持，恐怕我会对自己放弃的。高中时的经历一直激励着我的大学生活，但是这种激励并未保持多久，我只是保持自己不落后的状态。真正一次激发自己是在考研的过程中。在考研中，每当我想放弃时，就会想起自己的高考，就会对自己说："当时那么差的你还能考上大学，现在你不是最好的，但起码不是最差的，怎么能对自己失去信心呢?"就是在这样的信念支持下，我坚持了下来。现在当我一次次听说一些朋友本打算考研，可到报名的时候就改变主意，我真为他们惋惜。

窦老师，从我的经历中，我感觉到其实任何时候都没有严格意义上的、确定的差生，只有不努力的、没有坚定信念的学生，您说是吗?我多么希望现在的师弟、师妹们能够早一天意识到这点，早日成才!

其实在所有导致我失败的因素中，最致命的就是懒惰和拖拉。虽然高考和考研都已经过去了，但是在以后的人生中，我也许还会经历失败。今天我之所以敢在窦老师面前把我的最大缺点揭示出来，就是想让窦老师继续监督我。我在全校师生面前说的话，我没有忘记，我还得去实现自己的诺言。现在已经没有人会在我后面促我前行了，我只能自勉。希望无论什么时候，我都不会给您丢脸。

窦老师，还有就是上次听晓燕谈起赵老师要考研的事，现在还有整整一年时间，用来复习足够了。只要先把英语搞好，其他功课应该不会成问题的，以后赵老师若有什么需要的，也可以和我联系，我一定会尽力而为的！

学生：王芳

2001年11月10日

王芳，1992年因中考成绩较低，自费上了高中。1997年考入山西大学。经过她的不断努力，2001年考入华东师范大学攻读硕士研究生，2004年又考取了北京师范大学博士研究生。

（二）

敬爱的窦老师：

一年没有问候，愧疚万分，多望老师原谅！

时间过得真快，转眼之间，就过去一年了。新年将要到来，更让人不由得想起流逝的过去。

从小学到现在，细数起来，走过的路其实并不漫长，然而教我育我的老师却非屈指可数。这或许是由于我已站在一个特殊的角度。回首过去，更增加了一份对教过我的老师的感激：自己的每一步都凝聚了老师的心血和汗水。时过境迁，这份感觉愈发深刻。我每走一步，身后都留下了一大堆永远无法还清的债务——师恩。

高中生活难忘，高三生活尤为难忘，文科班的情感经历以及学习、生活上的体验更是刻骨铭心、永远难忘。至今想来，历历在目，让人感动。慨叹之余，我倍加珍惜那份永久的记忆。

真的，窦老师，我的话语没有半句是虚假的。高三生活，只要一想起来，我就会激动不已，我得到的太多了。这其中，大学的通知单只是极其微小的一部分，更重要的是我在那里学到了前所未有而又足以影响我一生的东西——如何学习、如何做事、如何做人。说到这里，我想真诚地对您说："谢谢，谢谢您了，窦老师！"这尽管不足以表达我对您的感激之情，但我仍不由得想说，是您或言传身教或潜移默化或直接或间接或鼓励或批评，使我懂得了好多好多。临行前您仍不忘叮咛嘱咐，给我们指点迷津。这些令我感受至深，无以言表。

高三的一年，因您及您的一举一动，引发我的感想太多了。所有的一切，组合成一道奇特的风景线，焕发着不可磨灭的光彩，照亮我前进的道路，更给我以指示和鼓励、鞭策和警示。我写不出赞美您的壮美诗行，敬爱的老师，请接受我无华但却是发自心底的赞美及感谢吧！

窦老师，跟您谈谈我现在的情况吧！这个学期就要结束了，现在我又开始为期末考试做准备了。这个学期除了英语等公共课外，开了三门专业课——教育概论、管理心理学和教育统计。经过一年的适应，在学习方法、心理上我差不多都调整过来了。对周围的一切，我都不讨厌了，所以也就能安心学习了。有时想想将来的事，我感到害怕，想到自己的浅薄无知，便想多学点东西。暑假，我是在忻州过的，给一个初中一年级的学生做家教。一个多月，尽管没出现尴尬局面，但我深深感到了自己在各方面的欠缺。这更激起了我学习的强烈愿望。现在，我没有了高中时的压力，空闲时可以在自己喜爱的书丛中信步，真是一种享受。

大学四年已过去了一年，时间过得让人感到慌恐，不敢再抱怨、慨叹无聊了。此时才明白，只有珍惜才是最理智的选择。又不由得想起了您接班时的一席话，我感到很坦然。我将继续努力让自己三年之后不后悔，不敢奢望别的，能做到不误人子弟就满足了。

教师是崇高的职业，好教师更是为人们永远尊敬的。

学生：刘晓华

1996 年 12 月 12 日

刘晓华，1995 年考上山西大学师范学院。1999 年考入华东师范大学攻读硕士研究生。工作几年后，又考取了华东师范大学博士研究生。现留学德国。

（三）

窦老师：

我来这儿整整两个月了，也没有去过一封信，虽然走时专门去看过您，但总是来去匆匆，有许多想说的话、想表达的意思都没来得及表达。我也曾多次想给您去信，又不知如何写。以前在你面前比较“放肆”，但当我真正走出了巡中，回顾以前的生活，又有许多的感慨。

窦老师，每当想起您，我心里总是有一种想哭的感觉。高中三年我过得很充实。我的人生中，能有多少次这样的好机会——一位好老师全身心地塑造一个学生？我是一个比较散漫的学生——无组织性、无纪律性。用您的话说就是充满了农民的气息，我承认这是我最大的缺点。我以前一直以为这是一种风格，而不以为是一种缺陷。从我成为您的一名学生后，您及时发现了我的这个毛病，并努力去改正。多少次，您在“人前背后揭我的短”，我是理解您一番苦心的，我在改过自新的同时也进行了自我批判，结果我的成绩有了一些起色。对我的性格的塑造、完善，起过最大影响的老师到目前为止只有您，我希望以后还有这样的德才兼备的好老师能帮我健康而又茁壮地成长。

我步入文科班，唯一目的就是要考上理想的学校。虽然第一年目标基本实现，但未能如愿，因此，我开始了两年的复读，虽然结果是这样，但我不后悔，真的，一直都不后悔。在这几年中，您用做人的道理、做事的原则深深地影响了我。“您不求人人升学，但求个个成才”的培养原则，“真心求学，实意做事，正直做人”的做人态度，现在想来还是朴实无华，而又意义非凡。几个同学在一起谈论最多的就是您。您以自己带有传奇色彩的经历，教导我们要发挥自己最大的潜力去奋斗，去适应环境。您已近四十的人了却还在不为名、不为利地学习，在咱们那儿、在被人们轻视的教育事业中又有几个像您这样做的——连续六年自费学习，还要照管家里。铁皮房子在一些人眼里是您赚钱的工具。私下里，有人议论老窦那房子一天能卖多少钱，但没有人想到老窦一天要付出多少，连师母也没有午休、没有空闲时间和出门的机会，甚至连饭都是抽空做的。而您既要进货、卖货、看货，还要把主要的精力用在我们这一群学生身上。我猜想您一定很累。我有时想到您的辛劳，就有一股劲在逼我学习。说实话，今年那一套套历史题全班只有我一人坚持做完，而且做得非常认真，那完全是您的精神激励了我。我一不做题就有一种愧疚感，因而即使中午少休息也要把卷子做完。窦老师，三年来我知道您在我身上下的工夫最多。您不但要求我考上，而且还要考好。当我屡战屡败时，又是您鼓励我屡败屡战。今年的结果不甚满意，但我觉得很平静。我知道在您做人做事原则的指导下，我会努力将自己托起！

不管怎么说，几年的高中生活留给了我许多的遗憾，而且绝对没法补偿，这只能成为过去。我需要的是面对现实，从三年高考考场上走下来的贾燕坚强了许多，也成熟了许多，已能平静地对待得失、悲喜。坦率地说，今年失利我并未过多地悲泣。现实就是这样温柔如水，而又残忍如刀。它以美妙的前途来诱惑你，而又在你满怀激情和希望的背后砍一刀。对于学习，我无愧——我尽心尽力了。虽然结果很坏，否定了我的自我，但我对得起自己。人生的最初一段路以高考失利而结束，但我无悔，曾经有那么好的老师耐心关怀过我，曾用雄心壮志激励过我，无论如何，这些都值得我永远回忆。

时不时地，我会想起咱们班的老师和同学。那时厌倦的高中生活，现在想来却如此温馨、充实，多想再做几道题，再听听老师的唠叨。有时候，我总会想起那些极有个性的同学——教室里打打闹闹的样子，同学们你推我、我推你地挤在一块儿，互相逗笑。现在大学里，上课时去、下课时走，相处的就是宿舍里的几个人，那种热闹的气氛再也不会有了。每周5天上课，双休日我就出去逛逛，没几天就跑了好多地方，太原中南部都快跑遍了，也见了不少世面。以后我想自己一个人出去走走，到附近的地方看看，反正有的是时间和精力。我坚信自己的境况一定会好起来的。

关于专业，刚开始学习，我也了解得不多，老师讲得很细。它完全不像一般人想的那样，却的确是有用的。在山西，它的发展还是艰难的，但正因为这样，也才有发展的余地。当真正渗透到经济、政治、外交、军事各方面时，它的作用是无法形容的。其作用远不是几张“粉脸人”、几瓶五粮液能抵得上的。窦老师，您挺适合做教学工作的，您的口才、思维、文笔、仪表，以后用到做买卖上，您一定会财源滚滚的。

想说的话太多了，这次只能说这一点，以后我会常去信的，我希望永远做您的学生，接受您的教导。

只顾回忆过去，忘了问一下您现在的情况。考试怎么样？工作顺利吗？您也该好好休息一下了，就少操劳一些吧！我相信窦老师能处理好这些事情的！

最后，我希望窦老师的“三维一体”的立体开发更加红火！

向师母及两个孩子问好！祝您身体健康，一切都好！

学生：贾燕

1997年11月5日

贾燕，1995年应届考入忻州师范学院。退学后返校进行了两年的复读，1997年考入山西大学。

（四）

窦老师：

我来校已有一个星期了，只因这几天有好多琐事没来得及给您写信，实在太抱歉了，望您多多原谅。下面我就这里的情况作简单的介绍。

这所院校是由原来一所海军学校改建成的，教室及教学设备都比较好，校园正处于市中心，环境幽雅，是个求学的好地方。这所学校给我的第一印象就是学风正。虽然上了大学，但大部分的学生都还能刻苦学习。经过这一星期的入学教育，我感觉学校纪律非常严格。

今年学校也实行了并轨改革。我们学校全面实行学分制和双学位制，还设有奖学金、助学金等奖励。我们本科生每人每月给补72元，还可向学校贷款。这样看来，我虽上大学啦，但决不能放松自己。身处当今知识爆炸的时代，我们必须用知识去充实自己，这一点也许您的体会比我更深。您的敬业心是十分强的，真的，这方面弟子是很佩服您的。我渴望窦老师还能多多指教。

此刻，我静静地坐在教室里，感觉很无聊。我扪心自问，这就是梦中的大学生活吗？回味的时候，我不由得想起我们在一起度过的紧张而又充实的高中生活，想想那一年来的补习生活真是太艰辛了。我取得的成绩和您的谆谆教诲是密不可分的。在这一年的求学生涯中，在您身上我学到了不少的历史知识和好品行——严谨的治学态度和井然有序的生活习惯，在此我谢谢您对我的教诲。

窦老师，现在工作还顺利吗？补习班怎么样？人数多吗？咱们班补习的人还多吗？有什么事需要我帮忙的？我一定尽力而为，请常来信联系！

学生：李浩然

1996年9月16日

李浩然，1994年应届毕业生，因高考失利第二年补习一年，1996年考入山西大学师范学院，2001年考入沈阳师范大学攻读硕士学位。现在为西南大学在读博士研究生。

（五）

敬爱的窦老师：

我想用“好人一生平安”这句话来祝福您是再妥当不过啦！

每每想到您，眼前总是浮现出您那黑白相间的头发。想想高三我刚入文科班时，您的头发虽谈不上乌黑，却也可以说是很黑的了。但经过短短两年的时间，您的白发竟有黑发的一半之多，这根根白发凝结了您多少心血和汗水、凝结了您多少希望和期望、耗费了您多少个不眠之夜，这又谁能说得清、数得完呢！回想起您那双因熬夜而充满血丝的眼睛，我的灵魂深处便隐隐作痛。因为我没有很好地珍惜和利用好您的劳动成果，没有真正理解您的苦心和那一份份由您熬夜苦思冥想出来的试卷的珍贵。现在，我懂啦，真正地懂啦，可为时已晚，青春不会倒流回去，但是我要说："老师，您的心血不会白花，您的汗水不会白流，您的学生每天都在为您默默地祝福，好人一生平安！"

窦老师，在这三年中您帮了我不少忙，我一生都不会忘记。您是我所有老师中最令我崇拜和尊敬的恩师，您不仅给予了我书本知识，更重要的是您教会了我怎样做人，使我的人生观发生了翻天覆地的变化。您教会我怎样做人，怎样在十字路口选择自己正确的道路，怎样在困难中坚忍不拔，怎样……我现在所走的路可以说是您手把手教出来的。在此，我深深地感谢您！回想起第一年高考后，我考虑到家庭的困难，便准备不去补习，是您说服和鼓励我走上补习生涯，并且帮我减免了学费，那时我别提有多么感激您了！但您知我很内向，不善于表达，而且今年我也是在您的指导和帮助下走出来的。虽然这个学校并不怎么好，但是它却给了我一次再锻炼的机会，我觉得学校的好坏固然对学生的前途很重要，但更重要的是学生的才能和他如何去追求。

我刚到这儿时，心里没有什么奢望，所以也没有那种孤独、寂寞感，只觉得自己好像在雾中摸索，不知怎样去安排这么多属于自己的时间。每当此时，我便会想，如果我能多听听窦老师的教诲，一定会走出迷雾的，但是那已成为历史。回忆历史，才懂得它对你是多么珍贵。为此，我常感到很无聊，无聊之际便用高中时老师孜孜不倦的教诲和同学们亲切的笑脸来充实自己。此时我才懂得高中生活才是最充实、最真挚的。可是我们这些无知的学子，在那时的确是身在福中不知福，没有很好地把握那段可贵的时光。窦老师，您那最朴实而又往往会令同学们发笑的话，我现在才觉得那是最富有诗意、而又耐人寻味的话。做一个好人，难，而做一位好老师更是难上加难。您为学生，特别是为我们 1995 届的学生操的心是有目共睹的，您那花白的头发便是最好的见证。

上个星期我去贾燕她们那儿，可惜您已回去了。本来大上个星期，忻州 1994、1995、1996 届的学生都准备去看您，但星期四王瑞锋给李浩然打电话时才知您回去了，我们很遗憾。看到他们个个都过得挺充实，我也很高兴，因为这使我看到了光明，又看到了我们每个人身上都积蓄着的那股拼劲。其实我们并没有把大学生活作为一种消遣来对待。我在刚开始时，原准备报本科，但打听了一下，估计得花将近两千元，所以只好作罢，等有了钱再报吧。空闲时，就听了您的话，当家教，这工作挺忙也挺累，连星期天也没有一点儿空，但我很满足。因为我总觉得自己过得充实。老师，您的教诲我深深铭记在心，您就是我人生道路上的指明灯，也是我很好的榜样。

学生：俊丽

1997 年 11 月 10 日

刘俊丽，父母离异，母女相依为命。1997 年在家境十分困难的情况下再次走上了复读之路，高考虽考得不是很理想，但在社会上好心人的帮助下终于圆了她的大学梦。2000 年考上国家公务员。

（六）

窦老师：

两个月过后才给您去信，这真的不能证明我冷漠无情，也不能说明我忘恩负义。

高三生活是我永远难忘的，特别是现在当我懒散地从教室“摇”到宿舍里或者是从宿舍“摆”到教室里，无所事事而感到极为无聊的时候，我总会想起高三那紧张而又充实的生活。原以为大学这个神圣的殿堂一定非常的美好，一定充满情趣。当我的陌生感从身上消失了的时候，失望就充满了全身。于是，我又会细细地体味起高中生活中每一天的快事。班主任是一位年轻的老师，他的演讲令每个人都充满激情。几天后，便发现他令我们失望了，他无事不进教室，见十次面也记不住一个人，习惯于在老师的呵护下生活的我，不由得心灰意冷起来。无所事事的时候，我除了听收音机、看闲书外，就翻相册，想念一个个的同学、好友，想念一位位老师的容颜，记忆中高中三年的生活情景几乎占据了我学习生活的一多半。

刚来的时候，我是不大情愿的，来了之后，才发现自己来对了。因为我是如此的软弱、如此的迂腐，接近麻木了。补习的压力或许我根本不能承受，只有这样的环境，我才能苟且偷生，以往的激情与热情几乎也一丝没留下。

教育系历来就很轻松。自从改成双休日后，每周五天上课，还有四个空堂，所以空闲时间更多了。这学期开设英语、数学、普通心理学、人体解剖生理学等课程，除了英语要求过四级而抓得紧外，专业基础课——普通心理学和解剖学是最重要的了。令人发愁的是至今我仍处于“听天书”的状态，特别是对普通心理学和解剖生理学。窦老师，您说我那伟大的计划还有没有实现的可能性呢？

“师院选择了我或许是我的幸运”，我强迫自己这样想，或许一切都是命中注定的，对于环境如何，我也不敢妄加评论了。我只能正视现实，在牢骚过后良心发现的时候该拯救已麻木了的自己啦！

窦老师，代补习班的担子一定更重了吧！不过我相信有窦老师当将军、统帅的千军万马肯定能挤过独木桥的。

学生：刘晓华

（华东师范大学博士研究生现留学德国）

1995 年 11 月 4 日

（七）

尊敬的窦老师：

由于走得匆忙，再加上自感惭愧，所以我就没有去向您道别。不知不觉，我到学校已一个月了。环境已基本适应，一切都稳定下来了。我每天6点起床，6点10分左右跑完操，到8点才上课，上午两大节，下午一大节，4点30分是吃饭时间，晚上7点到教室里看新闻，然后上一个半小时自习。学校实行双休日，我们的空闲时间太多了，平时不让出校门（星期天可以），实在很无聊，感到没有明确的学习目标，跟高中生活比，也不知是好是坏，不过到了这一步也只好这样了。

回想我的念书经历，坎坎坷坷，良师益友却不少，但窦老师您无疑是对我影响很大的一位老师，您让我心里时常有一种对您的愧疚感，每每在我做一些不适合学生做的事时，都会良心发现，虽然不一定能及时收手，但它们给我以很大的鞭策，给我以动力。高三、补习阶段，尤其是补习时，若不是您当班主任，我也许……您可以说是对我的一生都有很大影响的人。我想很认真地对您说一声："谢谢您，窦老师!"

学生：瑞锋

1995年10月12日

王瑞锋，曾是一个全校出了名的"刺头"，打架、抽烟、早恋等不良现象在他身上不同程度地存在，让父母失望，让老师们感到头疼。第一年高考成绩不够理想，但在老师们的鼓励下回校补习，最终他考上了忻州商业学校，现为国家公务员。

(八)

敬爱的窦老师：

离开您好长时间了，也没有给您去信，深感内疚，经过两个星期的军训，吃了不少苦，好不容易在军训卡上被填写了个良好。军训结束后，今天是双休日，您的学生想跟您闲聊了。

其他学院，我没去过，所以也不知道这所晋中学院是好是坏，但它给我的感觉比较好。这所院校有一种良好的文化氛围，很少有人说脏话、打架、谈恋爱，同学们只是一个劲儿地学习。值得您的学生告诉您的是"巡中"和其他中学比较情况，我想这对您的教学有利，对咱的同学有利。从升学率看，神池、静乐都不及咱们巡中，他们达线人数全县才五六十人。从教学经验看，我的同学说，×××中学还向咱们学习呢；从入学教育看，我们军训过，其他中学没有过；从学生素质看，其他中学学生的心理特点、举止言谈、学习方法和我们差不多，但人家的自觉性比较强。

窦老师，咱们河曲是座文化城，咱们的同学素质很好，应该对同学们进行一次强化自信心的教育，让他们热爱学校，尊敬、相信咱们的老师。这样，我们的母校“巡中”高考达线率肯定会进一步提高的。

学生：远东

1999 年 10 月 10 日

赵远东，1996 届毕业生，因当年高考成绩不理想，补习一年后考上了山西大学晋中学院。

（九）

窦老师：

作为您的学生，我本来早打算给您去信的，可是前些天正赶上军训，整天在外，中午回宿舍也不敢上床，就怕把被子弄歪，晚上是军营式的唱歌活动或看电影。这几天开课了，人也闲下来了，这么晚才给您去信，不会怪我吧？请您原谅了！

尽管现在考个中专是不怎样的，可我觉得如果不是您的指导，我也想不出自己现在是什么样子。我常跟我哥哥谈起您，告诉他我的感受，他说他的高中生活中可没有遇到过一位像您这样的好老师，人的一生遇个好老师真难，尤其是遇到连做人方面也指点学生的您。我当时理科改文科时分数很低，无论从哪一方面来说压力都较大，觉得前途对我来说挺渺茫。改文了，有您当班主任和历史老师，您从来没有因为我的基础差而放弃我，一有空就教我些学习方法，帮我学历史、地理……更主要的是我觉得从您那儿我获得了自信。在那种情况下获得自信是很难的，我真心感谢您。为什么您不抛弃学习那样差的我，还总是鼓励我呢？

从初中到高中前三年，我有过了两个班主任，他们给我的打击太大了，我感觉这就是我高考、中考那么惨的原因。一来到你的班，没几天就觉得跟您“走”没问题，您给我的感受是全新的！中学阶段给我影响最大的就是您。我还记得您办公室里的自画像，怀里抱的、兜里装的、背上爬的全是小麻雀。

当我知道分数时想去跟您坐坐，家里人都劝我说拿通知书后再去吧，我觉得也行。后来通知书来晚了，21日接到通知书，25日开学，所以又没有去成。

学校的条件很好，是一所新建校。住宿条件是一流的，就是校园有些工程还没有全部完工，如图书、体育设施等还不齐全。奖学金的范围大，只要进入前20名就能获得。毕业分配是面向全省，不是定向。现在我估计将来我们很有可能是各回各地。

听说今年办的文补班又让您给代班，我真为今年的补习生高兴，他们遇上您真的走运了。我想要是去年你代文科班我今年一定不会考成那样子。本打算留下来在巡镇中学补习一年，可是××老师当班主任，我不想做他的学生。我理改文那年他就说我不行，再补习，也还是不行，所以我没留下！

学生：何海蓉

1992年10月17日

何海蓉，毕业于河曲中学。1990年参加理科考试成绩不理想，第二年来巡镇中学63班补习。这一年成为她理改文的关键的一年。1992年考取了山西省税务专科学校。

（十）

尊敬的窦老师：

作为您的一名学生，我觉得尽管我们相处的时间很短，但是您的潇洒自如，还有那独特的管理方式，给我这个外县学生留下了很深的印象。今天，我在这儿写信就向您表达一个学生对您的敬意与感谢！

实话说，在我们县我不是一个听话的学生，可是到了河曲，在您的班里，我自己也不知道怎么回事，慢慢地养成了一个比较好的学习习惯，一切任务都能按时完成，干什么都想和大家比一比，不脱离老师和同学。现在想起来，我认为这主要是您的教导和与所有同学的亲密相处的结果。也许正是出于这样的一种想法，从河曲返回我县后，我高考时得了479分，能“走”上一个相对差一点的学校，但我没有“走”，又复读了一年，终于走进了师范大学的校门。我取得这样的进步，很感激在“巡中”的那一年，给了我一个新的起点——比较好的功底，才使我在今年顺利进入了大学的校门。

一个人一生中的转折点与十字路口有很多，如果在某个时候出现困难，很需要有一个人为他指点迷津。正是这样，学生对您怀有莫大的感激之情。学生我是有幸的（他们跟我一样），我们都认为您确实称得上是一个好老师。

正是因为老师您的教诲和学校留给我的良好印象，所以今年夏天，我与那个同学去了您那儿。我离开得比较早，不能知道我的那个同学是否到了您那儿，如果到了，麻烦老师您把我的地址交给他。那个同学的情况比较好，他平时的成绩很好，只是心理素质不太好，望老师在平时能给予一些帮助，学生在这里就拜托您了。

学生：祁志荣

1992年10月12日

祁志荣，毕业于忻州市神池第一中学，在当地也是一个“出了名”的学生。在他身上有着打架、抽烟、酗酒等不良习惯。1990年9月来河曲巡镇中学文科班补习，这一年成为他改变自己的关键性一年。第二年经过努力他考取了山西师范大学。

（十一）

窦老师：

自从1997年夏天与您作别，就再也没有与您见面，我从内心感到遗憾与不安。一想到与您见面，我总是很激动，真的。在我十几年的读书生涯中，给我印象最深的就是您，对我影响最大的也是您，我怎能忘记您的教诲与扶持呢！但感动之余，我又有点犹豫，几年的寒窗苦读付诸东流，实在是无颜面对老师。今年暑假我在无望中接到通知书，当时我流了泪，并不是出于高兴，我只是想，我为这看似很轻但分量很重的大学通知书付出了过于沉重的代价。8月20日我在城关遇见了师母，才得知你们家已搬到河曲中学了，您还是每周回家一次。我因为那几天给表妹补课，所以没有去拜访您。9月12日开学，5日我去看我弟，去找您，可您又不在，带着遗憾我离开了学校。在这里请老师原谅，我会永远记住您的！

窦老师，那天去学校得知您又代文科班了，我为您又能重振旗鼓、大干一番而高兴，同时也为这一届新生庆幸。记得我刚刚到您的班时，既胆小又自卑，总觉得自己什么都干不好，后来，受您的感染和鼓励，我变了不少。虽然每个人的性格是无法更改的，但毕竟我成熟了许多，也比过去自信多了。到了这儿后，我发现外面的学生和我们相比，的确不一样。就拿我们一入班的自我介绍来说，同学们爱好特别广泛，口才也都不错。这几天军训休息时，我们就聚在一起唱歌，嗓子好的就大大方方、自告奋勇地站起来唱，没有推辞，没有羞愧。其实如果仔细听，他们唱得并不好，可人家就是有勇气。反正我有一个感受，就是在高中阶段多锻炼自己真是太重要了，在班上多开展一些有益学生展示自己的活动是很必要的。

我简单地介绍一下现在这所学校吧，这所学校是由国家经贸委主管的两所学校之一（另一所就是中国矿业大学），校址在北京东燕郊（河北省三河市内），最大的优点就是校园环境特别好，绿化得很漂亮，据说是北京地区星级的学校，其他方面我则没感觉出有什么好。学校占地不太大，大约460多亩，今年还招了中专班，现在共有3000多名学生。我是学文秘的，属于基础部，学的课程共30门，其中选修课有8门。当初报志愿时也不懂，我来这儿听了专门介绍后了解了一些。我比较喜欢文学，且学文秘不开数学课，主要是培养文学能力，以后大三可以选修驾驶、摄影等，我觉得还不错。这几天主要是军训，教官都是学校接收的退伍军人，训练时挺认真的，再就是学校要求我们准备一些节目，在现场迎新生会上表演。我准备了一首诗朗诵，通过了初选。学校对学生成绩采用量化考核办法，只有多参加课外活动才可以及格。我准备参加这周开始的演讲比赛，还报名参加了学校的书画协会，也许在这人才济济的学校，我真得没什么突出之处，但我还是想试试，就像您说的重在参与吧。我只是想尽力锻炼自己。

学生：苏瑞莲

1998 年 9 月 27 日

苏瑞莲，毕业于 1995 年。该生性格内向，胆子小又缺乏自信，直接影响了她在高考考场上的正常发挥，连续两年高考失利，最终在 1998 年考取了华北矿业学院。

（十二）

敬爱的窦老师：

好长时间没和您联系了，最让我这段时间感到不舒服的是长时间没有和您交流。上了大学并没有使我变化多少，但我还常常想尽量多地跟我尊敬的师长交流，并且打算把自己的思想状态，尤其是写在本子上的思想总结寄给老师，一块儿分享其中的辛酸和快乐。

反正，不管怎么说吧，我是十分的想念您和咱 93 班的同学们。“国庆”节期间我没回去以及后来一直未给您写信的原因，可以从我的以下述说中得出：

一进学校，我感到很新鲜，但却没有对“山大”那么新鲜，因为我暑假去过“山大”，那是一所好学校，比我们的学校强多了。进了学校，老师让干啥，我就去干啥。老师让我和一位太原学生负责 4 个班开学头半个月的学前教育，可以想象一个一直是学生的老实人，如何能干了那么多的事情呢。况且，我平时的热情远远不在这一类的事情上，一天下来，我变得身心疲惫，可就这么撑着，一直到9月29日那天，也就是学校放假七天的时候，人们都打点回家时，我才想到该活得像个我了，一定要用这7天洗洗脑，放松一下自己，不然也太悲哀了——离我的目标太远了。想到这，我也稍舒心些了。

进了学校，念书倒是挺好的，学习上，差不多在班上占到了第五六名（两次测试结果）。即使面对期中考试，我也充满了信心。说忙倒是挺忙的，时间安排得却不怎么好，不过我还可以忍受，反正咱是有咱自己的自由去适应他的管理。学校的情况我已经知道了，已准备好继续努力！这早已得到证明，而且我也决定在这四年里，一如既往地努力学习。有了好成绩，再来告诉老师，就像我们军训时那首《军营绿花》中唱的“待到庆功时才回家……”，听那教官唱时，我不由得哭了，只不过没出声而已。

不知道河曲天冷了没有，太原已经很冷了，今天是零下五摄氏度。我一直坚持跑步，期末测试5000米越野，我的3000米测试成绩还可以，上回测得的是15分32秒，估计5000米测试也不会成问题。我不知道咱们93班的兄弟姐妹们现在还跑不跑步了。他们应该跑一跑啊！跑步真好，对人的毅力、心理各方面好处很多。想起当年我们大家跑步时的情形，我真是快乐极了。我总是跑在最前面，像一只昂首的雄鸡，迎着初升的太阳，跑得最快，有时候能赶上抄近路甚至跑半程路的康洁。那时，“赶超”是多么让人神往的字眼，一想到“赶超”，我的速度就进一步地加快，力气大增。现在想想，那时，要不是您的宽松政策，我如何能跑出去“赶超”呢？可见，真是“海阔凭鱼跃，天高任鸟飞”啊！一骄傲起来，我就想到自己是多么狭隘。忘了吗，还有个更大的海阔天空的创造者呢？您说呢？

今年咱校的文科班怎么样？您感觉如何？我挺想知道您和您的工作，因为我知道，您向来都是以您的工作精神和教学成绩而自豪的。我还可以清楚地记得那时您对我们的教导，我们那时基本上不算是一群文科生，是您百说不厌的教导，使我们大部分人变成了文科生。

过去，您一直努力让我们培养好的学习生活习惯，可惜那时我们听得太少了，我也经常想起您的教导，可见其指导意义之深，影响之远。今天康洁和我说起我们当时那个超级营地计划（S—C—P）来，那又何尝不是“老窦主义”和学生的具体实践相结合的产物呢！说真的，我一直就是把您和您的工作放在一起理解的，正如革命的探索。当时那个计划是这样产生的，您知道，7 月 10 日之后，直到 7 月 24 日，我们一直处于等待当中，心里根本没个底，只是估了估分数、填了填志愿。24 日下午，我去了学校和康洁练习口语和听力以准备口试，就在那天我们听说了本科录取线是 535 分。那可怎么办？没出路了，补习注定了。但“穷则变，变则通”，反正准备吧！看来补习是必然的了。怎么补习？补什么？拿什么去补？这样一系列的问题也被提了出来，然后针对提出的问题要一个一个地去解决，一定要解决好我们的出路问题。

简单地说，就是开始从补习这一历史循环中摆脱出来……我们创建了“超级营地计划”。这也是志强、康洁的宣言，是补习的指导思想。思想解决不了，什么都干不成。我们进行思想的定位，认清自己的思想状况，不断地学会自我提升，或者也可以在您的指导下进行。其实是方法问题，不停地让各种知识作用于头脑，不停地思考，使知识发挥作用，让头脑聪明起来……

最后，是时间的安排及与之密切相关的人际关系。“不干无聊的事，不和无聊的人说话”，真正做到想象中的“闲谈不过三分钟”。附录里加上一个重要的内容——坚持跑步，可以进行以前的龟兔式赛跑，也可以进行“长蛇跑”。

其中关于读书问题，我觉得您已讲过很多了，故只提到“广泛读书，多问问题”，其他内容都是对知识的理解。这样去落实，今天我心里才算踏实了。

现在窗外吹着寒风，正是：“西风烈，长空雁叫霜晨月；霜晨月，马蹄声碎，喇叭声咽，雄关漫道真如铁，而今迈步从头越；从头越，苍山如海，残阳如血。”让我拿这首《娄山关》和您及文科班的兄弟姊妹们共勉吧！

学生：张志强

1998年9月28日

张志强，应届文科考试中以537分的较好成绩考入太原师范学院外语系。由于他本人的努力，他成绩优秀，毕业时被太原师范学院留校任教，工作两年后又以优异的成绩考入北京外国语大学读研。

（十三）

窦老师：

自从来到太原，足足两年没与您见面了，您知道我那天见到您时的心情吗？又见到您那熟悉的笑容了，我感到好高兴、好激动。高兴得想哭，激动得也想哭，而那陌生的白发，却让我感到很难受。这其中包含了许多复杂的感情，难受得更想哭。以前眼见耳闻的对老师的赞美诗中，几乎没有不提到老师的白发的，不能否定别人的情感是发自内心的，然而总感到太空泛而引不起自己的共鸣，不能打动自己。那一天，仅是两年后见到您，看见您突然间变白的头发，我感到十分的诧异，继而是难受和感动及油然而生的无限的崇敬之意。教师这一职业本就是神圣的，那一刻我感到您更加神圣，真的，窦老师。尽管离开您亲身的指导有两年了，但这两年来我无时不感到您还在指引我向前，这或许正是一名真正的教师才具备的威力和魅力吧！这种威力和魅力是足以指点和影响一个人的一生的。我说在高三能碰到您真是幸运是发自内心的。这种感觉不随时间而淡漠，反倒越来越被肯定，越来越真切。而那幸运，不能说是幸运了1年、幸运了1个月，而是一生中的幸运。有时一个老师对学生的影响，并不在于使他背会或学会了多少书本知识、开动或启发他多少精妙的思维方式，或许最大的影响在于一句并不十分深奥的话，只因为这句话当其时、适其人，而被铭记于心，已成为一种可滋生出巨大力量的信念，以至指引、勉励、推动他追求一生、奋斗一世。当我感到倦怠时，只要一想到您及难忘的高三生活，就不敢也不能止于现状了，觉得应该站起来走，也想坚强地走下去。

高三所受您的指导和教诲已不必细说，我们承接过来的不仅是知识，还有使人受益匪浅的思维方法和自学能力，更难得的是人格的启迪以及生活的信念。我们走出“巡中”，您仍不忘送给我们弥足珍贵的语言，作为临行的礼物。送与我的，学生已铭记于心头。走过一段路，想一想便会获得继续前行的动力。我们进入了大学，一个适于做梦、适于成就自己的地方，您仍不会忘记提醒我们不要做梦而要成就自己。窦老师，您让我们除了感动、感激外再也无话可说了，谢谢您了，我最敬爱的恩师！

那天，我们一大群学生看了您，回到学校后，总觉得言意未尽，很想再跟您谈谈。星期三下午去得有点儿迟了，您正好出去了，忻州的那位老师让我给您留言。我拿起笔来有点儿紧张，竟像不会说话的木偶一样，不知说啥好，思来想去，就写了那么几个字。

大学四年，时间其实很短，对于我们来说更是如此。大一是过渡期，学着适应大学的一切；大二又被学校和老师抓住学英语、过四级；到了三年级属于自己支配的时间多了，也会安排自己的生活了，可后半期又得去做调查；到了四年级就该忙于写毕业论文了。现在对所学的专业都很感兴趣，但又很无知，所以非常想多看点书，多知道点儿事。正如窦老师所说的那样，最是无选择的时候也正是最需要做出选择的时候，听了您的话后我回来稍想了一下，现在初步把方向定在教育学和心理学方面。

到了三年级，离毕业也就不远了。有时候想一想，就要踏入社会了，我真感到有点儿害怕，一旦步入社会，若身不由已而碌碌无为，走过去留不下一点儿踪迹，实在让人难以接受，所以现在不敢怠慢，要催促自己向前走。但有时也不敢肯定自己选择的道路一定会畅通无阻，所以又用“一切无所谓”的信条来安慰自己。现在，我发现这倒是一个很不错的生活策略，它可以避免失败带来的挫折感对身心造成的伤害。这也就是现在的我，确切地说也是我目前的心情。窦老师，您说这是不是带有点儿消极的色彩呢？

说到这，想起一名老师的论文，他认为爱和智慧是当今人类理应且正在追求的目标，作为人类追求的和平与发展也正是二者各自的衍化物。作为教育者必须追求爱与智慧的统一。爱是无条件的、不分情境的一种至高的职业道德。他用十分精辟的话来阐述二者的关系，体现在教育者身上，便是“有智无爱，无心搞教育；有爱无智，无力搞教育”。只有集高度的智慧科学与对职业神圣般的道德情感（艺术）于一身的人，才能成为真正的而且成功的教育者。因为只有真心实意地搞教育又有足够能力搞教学的人才是纯粹的教育者。说到这儿，突然意识到，在教师与教育之间是有差别的。通常的教师仅指教书的人，而只有那些达到爱与智统一的教师才够得上“教育者”这一称谓。窦老师，您是一名真正的教育者，因为您集爱与智慧于一身，既求科学又讲艺术，是能够统一爱与智的典范，直到今天我只找到了您一个人。

学生：刘晓华

（华东师范大学博士研究生，现留学德国）

1997 年 11 月 9 日

（十四）

敬爱的窦老师：

这么长时间没给您去信，实在很抱歉，一想到这，我的心就不安。说句心里话，如果没有您的辛勤培育，就不会有今天的我，如果没有您的教育，我也不会有勇气再次踏进高考的考场。您给我的第一印象，是我从同学那儿听说的，他说您的课讲得特好，而在我升高三那年，在我不知道是“从理”还是“从文”时，我见到了您。还记得我吗？那次在校长办公室我正打算改理科时，校长说这是你们文科班的班主任兼历史课老师窦老师，不知道是怎么搞的，我一听到这“改理”的念头就没了，从此我进了文科班。

我进文科班时，成绩很不好，但我并没有灰心，而自进文科班那一刻起，我就下定决心要好好学习，争取赶上去。我的脑子并不怎么好，但我不怕苦。您的几句话“不怕慢、全怕站，基础差的并不可怕，只要你稳扎稳打，付出一定会有收获的”，更坚定了我学习的信心，使我那颗久受创伤的心得到了很好的医治。我终于可以在这个新的环境中，不受歧视地、放心地学习了。为此，我非常感谢您，感谢您给了我一个平等的学习环境。

在我们这儿，学习抓得很紧，并不像其他同学说的那样——大学生活是轻松的、自由的。尤其是我学的这个专业，基础课与专业课都很多，今年除了开八门基础课外，还开了一门专业课——珠算课，要求过级，英语要求过四级，每天课程排得满满的，晚上到固定教室上晚自习，真忙啊！不过，我觉得这样也挺好，可以多学点知识，过分清闲了还挺难受的。

上次贾燕来我这儿说您去过太原一次，很遗憾，我没能和您见面。听说您今年没带文科毕业班，而是带着高二两个班的历史课，我更感到自己很幸运，能在高三时遇上您给我们带班，真不易啊！

今年咱们班考得一定不错吧，尤其是历史成绩应该不错。我来这儿后，听宿舍中其他县的同学谈到今年历史考试的基本情况，我觉得咱们考得要比他们强多了。

衷心希望您能再多创几次奇迹！就此搁笔，下次再谈。

学生：文苑

1997 年 12 月 1 日

文苑，由于她理科基础较差，学校又重理轻文，给她造成了不少的心理压力。高三时对文理科的选择成了她能否考上大学的关键。选择文科班使她找到了自信。1995 年她考取了山西农业大学。现为国家公务员。

（十五）

尊敬的窦老师：

新的一年又来到了，1996 年又将变成历史。在这特别的日子里，您的学生希望您新年快乐，并真诚的希望您身体健康、工作顺利、万事如意、全家幸福！

窦老师，此时此刻只有这些话才能表达我心中对您的思念之情，同时也表达对您这个人类灵魂工程师的崇敬之爱吧！

来到太原理工大学纺织学院的时间不算太短，可是我却没有给您去信，这并不是因为我忘记了您，恰好相反，我时常想起您！我没有及时给您去信，望您谅解。同时，您是熟知我这个人的性格的，急性、直爽……有时脾气暴躁，这大概已经是改不掉了。好了，不谈这个了，总之我相信您会理解学生的。

窦老师，回顾“九六奋战史”，我觉得有一种甜甜的滋味，虽然我考取了专科，但这毕竟是用自己的汗水换来的。想当初，报名、军训、带操……记得有一回咱们“巡中”放电影，看完后已是晚上 11 点了。后来我独自一人坐在教室里挑灯夜读，现在还记得是先看政治书，随后是做数学题，结果做完作业后，不知不觉咱们班的同学已经起床到教室了。噢，他们是郭艳霞、李小勇等。不大一会儿同学们就去跑操了。结果，一天下来，我的精力都不是很充沛。由此想来，学习可以说是一种精神，只有自己充分调动起积极性来才可以拥有。周恩来不是说过“为中华之崛起而读书”吗？在一定程度上看出周总理的伟大抱负。我学习了一个月后，准备参军，但毫无结果，甚至还出现了一点小矛盾。您主动与学校协商，使问题得到了妥善的解决，否则按我的想法去做，可能还会把局面搞得更僵。再后来，我可是埋头学习了，头戴大皮帽、穿着大棉袄……冬去春来，在您的率领下，大伙学得热火朝天。炎热的夏天不论在下午，还是晚上，您在讲台上用独到的眼光探寻着历史海洋中的无数个珍宝，接着又把捕获着的珍宝无私地献给了我们，而留给您的是额上晶莹的汗珠……

窦老师，两年来在我的求学道路上您给我留下了深刻的回忆，衷心感谢您！

学生：海林

1996 年 12 月 18 日

常海林，小时贪玩、调皮，不喜欢读书。有一天，他背着父母孤身一人去了河南少林寺习武，遭到拒绝。他的爸爸历尽艰难最终在村子旁边的公路排水沟里发现了他。由于性情火爆，他在高中学习期间仍有一些“出格”行为，参军不成，后经过发奋努力，终于在 1996 年考取太原理工大学纺织学院。

（十六）

窦老师：

真是遗憾，那次李浩然写信给王瑞锋，说是您在太原进修，要咱们的学生在太原聚会，由于收到信是星期二，而浩然没写清具体时间，只是说下星期，我们可乐坏了，没想到，我与俊丽匆匆准备时，王瑞锋告我们说：“老师回去了，人家是上一个周末。”听他这一说，我们都木然地站着，谁也没有说出一句话来。

窦老师，不知怎么着，自越野赛结束后，我们的早操也停了。每天早上，学校又不给送电，我们也只好在宿舍里闲聊。在这个时候，我不由自主地想起去年补习时，您每天早上跟操、查自习的情形。在您严厉的督促下，我们正汲取知识，天天进步。

窦老师，我发自内心地感激您。记得今年高考前，我心里很烦躁，拿起这放下那，什么也看不进去，是您那敏锐的眼光一下子识破我并耐心劝解我，使我的心情逐步地平静下来。如果不是您及时地发现，我也不知道我还会烦多长时间。

虽然我知道我选的这个学校别人根本看不上眼，但是我认为，路是自己走出来的，难道不是吗？您就是很好的榜样，您的经历时不时地在激励我、鞭策我不要停留在原有的水平上，哪怕有一点点进步！

学生：文娟

（忻州地区商业学校）

1997年12月13日

（十七）

敬爱的窦老师：

我到“山大”快一个月了，一直没有给您去信，当然，这并不是学生的本意，只因军训时间太紧，无暇写信。

我于9月5日到“山大”，6日报到并领军装，9月8日开始正式军训，本来是要军训一个月的，可是后来改为三个星期。每天晚上加训两个半小时左右。我们在军训期间基本没有空闲时间——没有星期天，更没有时间洗澡、洗衣服。三周下来，人都要发霉了。累归累，客观地说，这样紧张的军训，对我们是大有裨益的，它为我们的大学生活开了个好头。

“国庆”放假，我曾回过家，本打算10月3日去看您，可巧在这一天晋峰水泥厂的车要去太原，所以我就搭便车提前一天来校了。今年寒假我一定会去看您的。

听贾燕说，今年“巡中”没有办起补习班，很遗憾，但您也可以少操一点心了。当然，我是说在工作上可以少操一些心了，在学术上您肯定还是会一如既往地探究。这种精神是学生们应该学习的。您的教导“真心求学，实意做事，正直做人”，我时刻铭记在心。“山大”只是新的开始，我一定会按着您的教诲努力向前的。听山大的老生说，现在考研究生越来越难了，俗话说“明知山有虎，偏向虎山行”，我一定要尽自己的全力去考研。

山西大学是山西学府之最，信息比较灵通，图书资料也比较丰富。在这些方面或者其他方面您有什么需要学生帮忙的，我一定会尽力。

学生：曹洪峰

1997年10月4日

曹洪峰，因数学基础较差在1996高考失利。第二年虽然他刻苦努力，但因数学成绩不理想而被山西大学录取。毕业后到太原重机学院（现太原科技大学）任教。为了实现自己的理想，他又放弃优越的工作，只身一人到北京求学，最终以优异的成绩考取北京大学研究生。

（十八）

森荣：

请原谅上次的“草书”，你信中的观点让我耳目一新，能与你通信是我的幸运。信中之言就像有“圣人”在我前行道路上为我指明方向一样。

你似乎在夸大其词地说如何如何，说我有进步，尤其是思想上大有进步，但这与窦老师的教诲也是分不开的。窦老师那一套真心育人的方案对我有很大的启发。现在细细想来我应该说是“窦根锁理论”教育了我。我的行为改变与他的理论指导是分不开的。虽然不能完全那么说，但这一理论确实是很全面的，它包括学习、为人、做事等各个领域。这都来自现实生活，是源于现实又高于现实的，在学习生活中有很大的启发作用。这一切也许与他的专业有关，也许与他个人成长的经历有更紧密的联系。森哥，我说的是否有道理？其实，很多人包括你在内也是这样想的。

湖北大学经济学院于元月22日放假，元月中旬有3门课要统考。现在距离放假还有20天左右，我估计自己过关是不成问题的。

市场营销班整体气氛还算可以，也许是因为以前的坏毛病未改，所以在某些方面做得还不够好，总之，今后我会尽力把自己的事情做好的。

前途是光明的，道路是曲折的，这样地选择也是唯一的选择。我很清楚，就像小瑞所言——我只要上了这条“贼船”，也就不准备下了，也许有一天这条船会驶向我理想的彼岸。

你的情况也一样，任重道远，充满乐趣与艰辛，不过学习成绩还是蛮好的，尤其英语是你的专长，好好地抓紧所有的时间，跟老师配合好，我坚信你明年一定会取得好成绩。

王志强今年考取了第一，平时考试中并不是数他明显，高考时则出乎意料。我常和王志强说，我就感受到他时常有种紧迫感在促使他。“心急”但心急又不“心慌”，他的成功也是必然的。可以说忠哥利用了一切可以利用的时间，尽心投入就会成功！

友：李雪峰

1997 年 10 月 5 日

这封信是同学们之间的书信往来。李雪锋，学习基础较差，成绩不够理想，缺乏自信，时常和老师尤其是班主任闹点儿小矛盾，但他为人正直，做事敢作敢当。自从到了文科班，他逐步找回自我，通过努力考取湖北大学经济学院。

（十九）

敬爱的窦老师：

提起笔，您的音容笑貌马上展现在我的眼前，我忘不了教我、育我的老师们。在此，我要献上对老师的最真诚的祝福：祝老师身体健康、工作顺利！

窦老师，我忘不了补习的那段时光，我记得您给我们补课，我偷偷赌博被罚……不是计较您对我的罚，而是因为这些使我懂得了一些做人的道理。补习时，各位老师在我们身上花费了许多心血，在此请您代我向他们问好。过年的时候，我一定回去看望各位尊敬的老师们！

老师，我为咱们班而感到骄傲！来到这儿，我感到非常自豪，农村有啥不好，我一点都不自卑。老师，我想当您听完我的“事迹”之后，您会为我而骄傲的。

刚来时，班主任让我们自荐竞选班长，当时我的思想斗争非常激烈，是上还是不上？在我犹豫时，有位同学站了出来，当时我真后悔。老师说这是临时的，以后还要选，我提着的心放下了。

接下来看我的表现了，班里的活动如装饰、买东西等我都非常积极参与，那时我看到了老师赞许的目光。现在我们班的班训是我带过来的，是咱们班的“学思行义”四个字。我虽然不是班长，但是我可以调动同学们的积极性。

有人说，你又不是班长何必那么积极呢？我只是对他一笑，一笑过后我想到：一般情况下，临时班长可能就是以后的班长，所以我一定要跟他竞选。此后，有一天老师突然宣布我为班委会成员，同学们一下子惊呆了，因为我还没把我竞选的想法告诉班主任，结果真是意料之外，但也在情理之中。我当选为班长，而且兼任团支书。前两天系里竞选学生会、团总会，我去参加了，结果被选上，系主任还和包括我在内的三位“大一”新生召开了座谈会，说我们都是些实干家。

现在，我“前途”光明，但这既是机遇，也是挑战。在学习上我还得更加努力，不然怎能让他人佩服呢？

那时听您讲的道理，觉得可望而不可即，现在我终于明白了，您是教我们怎么走路而不是整天拖着我们走的老师，您给我们的是“枪”而不是“干粮”。

窦老师，我相信在您教导下的学生个个都是好样的。

祝老师快乐！

学生：王刚

（太原师范学院）

2000 年 11 月 3 日

(二十)

敬爱的窦老师：

近来工作怎么样？仍然为学生们不好好学习而生气吗？

来这儿将近半年了，我得知以前的同学陆续给您去信了，而我迟迟未写信，您也许感到意外吧？其实早就想给您写信了，只是“补习计划”被王强抢了先，而我再也无新的计划出台，因而拖延到现在。大学生活散乱无章，忙了半年也不知收获多少。

刚来“山大”，其他同学都有新鲜感，而我一点儿也没有，半年之中除了亲戚朋友来时，领着他们逛几圈，平时几乎不出去。前段时间很清闲，一天只有一两门课，作业半小时就完成了，剩下的时间就听音乐、睡觉（补习时睡得太少，现在抓紧时间补上）。突然有一天听说离考试只有两个月了，可大脑里一片空白，如何应对考试？我赶紧忙了起来，忙着看过去的，又忙着学现在的。数学、英语、心理学三门主修课不敢落下，人体解剖课、军事理论课大体上也要结业，还得重视20万字的读书笔记，于是又忙于去图书馆收集资料。朋友要来不敢怠慢，我笑脸相迎，过后还得加倍补时间学习……整天忙忙碌碌，心中却无补习时的充实感觉。

近来学校要进行体育达标测试，我懒散了半年，导致800米怎么也达不了标，只好去王芳那儿请教。她比我胖，大一时体育不知怎样过的。谁知我得到的答案很简单：加强锻炼。于是我每天的生活增添了一项：800米长跑。

老乡聚会时遇见了曹洪峰，一提窦老师，觉得亲切许多。他当时说同门师妹，以后一定多加关照，过后却杳无音讯。和王芳关系不错，同一个系、同一个专业，比其他人亲近，有时也常去请教。

每次写信，我都不忘问一问：咱班同学用不用功？成绩如何？我想，有如此勤奋的学生，窦老师今年又是一个丰收年吧！我知道去年文科班考试成绩不够理想，“八十万大军”达线只几人，有些说不过去，但文科向来难考，应届毕业生更是如此，您也不必耿耿于怀。您也说过“文科生只要在我班上连读三年，我保证你们个个成才”。他们才一年嘛，何必强求？应届毕业生人才济济，明年高考一定不会令您失望的。

无论考出去的还是未考出去的，谁不说您够得上“为人师表”？您不仅仅在学习上，更重要的是在思想上教育着我们，只可惜我受您的熏陶时间太短。我感觉教师是很有前途的职业，桃李满天下就是您最大的光荣。

代我向其他老师问候一声。附上贺卡一张，以示我对您的谢意。

学生：康洁

1999年12月10日

康洁，从小父母离异，跟随母亲到山西省方山县第一中学就读，当年的高考成绩为432分。1998年暑假回家乡看望父亲时，在我所带的文科班听了几节课后就决定留下来复读一年。第二年高考，她取得525分的好成绩，被山西大学录取。2003年考取华东师范大学硕士研究生。

(二十一)

尊敬的窦老师：

算一下，我已到校两个月了。本来，这封信早准备写了，我却一直没有时间（要适应新环境），所以，一直拖到今天才写，望您见谅。

去年，我作为一名复读生到了93班——您的班上，其实，作为一名复读生，我的心情是沉重的，因为让我读书成才一直是我们全家的希望。您与其他四位老师给了我很大鼓励，让我不断前行。尤其是历史课，过去我的历史成绩是几门课中最差的，但在您一年的关怀与帮助下，我的历史成绩有了明显的进步。虽说今年我在高考时再次失利，但我还是要感谢您与其他四位老师对我的关怀与帮助。

当时高考的再次失利，确实让我受到了打击，不过现在最终还是圆了我的大学梦。如今，作为一名大学生，我开始学着摆正自己的位置。我想要弥补自己的不足，不是用言语，而是用别人十倍的努力去完善自己。军训让我懂得生活中必须要有纪律，使我应该时刻严格要求自己。军训后这一个月的大学生活，我对学校的基本情况有了一定的了解，现就与您谈谈我们学校吧。

其实，中国地质大学虽然是全国重点大学，但并不是学法学的好学校。我们学校的法学专业是1997年开设的，其研究生学位及以后的学位都还没得到国家的认准，要考研必须到中南政法大学、武汉大学或华中理工大学等学校才行。而且，我们大一新生到现在都还没有固定的教室，自习只好在宿舍里，新的教学楼虽然已动工，但全面竣工也可能要到明年。学校现在有许多建筑要重修，包括改建食堂、宿舍等，还有许多建筑正在建筑之中，如博物馆、宿舍楼等。总之，学校的一切并不是太好，但对于我来说，这已是上天的恩赐了。

学校环境不怎么样，但是大学生活却是比较丰富的。这里确实是一个人才的摇篮。大一新生中有一个来自山西太原的女孩，她的二胡演奏现在就已过了国家八级，挺让人羡慕的。而对于从咱们那样的山区走出来的我来说，一切都得从头学起，不过学校给新生开了许多选修课，可以让我学到许多东西。

如今，一切都已步入正轨，我也基本适应了这儿的环境。这儿除了天气比较潮湿之外，比咱们那儿好多了。现在天气还不是太冷。这儿伙食费挺贵的，一份较好的菜就是1元6角，再好的就是2元或3元了，而且多以辣为主。

窦老师，不知道您今年的教学是否顺手。我想应该不再似去年那般棘手了吧？去年咱们班也是由于学生多才会比较散，想必今年还可以吧？不知今年与您合作的老师是哪些，与您配合得如何。我觉得您肯定会处理好与其他老师与同学的关系的。

好了，就此搁笔，代我向其他老师问声好。感谢你们一年来对我的关怀与鼓励！

学生：李春燕（中国地质大学）
1999年11月4日

（二十二）

窦老师：

开学已经这么长时间了，我还没有抽空给您去信，实在抱歉！远走他乡的学生，遥祝老师快乐！

海南，其实并不如咱们想象得那么好，虽然它是经济开发区，但自亚洲金融危机以来，海南经济一直没有太大的发展。此前海南经济开发时大搞房地产，但金融危机一来，所有楼房都成了空楼，导致经济下滑。现在海南的支柱产业就是旅游业，工业基本没有，农业发展并不是很好。

但海南环境有其自然优势，比如有优越的自然环境、清新的空气等。无污染的环境为海南发展带来极大便利。

海南的物价并不算太高，由于距广东、福建较近，因而衣服、电子产品等都比较便宜。一天的伙食有10元就够了。

海南人的生活习惯跟咱们那儿有点不同，他们的活动集中在晚上（因为白天太阳晒得厉害），晚上9点到12点是最热闹的时间，大部分人去街上聊天、喝茶。平时人们要在凌晨1点以后才睡觉。我也入乡随俗，睡得较晚。

海南师范大学是海南省为数不多的高校之一，也是海南省唯一一所重点师范院校。学校的学风好，但师资力量不算强，教授只有100多位。学生在大学里靠的主要是自学，图书馆里有许多书，努力一点儿，我想一定会有收获。

到了大学，我才觉得为人处世之道确实很重要。以前您说过的一些道理确实有用，让我受益匪浅。我会认认真真地去做事，踏踏实实地去做人。但也有一些东西，让我困惑，我想在以后的日子里，继续向您请教为人之道、为生之道。

您永远是我的恩师！

学生：王峰

（海南师范大学）

2001年10月28日

（二十三）

敬爱的窦老师：

8月29日我就到了北京，由于是第二次进京，也就没有了先前的新鲜感。军训了八九天，是在×××部队里进行的。早想给您去信，信封一个月前就写好了，可每次都不知从何谈起。我这个弟子没有继承您的衣钵。山西大学历史系考古专业的理想在“硝烟弥漫”的高考中灰飞烟灭，化为乌有。同居一室，言传身教一年也没有改变这一命运。当然，这一切已经过去了，永远地成为历史，我也已走出高考的阴影，一年的补习生活留给我的太多太多。

回想起窦老师这两年的谆谆教诲、学习生活中的点点滴滴……我激动不已，“真心求学，实意做事，正直做人”，“凡做每一件事，都要倾注全部精力”，“干不成小事的人，大事也同样干不成”……

“学思行义”四个字学生没有忘记，窦老师您教我们那一年的情形至今我历历在目、记忆犹新，“80万大军”紧跟其后，一跃而起，冲锋陷阵……

您——21世纪的“变法者”，现在怎样呢？是否每天都有新思维出现？可惜我不能在旁边聆听了。窦老师，您的那些“两操法”等还施行吗？当时看您每天花大量时间在那表格上进行数字统计，真的很感动。

补习一年给您增添了许多麻烦和负担，现在想起来只觉得愧疚、不安……唉！什么时候能事业有成，与窦老师开怀畅饮，一表歉意？

这所民办大学的生活条件一般，教学质量却不错，教授们大多是从名校聘请的。果然是“上课带一个水杯”，讲得滔滔不绝。外语系有将近 100 人，男生却不过 10 人。外语教师有四五个。我在听、读、说、写四个环节中，说和读方面感到心有余而力不足，听和写不在话下，但是河曲口音太浓，常常是一语惊人，哄然满座……

我这人，总是傻乎乎的样子，同学们爱开我的玩笑，也爱和我接触，至于究竟傻在哪里，我也不知道。

窦老师于茶余饭后，能否给弟子来信，谈谈您的近况？咱班其他人都到哪里去了？

我现在每天都练篮球，今天下午外语系和法律系有一场赛事，我当然要出马。老将“黄忠”，英雄不减当年呀！

学生：王森荣

2000 年 10 月 14 日

王森荣，考上高中后由于口吃的原因，仅读了不到一年的时间就回家放羊去了。两年后回学校复读，补习一年后被北京东方大学录取。

（二十四）

敬爱的窦老师：

还记得我这位学生吗？无论您记不记得，我对您还是致以同样的问候与祝福。尽管好几年未通信了，但这不能说您这位忘恩负义的学生早将您抛在脑后，我只是在这儿为您祈祷，愿上帝将幸福和平安赐予您。

现在您是什么样子？是胖，是瘦，还是保持原样？上课的样子还是……想知道的东西真的是太多了。“巡中”成了什么样？您的那小卖铺是否还在？一切的一切都在变化着，可惜，我没机会回去看您，也许是事实，也许是借口，总之，回母校的打算被无限地搁置起来。人走得越来越远，可思乡的情绪却越来越浓，特别是对您这位值得我尊敬的老师，让我永生记在心里，若不是遇到您，就不会有今天的我……

我在这儿过得不好不坏，能考上国家重点大学一直是我的梦想，同时能拥有像今天这样的特殊待遇，是我以前从未想过的。同样，我开始设计自己的明天，我打算报考中国政法大学的研究生，不管结果如何，我总想试试。在和同学（她考上清华大学研究生）一起聊天时，我想到自己一直未给您去信，想打电话，却不知号码，只好提笔，让您再睹我的草书。我也恨自己不长进，没法子，老样子，也许这就是属于自己的一道“独特的风景”吧！

走走停停，不知不觉就要走完这一大学生涯，往日的同学也不知现在过得怎样。我相信他们都有一片属于自己的快乐天地。总之，我们能有今天都是因为您的辛劳与教诲。

老师，谢谢您！这话也许太俗气，但是包含着一种真挚的情感。学生在这儿、在这种状态下只能给您一声问候和一句祝福。

学生：靳小红

2001 年 12 月 3 日

靳小红，原就读于山西省忻州市五寨县第一中学，1997 年来河曲巡镇中学文科班补习。高考前夕她哥哥在一次车祸中不幸遇难，这给她造成了不小的打击，以致当年未能走进高考的考场。第二年考取西北农林科技大学。毕业后经她自己的努力又被中国政法大学录取攻读硕士研究生。

（二十五）

敬爱的窦老师：

来到这儿两个多月了，我的感触很多，自己的变化也很大。在独自静坐的时候，很想念以前的老师和同学们，我首先想到的是您，如果不是您对我的谆谆教导和给我锻炼的机会，我也不会取得现在的成绩。您说得对：走得远，世界属于你；走得近，世界离你越来越远；远行，你还是趁早点！走出来后发展的机会会更多，施展自己才能的天地也会更宽广。我现在体会到，在去年任学生会干部的一年中，我学到了不少的东西。您虽没有给我带过课，但这其中也离不开您的教导，这一点我是永远不会忘记的。下面就谈谈我现在的情况。

刚来到这儿，对这里的一切都不太适应。在训练前，队长要挑几个临时班长，我们队一共8个班，分两个区队，我自告奋勇当了班长，试用两个星期。在这两个星期中，我们区队的全体成员，在内务、训练方面都做得很好。我们天天都检查内务，最主要的是叠被子的水平。军被都要叠成‘豆腐块’，我作为班长，只有自身做好了才有资格要求其他人，所以，我一有空就叠被子。我的叠被子水平被评为全队最好的。我们班在内务检查和训练中被评为优胜班，我也被推举为正式班长。又过了一段时间，我通过竞职演讲，被投票选举为二区的区队长，带领着四个班的同学，感觉挺好。

我们虽然不是正式的军人，但学院对我们的要求跟军人一样，跟正式学员一样。唯一不同的是，我们没有军籍，毕业后如果考不上研究生就要自己找工作。我觉得这样也挺好。正式学员毕业后，没有选择的权利，部队把他分到哪就得去哪，那样的话，工作也不一定适合自己。我读的是土木工程的道路与桥梁专业。我觉得如果学好它，找工作也不难。我还有一个感触，那就是军校的确与地方大学不一样，做什么都由不得你自己做主，但我觉得这里挺适合自己。我想只要我努力就会做得不错。窦老师，您认为呢？

窦老师，我先写到这儿。祝您身体健康、工作顺利！

您的学生，王平

2002年11月28日

王平，我的“编外”学生，是指我从来没有教过他。当时这位学生是学校学生会干部，在校期间除了繁重的学习外还要做好许多学生会的工作，经过一年多的努力有了很大的进步。2002年考取了中国人民解放军工程指挥学院。

（二十六）

敬爱的窦老师：

我离开咱们学校快4个月了，师生配合的情形，特别是我和您配合的情形已一去不复返了，但您慈祥的面容仍不时地在我眼前闪现。一年来，在您的关心和帮助下，我们这些“弄潮儿”的成绩突飞猛进，在今年的高考中，咱们班取得了“丰硕的成果”，特别是我取得了462分的好成绩。在此，我向您表示最诚挚的感谢！

窦老师，我的基础比较差，特别是历史，一年来，在您的教导下，我的积极性一下子被调动起来，学习兴趣高，再加上咱们班上同学之间竞争比较激烈，所以我也开始加倍努力学习。虽然平时每次考试成绩都不好，但我一直没有泄气，一步一个脚印，按您的要求去做，在今年的高考中获得了较好成绩。在这所学校，按我的水平来说，对现在的成绩我还是很满意的。

我校于11月3日正式开学，4日开课。学校面积较大，有一幢教学楼、一幢办公楼、二幢宿舍楼、一幢图书楼，校园环境很好。我们每天上三节课，上午两节，下午一节，每节课两小时，晚上有两小时自习，9点晚自习结束。

我本想一到校就给您去信，但由于刚来不了解这儿的情况，再加上活动多，所以一直没有去信，请您见谅。我刚来这儿，就得到了班主任的赏识和同学们的认可，当选为企管班的班长。总之，班里除了班主任外，由我全权监管一切事务。班主任不给我们代课，所以平时很难看到他。现在班上事情比较多，我的任务也更重了。

我现在共学七门课，其中三门是考查课，四门是考试课，基本上都是实践课、技术课。内容简单易学，我对这些课都挺感兴趣。

上次，我听王新民说，您没有给文科班代课。窦老师，凭您的才华、能力，凭您的辛劳，同学们认为，您完全可以去一个更好的地方发展。

窦老师，咱们很久未见面了，虽在异地他乡，但我们的心是相连的，我永远是您的学生，您永远是我的老师——不仅是传授书本知识的老师，而且是传授各门知识的老师。您有什么需要我办的事情，我一定会尽力而为。

我校开学太迟了，未能及时跟同学们联系，不知他们给您去信没有，如果给您去过信，请您把他们的地址告诉我。

最后祝窦老师身体健康、工作顺利、更上一层楼！

就此搁笔，余言再叙！

学生：赵振雄（忻州地区工业学校）
1997 年 11 月 7 日

（二十七）

敬爱的窦老师：

您好！

本计划在太原聚会时能面谈一番，但由于有人记错时间，没有实现师生再次重逢的愿望，心里倍感遗憾。又听说王瑞锋、何海蓉早已给您写了信，这使我非常不安，但愿老师能谅解我的失礼。

虽然你我仅仅相识一年，还谈不上相知，但笑嘻嘻的您以及您那一套独特的教诲方法，都给我留下了极其深刻的印象。我的成功离不开您对我的教导，但也许您并不知道，我最爱听的就是您那不平凡的经历，所以每当您讲起过去坎坷的经历时，我总是听得最认真，并时时以此为鉴去克服困难。如果我今年考不上大学，很有可能会选择您在课堂上讲的那几种从商之道。

总之，我在您身上学到了许多非书本上的知识，这些知识对我来说是很重要的，所以我想衷心地对您说一声“谢谢”。另外，现在我在这儿有许多空闲时间，有时很想去玩一玩商界，希望您能在闲暇之时传授我一些这方面的知识。

在您身上我时时能感受到许多闪光的东西，我想在您的指导下多吸收些知识，以便在以后的道路上走得更顺当一些。愿吾师能给予理解。

祝愿老师工作顺心、万事如意！

学生：许大光（忻州师范学院）
1997 年 11 月 23 日

(二十八)

敬爱的窦老师：

祝您新年快乐、工作顺利！

以前给您写过一封信，不知您收到没有，现在我最想说一句话："窦老，您是我们 91 班的大救星，有您在，我们过得开心、开怀！"

我很想再次跟您谈心，尤其想再听您的课。我所在大学里的中国史教授，与您的经历相似（他也是一个留校生）。他讲课风趣，也与您一样，经常逗得我们大笑。河曲的同学确确实实做得不错，这源于河曲的教师也确确实实不错。您教给我许多做人的原则及方法，它们在大学里仍有较强的适用性。半年时间快过去了，我回首一看，几乎与您和我们谈到的情况一样——两眼盯着天花板，独自地发呆。

半年前，我们班竞选班长，由三位同学一组，每人干一个月，看谁干得最好，最后就将由谁来担任班长。同学们投票也选中了我，第二个月是由我当班长。

大学里，同学之间的关系不像高中时那么纯朴。我给同学们在班会上讲分配工作后到农村工作的现状、如何正确处理男女同学关系、方与圆的问题，以及干每一件事都要倾尽全部精力等内容。教室里总是静悄悄的，同学们听得聚精会神。会后，同学们跟我谈心时常回问我："远东，你怎么知道得那么多？那么深刻？"我得意地说："这是调查研究的结果。"其实我心里明白，这完全是由于窦老师的教导。

窦老师，如果是不了解我的人，还以为我是个神经病，经常在操场上拉着你的调子，模仿着你的一句句话，我以后回咱们县也想跟您一个样——搞好河曲的教育。

老师，您现在很忙吧，身体累了，多休息一下，多吃点有营养的食品。20 天以后，咱们再见。

最后，祝文科班的各位老师身体健康！祝文科班的兄弟姊妹们学有所成！就此搁笔。

学生：远东（山西大学晋中学院）
1999 年 12 月 26 日

（二十九）

尊敬的窦老师：

离开家到太原已一个月了，现在又有些想家，倒不是想家乡的清闲安逸的生活，而是想见家乡的亲人、朋友、老师和同学们。

老师，现在我虽在大学，却从来也没有一天活得跟别人口中的大学生那样轻松过，整天钻到看不完的书中，学得筋疲力尽才回宿舍。

假期在康师傅家见到您，我又一次受到您的教诲。那一次谈话，我真的受益匪浅。

您那生命不息、奋斗不止的精神真正地影响了我。虽然被您教过两年，但我一直都愚钝不堪，没有真正领悟到您的精神，这次有幸再次得到您的教诲，使我得到很大启发。我决心抓住这一次有利的机会把您这宝贵的精神财富承袭过来，我会更加努力奋斗，抓住生命中的每一次机会去奋斗。我相信，总有一天我会成功的。

我抓紧每一分钟时间努力学习我的专业科目，同时我也再一次拿起了沉甸甸的中学课本，准备重温那艰苦的高中生活。我想再参加一次高考，哪怕成功的可能性只有百分之零点几，我也要争取，毕竟我是在高考考场上摸爬滚打过两回的，对于第三次的失败，我也不会太在意的。

老师，我在异乡，对高考的信息实在闭塞得很，而老师您是咱中学有名的老师，我希望能得到老师的更多帮助。

老师，我倒忘了问您，您是否还代高三和补习班的历史和班主任？但不管您代不代，我觉得您每年对于高考还是有些看法的，而且我对您的“高考聚焦”也是确信不疑的。您能否在以后的信件中逐渐给学生指导一下呢？麻烦您了，老师。我觉得凭您以往对学生的负责态度，您不会拒绝。

老师，以上许多话，并非是学生对您的恭维，而确实是事实。我认为您跟我们这一届的真实情感是在补习这年才真正培养起来的。想想我们那 26 人组成的补习班，不知发生了多少事，其间也让您生过气，虽然也在文艺节目比赛中夺过奖、篮球赛上夺过冠……

酸甜苦辣多少事，咱们师生 26 人的关系在不断地拉近，到现在，同学们大多出外读书，我们经常联系，也经常提起您、提起咱们班，大家都十分怀念文补班，而且对您的评价一直很高。大家都能理解您对我们的期望与良苦用心，您在我们灵魂深处的“革命”是永存的。

拜托了，老师！如果高考方面有什么报名、填表之类的事，您给我预先写个信或打个电话，好吗？

老师，我如果在咱们学校报名参加高考，会不会使您为难？如果需要什么，请您与我联系，好吗？

附上几张邮票，以便老师写回信时用，以后我还会寄一些的，希望老师多多赐教！

祝老师全家幸福、身体健康！

学生：清源（太原师范学院）

2001 年 3 月 6 日

（三十）

尊敬的窦老师：

祝您新年快乐、万事如意！

校友们一份份的来信，给我送来母校的消息，其中印象最深的是母校变了，而且变化很大。我十分后悔那段日子没有好好学习，很遗憾再不能频繁地听恩师的课了。

在大学里，同学们学习上竞争激烈。我在“小”中求活、“败”

中求生，结果建立了良好的人际关系。

老师，您说得对：一个人首先应成仁，其次是成才，最后要成器。我已和一个要好的老师交流过，他赞成我的观点，这样更加坚定了我对这一真理的信心。

在紧张的自考当中，我们几乎没有星期天，这对大学生来说是件稀罕事，我们学习太紧张、太累了，但我采用您教给我学习历史知识的方法，把它运用到其他各科中去，自考取得了可喜的成绩，本科课程只剩六门待考。我坚信坚持就是胜利！

每当困惑、彷徨的时候，耳边就响起了您语重心长的那句话——办每件事，无论多么小的事，都要倾注自己的全部精力。您说这句话的语调、表情、手势，至今我都记得清清楚楚。

前些天，王刚和李民来榆次看我，我们在吃饭时又进行了交流。在我们心中，您永远是恩师、父母。

老师，是您教会了我们做事、做人的方法。让我代表91班的全体同学向您拜年了！

最后祝恩师身体健康，工作顺利！

另外，送给您的新学生一副对联：

气忌燥言忌浮才忌露学忌满

胆愈大心愈细智愈圆行愈方

学生：远东（山西大学晋中学院）

1997年8月23日

（三十一）

尊敬的窦老师：

很久没给您去信了，我在忙忙碌碌的日子里，又不知道自己做过些什么，得到些什么，却在流逝的时间里，在无形中失去了许多。发达的通信方式带给人意想不到的便捷，但也因此失去了许多享受传统通信特有的温馨的机会。想起来真惭愧，我有许久没给父母、老师和同学写过信了。其实，对于自己辛劳一辈子的父母，对于自己每个成长阶段的恩师，我从来没有忘记过。我无时无刻不想有朝一日能回报自己的恩师，只是觉得自己的翅膀还太稚嫩，更多的时候是力不从心，为此只能默默地将这一切放在自己的心底。

如果可能，请窦老师代我问候其他代课老师。祝他们一切安好！

祝窦老师工作顺利！一切安好！

学生：刘晓华（华东师大博士研究生，现留学德国）

2001 年 10 月 16 日

（三十二）

尊敬的窦老师：

此时此刻，我爬在华北工学院宿舍的床上给您写信，但我心里只想着“感谢”二字，其余的不知该说啥好。

在我的印象中，您是那么正直、厚道，在工作上又是那样认真。在我的脑海中一直“复制着您慈祥的文本”。平时，您就像我们的朋友一样，与我们在一起，一点儿没有架子，可在学习上对我们又是非常严格。可以说，没有您满满一年含辛茹苦的辅导，没有您谆谆善诱的教导，没有您的鼓励与帮助，就没有我的今天。总之，您是我真正的一位良师益友。我现在由衷地向您说一声：“谢谢您！”为了我们，您满头乌发变得花白了，您的面容也因为操劳而显得苍老了许多。您像蜡烛一样照亮了别人，牺牲了自己；您像春蚕一样生生不息，奋斗不止。您不知送出了多少学子，而您对我们却一无所求。您永远值得我们尊敬。

现在说一下我的情况。学院位于二龙山脚下的一个偏远山村——上兰村，离太原市有 40 多公里，过去它是一所军工学校，创建于 1941 年，主要以工为主，只有经管系才有专科，其他专科全撤了。这里的校容校貌比起山西大学来说比较差。它总是激发不起我的情绪来，且只是上了一个专科，我感觉前途渺茫。但是，在这里我一方面培养自己各方面的能力，如社交、生活能力等；另一方面又加强学习。学习是学生的本职，也是我将来立足社会的基础。我准备好好学习英语、计算机这两门课。班主任姓郭，五寨人，他让我担任班长，我谢绝了。在高中几年的班务工作中，我已经厌烦了，更主要的是我担心自己的身体不能胜任，怕忙不过来。不过，这里还有我大显身手的地方——大学生报社、新闻社，我准备参加其中一个。我们班共 40 名学生，我的高考成绩排第三，英语单科成绩第一，还算可以。

好了，由于时间关系，就此搁笔。春节放假再见！

学生：吴清华（华北工学院现中北大学）

1997 年 9 月 13 日

（三十三）

尊敬的窦老师：

首先，感谢您，让我在湖北大学圆了大学梦。这也许是我人生道路上一次最大的转折，也是我长这么大以来最高兴的一件事。我临走的时候，本来想请您和赵老师到我家里来，吃顿家常便饭，可是刚开学的时候，您太忙了，以后您一定要到我家来做客，而且要常来。

我们是 17 日下午 3 点多到武汉的，等安顿好后已经是晚上了，第二天就拿了通知书去报到，然后几个人一起出去买东西，700 元的食宿费，几乎什么也没有，如被子、褥子、蚊帐（这儿蚊子又多又毒），还有一些生活用品都是到了这儿才买的。听说，除了食宿条件差一点外，其他都与正式生一样。我和王鹏、李艳，还有补习班的郭伟住的地方不太远，有什么事叫他们也方便。出门在外，我觉得老乡跟同学都是很亲近的，所以不会很想家，而且郝老师对我们也挺照顾的。赵老师还有好多同学要接，所以就让郝老师送我们回宿舍。一直等全部安顿好，我们开始军训了，郝老师才回来。

早想给您写信，可是军训中人太累了，八月十五的早上我晾衣服时，又从凳子上摔下来，扭伤了手腕，疼得动也不能动，今天好一点了，手指才可以动了，我就赶紧给您写信，首先给您报个平安吧。

其实，我很知足，我觉得今年能有这个机会上大学是很幸运的。如果补习一年再一无所获，到时候又该怎样走下去呢？我在心里想，我本来就是普通得不能再普通的人了，我应该好好珍惜现在所拥有的一切，对吗？我爸爸常常对我说学到知识才是最重要的。我为拥有思想开明的父母感到骄傲。用您的话说，我的高中是失败的，我觉得特别对不起您的悉心教导、父母的拳拳爱心，现在后悔也不起作用。人生风景线上最值得留恋的、最值得拼搏的一程，却留下了许多遗憾，我甚至担心再碰见以前的老师，会愧得无地自容。您也知道，我这个人自控能力差，致使我的成绩总是提不上来，而且我对人太热心，又不太在乎别人眼中自己的形象，这样也耽误了自己的学业。

窦老师，我觉得您是最善于理解人的，而且最了解学生，所以我心里的好多话都想说给您听，您会理解我。窦老师，您身体好吗？只顾说自己了，不知道您最近忙不忙？今年的学生多吗？您要多注意身体，别太累了。学生长大了，好多事情都要靠自己来完成，您说对吗？如果学校让您走，您还是回城吧！这样不用每星期跑来跑去，离家近，轻松一点儿。

窦老师，有时间给弟子回一封信。谢谢您了！

学生：呼敏敏（湖北大学）
1999 年 9 月 26 日下午

（三十四）

尊敬的窦老师：

元宵一别，时至今日……

您现在首次带高一，感觉如何？在巡中您可算是“集史学家、教育家、思想家、演说家于一身的风云人物”。不知道您有没有得到领导的赏识，有无提升？我期盼您施展本事的空间更广阔些。我不在您身边，也不知道您每天是否又有新的想法涌现……

在地理、政治方面您也是有造诣的。吾师“德”居首位，“真心求学、实意做事、正直做人”等话语至今令我记忆犹新。我唯一感到遗憾的是没有考上山西大学历史系考古专业，每当媒体上有某某地方新发现古墓、某地出现新的文物等消息，心里都有些不是滋味。其实我这个人数理化较差，可我的语文、历史、地理、政治、英语等学起来并不觉得费劲。我的口语比别人差些，但笔杆子决不服输。对了，窦老师，拜托您一件事，我姑妈家的女儿吴晴（高三文科班）、我二叔家的长子王茂荣（高三 102 班）今年都将面临高考，据我所知，学习都不好，但不管考上考不上，都得把剩下的日子过好。麻烦您答应弟子，浪费些时间教导他们，我就不给他们写信了。

学校的计算机课现在还是原来那位老师任教吗？那可得重视啊！我们那时每周都有课，可学到了什么？我甚至连打字也不会，荒唐呀！应试教育也不可忽视了计算机的学习，否则，遗憾无穷……

对于国家高等教育学历文凭考试，您知道一点吧？上学期的两门考试科目（大学语文、马哲），学校考试科目（马哲、政经）我全部考过了。这学期要考几门专业课和计算机基础课，都要去外面考（校考除外），而且计算机考试要求上机操作，取消笔试，比高考时还严格。我们的想法是宁考不及格也决不作弊，因为对作弊的处理是极其严厉的。请您告诉您的学生这些情况，也好“补救”一批人，尽我的些许力量……

这几年内，我觉得拿文凭不成问题，可这个文凭不高啊！大专文凭行吗？升本是必然的。另外，我决心把国家英语四级、六级证书都拿到手，尽管学校不要求这个。“生命不息、奋斗不止”，吾师之教诲难道不是真理吗？

窦老师，我可以算是您的一位“信徒”了，尽管这“信徒”做得令人失望，但我坚信，在北京这个地方还是有我施展才华的一片天地……

逆风飞舞，何其豪壮，又何其激动人心……他年事业有成，师生欢聚，开怀畅饮，咱也来个“笑傲江湖”……

青年人敢想敢做。窦老师，代我向诸位恩师问好！四毛还在补习，这是他正确的选择，我们每个人都应学习他那种可贵的精神，去搏击各自的人生。也祝他不断取得进步，争取今年考上他理想的大学……

书不尽言，愿吾师一切都好！

乱七八糟地写了许多，望窦老师莫见怪，似乎在您失意受挫之时翻阅一下，能略微抚平那时受挫的伤痛……

学生：王森荣（北京东方大学）

2001年4月5日

（三十五）

尊敬的窦老师：

多时不见，近来可好？暑假回去，住在城关（大约是8月1日到6日），去看您，几次您都不在，甚感遗憾。值此暮秋时分，想起当时念书的情形，更是倍感亲切、温暖。

那些年月，短暂而又充实地过去了，回想起来，总给人以力量和希望。“一个穷乡僻壤，日趋落后的环境中，有一些人不服气，一心想向上，希望的小路在高考的田野上时时出现，好在有人给你指点、激励”，说得真好！现在我念书又何尝不是这样呢？虽然太原也是个省城，前几天王锋也来过，但总的来讲，条件比较落后。班上刻苦学习的学生少，闲散的多。不知道您班上的同学们怎么样？是不是又让您失望呢？

自然的，我是要求进步的学生，不用说参评这奖那奖，单说刻苦学习，我也是合格的。不过，这只是关起门来自己吹牛，如专业成绩高，专业考试拿了优秀证书，英语念得好，受到了表扬等。想当初，您总说一个老师最大的幸福就是看着自己的学生有出息。现在您看到我取得的进步，一定比我还高兴吧？

暑假回去，看见由您整理并发表在校报上的王芳的讲话，我很高兴，也为您高兴——又有一位学生出息了。不久前，我去了上海一趟，我也很向往上海，想报考那边学校的研究生。您能不能告诉我王芳的联系方式？我想联系她，请求她把那海上的清风给我刮过来，好让我尽快实现“现代化”，我可是不想再忍受这“中世纪”的折磨了——毕竟咱山西太封闭了。

说起来这个封闭，听着窗外夜空中传来的广播声，我不禁回想起当年高考的情景。那时您告诉我们咱们那里的环境多么落后，还关照晚上要有广播。那时冬天天气似乎不冷，课上您的热情也很高。我们讨论广播里的新闻，同时也谈论着您——一位与时俱进、思想常新的老窦……待会儿我们还得去唱歌，迎“一二九”歌咏比赛——为纪念爱国学生运动。

暂且“刹住”，寒假再见！望窦老师来信。愿窦老师不老，教书常新！

学生：张志强（北京外国语大学研究生）

2001年11月25日

（三十六）

敬爱的窦老师：

我来这儿已有半个月了，由于刚来有许多事要做，所以一直没给您写信，请您原谅。

在您任历史课老师时，我的确取得了很大的进步，不仅学习了中学历史这门功课，更重要的是在您授课过程中，我从您身上学会了怎样树立正确的人生观、道德观。自从我进入文科班，您第一次提问我后，我就喜欢上了历史这门课。在高考中我之所以能取得不错的成绩，可以说完全是在您的点拨及循循善诱的教学方法下取得的。如果历史成绩再低一点，我是无论如何也不可能考上大学的。再者，您不仅在知识上给予了我许多指导，而且在授课过程中总是自觉地提到社会上的一些问题，结合历史这门课分析它们，使我懂得了许多社会方面的知识，增强了我观察社会的能力，特别是您在我补习时给我的关怀尤使我感激。您那忘我的教学精神，常使我从心底感到佩服。

下面说说我现在的情况。我到校后第二天开始军训，接着国庆节后就开课了，每天上三节课，每节课两个小时，星期五下午没课，不用去教室，即使这样也还是挺累的。每门课每天五六道作业题，晚上时间也紧巴巴的。这儿有河曲的五个学生，一个河曲的教导主任，是石梯子的。刚下来那几天由于我的户口迁移证办错了，又寄回去重办了一个，那几天一直忙这，其实这所中专并不是我想象中的那么好。上次国庆放假，我去过山西大学，那里比这所学校大好多，而且在其他方面也比这里好，感觉中专跟大学差得就是远。我在这里的情况就说这些吧！

如果再补习，我没那胆量，再者又害怕我自己考得不好，与去年差不多，我想将来原 70 班的人会比我考得更好。

有很多话想说，提笔却写不出多少。

学生：闫鹏程（山西省财贸学校）

1996 年 10 月 18 日

（三十七）

尊敬的窦老师：

您代的是高一班，我知道越是低年级学生，越让老师操心。我想您比较胖、血压也高，请老师千万别生气、动怒，一定注意身体。

首先，我要向老师表示歉意，您为我重新高考的事尽了最大的力，我心里清楚，知道您对学生是真好，可主办照片的人去了太原进修，我虽去了太原，又试着按老师您给我的电话找他，但他办公室电话没人接、手机关机，实在没有办法找到他，况且已过去一两个月了，恐怕办不成了，我只好作罢，辜负了您的一片好心。我再一次清楚地认识到我的无能，什么事都办不成，只会空想，反倒拉扯了好多人为我操心，实在是羞愧。

其次，要告诉您一件事，我已不再当班长了，只因为我们班上只有男生 5 人，其余都是女生，班工作太难做了。我看到有些女生自私、散漫、不守纪律，甚至没有一点做人的道德。于是，我在一次班会上，当着班主任的面在讲台上发了一顿牢骚。当时您知道我心里想什么吗？我心里一直出现的全是您的身影，而且我还把您的话也全用上了，却没有任何技巧……我讲了好一阵，遭到许多人的反对，我也不再当班长了。我一气之下，辞职了。就因为这件事，我惹恼了一部分人，当然，班上还有一部分人是支持我的。后来他们对我说：你性格太直、太急，以后改改吧。可我也不知怎的，想改也改不了，那事之后，我心里觉得十分痛快。现在，我的性格越来越古怪了，我不想和他们来往，因此我觉得我的人际关系很差。我也想成为您说的“圆形方孔钱人”，即外圆、内方之人，但我实在是无法容忍一些看不惯的事，我也实在不知怎么办好，怎么来改变我的人际关系。您能指导我一些游刃于他（她）们之间的交往方法吗？

再次，我这几天一直在寻找一份家教工作。这儿的小学生、初中生中请家教的人多，对于我们这些找家教工作的人来说，则不算太难，并不只是为了赚钱，我也想多锻炼一下自己的能力。另外，我还想为暑假去全国各大城市旅游存点路费。我现在越来越领悟了您的话，我一定要走出去，去各大城市转转，开开眼界，积点经验。在这一点上，我自认为思想是超前的，我想您也一定会赞成。

最后，还要麻烦您一件事，因为在去年离家时，我的团档案没找到，刘老师说可能是丢了，让我再补办一份。当时我没在意，认为有团员证就够了，不必再补办了，现在学院要给我补办，但必须由中学时学校给出个证明，证明我的档案是由原来所在学校迁到学院的。我本不想办，但涉及我的入党——没有团员档案会影响其他方面关系的办理，所以再次麻烦您到中学团委开个证明，并帮我寄来。谢谢老师！

祝老师身体健康、工作顺利！

学生：清源（太原师范学院）

2001年4月22日

（三十八）

窦老师：

近来，您很忙吧？

10月15日的信不知您是否收到，久等不见回信，想必是您工作太繁忙，或是信件在邮寄途中出了错，但愿老师接到这封信后在百忙中抽出点时间给我一个回复。

窦老师，开学不久我去了“永中”一趟。有几个同学想去河曲参加考试，只是不知道有关户口等手续怎么办理。我也考虑过这件事，我当时去河曲，户口是落在同学家里的，假如我现在的同学去河曲，户口该落在哪里？再有，假如考上后粮油关系等手续都该怎么办？愿意去的同学是现在去还是高考时再去？窦老师您来信时能回答我这些问题吗？

窦老师，今年您这个班比我们班强吧？回想起当年，同学们确实够累的，每天休息的时间不够7个小时，而效果却不明显，我认为这主要是由于没有合理地安排好作息时间，脑筋劳累过度。有些同学看上去是在听课，其实脑子里昏沉沉的，根本听不懂，效率很低。我觉得如果休息好了，头脑清醒地学习一个小时，就比昏沉沉地坐在那儿学几个小时要强得多。这一点是我在河曲一个月的最大感受，愿老师能让同学们注意这点。我相信在您的带动下，这个班高考时一定会取得好成绩。

窦老师，忻州师范专科学校对您来说是太熟悉了，有人说忻州师范专科学校是“大学的教材、高中的纪律、小学的老师”，我觉得此话不假，纪律比高中时要严格得多，让人几乎感觉不到大学生活的味道。说真的，我对这个学校实在喜欢不起来，不过，“既来之则安之”，现在也别无选择。我正努力去发现它的优点，以便高高兴兴地度过未来漫长的三年。

我们班还有两个河曲的同学，他们说您曾是他们的班主任。

今天就写到这里，祝福您工作顺利！

学生：晓英

1990 年 11 月 1 日

丁晓英，山西省运城市永济中学学生。1989 年在山西大学一位同学的介绍下来巡镇中学补习。她克服了许多语言、生活等方面的困难，第二年考取了忻州师范专科学校（现忻州师范学院），一年后考取了山西师范大学。

（三十九）

窦老师：

我非常佩服您，您是我上学以来见过的最好的一位老师——您不仅在学习上教给了我们许多知识，而且在生活和做人方面也给予我们许多指导。从您身上我真正懂得了老师的概念。以前教过我的老师虽然很多，但当时觉得老师只是灌输知识的媒介，并没有其他事情可做。一方面，老师一直把我们当小孩子看待，他们没有想到我们也有独立的人格，有抱负、理想和烦恼；另一方面，我们觉得和老师在心理上有较大的差距。但您不同于其他老师，您几乎无时无刻不关心我们，你用慈父般的爱滋润着我们。

您常说，要想学好，首先要学会做人。我觉得这个教学思想很符合时代潮流。我们来学校并不只是为学习知识，而且还要学习做人。在当今国际竞争日益激烈的社会里，我们要在社会上争得一席之地，就必须有使自己在社会上站得住脚的理由，虽然我们每个人并不一定都能考上大学，但也要提高我们的文化素质，学做“真人”。我一直认为学习做人在我们的生活中是十分重要的。我觉得一个人事业的成功与否，不仅在于外界条件的影响，还在于对机遇的把握。人为因素决定一切，如做每一件事前，都要有一个正确的认识，这样才能有一个正确的行动，并在行动中培养意志、决心、自信。我觉得要做成一件事，首先必须有永恒的决心和坚定的信心，其次自信也是必不可少的，因为自信是成功的一半，缺少它，人就缺少了精神支柱。

我的学习成绩虽然不是名列前茅，但我觉得我有独立的意识，我不只是为学习知识而学习，我有明确的目标。我一直在学习做人、完善自己，有明确的人生价值观。我在实践中十分注重人际关系，并以此锻炼自己。老师，我希望在以后的生活中您能给予我更多的指导，也希望我们成为很好的朋友。

学生：张海英（太原科技大学）

2001 年 3 月 12 日

（四十）

窦老师：

我来这儿已有多日，想您在这些日子里一定还是起早贪黑地整天忙忙碌碌吧？望您多多保重身体！

那天，我接到入学通知书，由于时间紧也没有再去您那儿，于 11 月 29 日就到了学校——徐州工业学校。学校学习抓得紧，管理较严。正是在这样的环境下，养成了文明良好学习习惯，为将来步入社会奠定了坚实的基础。

但是回想过去，如果没有那次您帮我搬桌子，还停了我三天课，没有您加班加点以及那些谆谆善诱的教导……哪有我和同学们的今天。但是，当时我怎能认识到这些呢？当时对于您搬桌子、停课我是有怨气的，也正是因为这种无知，才使我今天走上这个“委培路”，但我也心满意足了。

窦老师，不知您今年代班没有，希望您能像教导我们那样继续以严谨的态度去教导他们，也希望您能在以后的日子里继续给我指点迷津。

学生：李春江（江苏徐州工业学校）

1997 年 12 月 12 日

（四十一）

窦老师：

踩着您的肩膀告别了您
来到外面的世界想起了您
铿锵有力的讲课声
洒满您全身的粉笔灰
我记忆犹新
您对生活的高度热情
您对事业的诚挚追求
您对社会默默无闻的奉献
您那高瞻远瞩的人生观、世界观
我刻骨铭心
我翻天覆地的变化
功劳应归您一半
这封长长的信
倾诉了我对您的由衷感激
干脆
一个小小的纪念品
带给我对您新年的祝福
默默地替所有人祈祷
祝好人一生平安！

学生：吕四海

1996年12月7日

吕四海，学习非常用功，从不放过每一个细小的问题，如“什么是‘起义’”、“什么是‘自由派贵族’”等。在课堂上他常常问得老师“下不了台”。不幸的是，1995年临近高考时他父亲去世了，给他造成了较大打击。最终，他战胜了压力，在当年考取了忻州师范学院。

(四十二)

窦老师：

不是学生忘恩负义、把过去文科班的老师忘了。在93班那一年，是文科班“80万大军浩浩荡荡”的一年，也是我在巡中几年中最开心、最痛快的一年。那一年我过得十分愉快。而文补班，则是我二十几年来最“阴暗”的时光。我想那种状况不会在今后的人生道路上出现了。忘记过去的人，注定要重蹈覆辙！我要牢记过去，把握今天，计划未来！

现在，我在学校附近租了间10平方米左右的屋子，自己做饭吃，可惜您老不能亲临寒舍。我喜欢写毛笔字，本学期多有进步，墙壁上贴满了我写的生活随感、诗词歌赋，更有报纸上剪下的精彩图片——新一届国家领导人、国际政界要人、足球明星、流行歌手、新款汽车等。现摘录几幅与您分享：

1. 外语系　藏龙卧虎　多少英才暗伏其中

有志者　埋头苦读　过关拿证业绩骄人

失蹄马　蹉跎岁月　引颈发足暗自较量

晋人森荣，学习受阻，情场失意，慨然书之以自勉

2. 丈夫处世兮立功名　立功名兮慰平生

慰平生兮吾将醉　吾将醉兮发狂吟

晋人森荣于三阳开泰年

3. 通告

借书还书　君子之举　借书不还　卑鄙小人

注：文房四宝　一概不外借　包括字帖

4. 真心求学、实意做事、正直做人、励志成才。

书窦恩师人生信条

5. 无论做一件什么事，都要倾注全部精力，做不成小事的人也做不成大事。

语录窦恩师

6. 献给缺乏志气的我

2003年是我走出北京东方大学的一年，也是我人生中最关键的一年，学历要拿，笔译证书也要拿，有志之人立常志，无志之人常立志，我承认自己属于后者。

7. 与萌萌小兄弟共勉：

专心致志学习

痛痛快快玩耍

浪迹京城寻梦人

（注：萌萌是我大学班主任的儿子，年仅十一，常来我处玩）

爱：所有真正爱我的人

恨：努力完善自我的恒心和意志之欠缺

森荣不是孬种，也不想做虫（爱有多种，窦老师对我的师生之爱自然也包括在内）。

我留在北京的决心和信念从来就没有动摇过，我爱这座城市，这儿有令我神往的许多名校，有良师益友组成的关系网，有更多深造和充电的机会……

我的发展方向是以后做一名笔译工作者。当然，就我现在的水平那是远远不够的，但“心若在梦就在”，只要我坚持不懈地奋斗，许多年后无大成亦将有小就。学历也是我今后10年内要不断提升的，“范进中举”的精神值得我学习。

噢，我现在是快乐的单身汉，找朋友其实也容易，只是仍想自由、洒脱地漫游几年，想由“四无”（无学历、无知识、无钱、无朋友）变为“四有”。

至于口吃仍有，但它不会妨碍我事业的发展，随着成就感的增加，以及自信和勇气的增加，它最终会消失。

话有好多想说，真话、实话、心里话……相信以后某一天，咱俩会促膝谈心……

您可别把我的信念给别人听，有愧于巡中好些师友，等若干年后，会有那么一天，我会心平气和地出现在巡中。

祝身心健康、家庭幸福！

愿年年平安、岁岁顺利！

一句话：师恩难忘、永记在心……

学生：王森荣（北京东方大学）

2003年5月25日

（四十三）

敬爱的窦老师：

接到您的电话，我欣喜万分，赶忙提笔写下了这两年来一直想说而没有说的话。毕业后，我一直怀着一种复杂的心情想见到您，希望能继续聆听您的教诲，但又怕见到您，不敢面对您失望的眼神。直到今天，仍常常想起高考后估分那天晚上的情景，心中惭愧，不知道如何面对您。进入大学以来，我一直想着要给您写封信，却不知该如何下笔，一直推到今天。

高中三年，承蒙您的关爱，在您的关怀下我茁壮成长。对于您给我的关心、照顾和帮助，我的感激之情并不是用“谢谢”两个字所能表达的，但是在这里，我还是要衷心地对您道一声：“谢谢您，窦老师！”

高中三年，您对我们的教诲不仅让我们学到了文化知识，更教给了我们该如何学习、如何生活。“真心求学、实意做事、正直做人、励志成才”，我经常在心里默默念着这句话，以此要求自己、鞭策自己。尽管好多时候，发现自己总是做得不够，但我相信只要坚持下去，自己离目标就越来越近。记得那时您还常对我们说：“世界上最怕‘认真’二字……”事实上，那时您常说的话，我们几乎都能背出来，但是现在回想起来，那时又有几人、几句话我们能真正理解、领会呢？两年来，想着您说过的话，想着发生在自己身上和身边的事，渐渐地开始真正明白了。只是当时年幼无知，只知道自己也能够说出来，却不知道自己根本就不明白。三年中，您教给我们的是能够受益一生的东西。

进入大学，我又一次把自己置于众多的佼佼者之中，又一次感受到自己的渺小。过去的一年中，一直不知道该把自己摆在什么位置，总感觉在学习方面，班里的同学大都比我优秀，在其他活动方面则更是如此，便不免有些自卑，直到前一段时间评 2004—2005 年度奖学金时，才发现自己并不是那么差。班里许多当初高考成绩比我高的同学现在也不比我学习好多少，所以尽管我没有评上奖学金，但总算是又添了几分自信，感觉又重新回到高中时代。

在大学里已经度过了一年多，事实上，我感觉大学里并不像以前一直听别人说的那么悠闲，当然也不像高中时那样紧张，这也许是学英语专业的缘故吧！其他专业课相对松一些，再加上我们明年要考专业四级，老师不停地提高对我们的要求，自己也感觉紧张起来。从这一学期开始一直到明年 4 月份考试为止，这一段时间我会很忙。听老师们说，比我们高一级学生的英语专业四级考得很糟。我对自己也没有必胜的把握，但我相信只要努力就不会错的，我正在把自己全身心地投入到英语专业四级考试的准备中去。

从毕业到现在，有两年多没有见到您了，不知道现在您过得怎么样？一定很忙吧，记忆中您一直是一个闲不住的人。您要注意身体，多休息啊！

您在电话中说的考研的有关资料，我会找好了一起随信寄去。就写到这里吧！最后，祝愿窦老师工作顺利、事业有成、万事如意！

学生：邬萌萌

2005 年 11 月 15 日

邬萌萌，一个品学兼优的学生，生活节俭，学习刻苦、努力，成绩优秀。高中三年，她一直是全班同学学习的榜样。2004 年参加高考，她以 575 的好成绩被西北师范大学外语学院录取。

（四十四）

窦老师：

说来也不怕您笑话，这又不知道是第几次提笔给您写信了。前几次写了，但总觉得不是那么好，而且，写着写着便觉得别扭了，内容有些虚假、空洞——全是自己的感觉——大学的生活真是丰富多彩，人才更是济济一堂。也许这样说有些夸张。

上大学已两月有余，该熟悉的都熟悉了，不该熟悉的也混熟悉了，新鲜感也减了大半。原来大学生活也不过如此，但话又说回来，每当我去参加学校的活动时，我又会怀疑——大学就是大学，为什么要叫大学。

大学里干什么的都有，什么都不干的也有。能说拉弹唱的同学有许多，会四书五经的也不少。在大学里感觉自己是渺小、微不足道的，如草原上的小草；也是平凡的、平淡的，没有光环笼罩，更没有诸多老师的叮咛。上课时我可以睡觉，也可以不听，还可以不来。没人管你，没人理睬你。大学里要出名很容易，只要你大喊大叫，能推销或者兜售自己。

现在，我们就要考试了——英语考试，大家都在备考，抱着书本猛啃。

我没有参选班长——都是内定的，没有进学生会——饭是吃出来的、钱是找出来的，也没有参加社团——好多人是交了社费就消失了。我只想平淡地过完大一生活。我看他人，睡觉、看书、上网、打球，这些也是我的理想，大一时的想法，说来您或许又会笑我。

目前已是初冬，哈尔滨降了两次雪，近来一次较大，天也冷得厉害，好多地方都不同程度结了冰，但松花江还依然静静地流。也许这就是实力的缘故吧？

我的状况和从前差不多，上课还是打瞌睡，虽然空闲时间多了，但仍然改不了，尤其是微积分课上，撑了好几次都不行，所以开学至今每逢微积分课我必睡。不过，管理学、计算机、英语、统计学的课上我不睡。不知为什么，是喜欢吧？可对微积分课也不讨厌啊！

开学到现在也没学什么。不过，管理学专业老师很好。真正的好老师，讲课十分轻松，为人亲切，内容又十分通俗，有时涉及政治等方面的内容，不知情的人听了还以为是在说闲话呢。

我们宿舍有 8 个人，来自 7 个省，处得很好。不同的地域带来了不同的文化冲击与碰撞，也有的能不同程度地相融。我已适应了这里的生活。

家乡天气也冷了吧？您还是那么早到校吗？还是那么辛苦奔地波吗？好久没见您了，说来真有点想您，想来您的头发又白了不少。

还记得您讲课时的神态、动作与表情，很是生动，也很特别，激动了还可以来一段山西的民歌，我也常常向舍友讲您的课堂与生活情形。

您今年代高一吧？他们也一定很疯狂吧？您是否又来了一次转型呢？我还记得您讲过变的重要，也知道变的可贵。

其他老师都还好吧？老师们都过得怎样？哈尔滨的天黑得早，天又黑了，学生也就此搁笔。

愿您天天都有好心情，事事都顺心，身体也健健康康！

老师，念您！

学生：纪海蓝（黑龙江大学）

2006 年 11 月 10 日

（四十五）

敬爱的窦老师：

电话里忘了问您工作忙不忙，一切都顺利吧？上次在临汾见到 109 班的同学，聊起您，大家都说您做什么事总是劲头十足，我们深感敬佩，也希望您不要太劳累，多注意身体。

想一想，与您分别已近 5 年，但您的教诲我一直记在心里。上学期我到一所中学实习，学校不是很好，感觉还不如巡中。实习那段时间常想起您说过的话——“恨铁不成钢”，又一次更深刻地领会了您的良苦用心。一起实习的同学说我太认真，何必跟那些学生较劲，只是实习几周罢了，可我觉得应该更加认真，因为那是老师生涯的开端，如果刚一开始就敷衍了事，那么以后怕是一事无成。大概是实习学校的老师看到了我的认真吧，离开时实习鉴定表上给我打了最高分。回校后我被评为“优秀实习生”。

这学期我的重要任务是通过专业八级考试，找工作，完成毕业论文。“专八”是3月9日考的，感觉不太理想，接下来就准备找工作。上周末才从家里回来，就开始应对毕业论文，这两天准备开始动笔，本来应该早几天写的，只因我膝盖肿着，不方便，又托同学查资料，就拖到了现在，我得抓紧时间了。

那天收到同学的短信，说和您聊起了我，我感到十分感动，您能记得我，工作很忙还为我操心，我在这里谢谢您了。老师，您辛苦了！

随信寄去我的一份简历，里面第一页是学校下发的推荐表，上面有学院和学校的印章，只是没有老师的亲笔推荐信，因为前面找工作时没请老师写，现在自己又出不去，不能去找老师。如果再有别的需要或有哪些不合适的地方，麻烦您通知我一声。

很久没有写信了，写得很乱，请您原谅！

最后，祝您一切顺利！

学生：郇萌萌（西北师范大学）

2008年4月8日晚

（四十六）

尊敬的窦老师：

展信悦！

祝福的话永远是说不尽的，让我的祝福如滚滚延河水、袭袭卷叶风，永远留在您的身边。我在延安天天能看到延河水，您在校园时时能接触到卷叶风（因为是秋天，落叶随风）。

说长不长，说短不短，开学至今已将近一个月了。一个月里，大概“空虚”是跳入我脑中最多的字眼。我是真的担心，大学生活中，我会丢了真实的自己。不过呢，我没有像您教过的学生来信中所说的“望着天花板发愣、翻着相册发呆”那样，事实上，我们宿舍简陋得没有天花板，我也没有带以前的相册，从最郁闷的那天后，我每天早早地起床，然后一个人做早操、吃早点，回到宿舍后在阳台上读英语。只有充实，我才会过得舒坦，至少精神上、心理上是这样的吧。

不知道在您教过的众多学子中，您对我的印象是不是较深，但在我所接触的众多老师中，您是我一生都难以忘怀的，不单单是因为感激，更多的是因为您是唯一一位让我矛盾无数次的老师，很奇怪的感觉。对于其他老师，我对他们的尊重、感激和崇拜之心一直也没有变。但对于您的感觉，我是经过长时间的徘徊才真正确定的。高二刚开始时，我对您的教学方法有异议，总认为课堂上不应该那么松散。但是，当我渐渐地适应了您的教学方法后，我发现我被您讲课的激情给镇住了。我开始反省，反省自己的固执和偏见，我为自己的自以为是而感到惭愧，但是我发现，高二第二学期您反而对我更关心了，您关注我成绩的涨落，不停地鼓励我。也许我就是凭着那种自信的稚气和锐气，在高二的统考中，拿到了有生以来的第一个奖学金。但步入高三，随着成绩的大起大落或者更确切的说是随着成绩的直线下滑，我开始灰心，认为自己是被您放开了手的孩子，您关注的是那些有进步的学生。从此，我的人生仿佛进入了“最阴暗”的时期，可是又是您的激情感染了我，看了您给我们的题词，我受益匪浅。有时候，我很纳闷，您和我父亲的年龄也差不多，而谈及对生活、工作的热情，您却又像朝气蓬发的少年，所以，我总觉得您是一个特别的人。当然，高三第二学期我心态能稳定下来更是受您的影响，我之所以有幸走入大学校门，与您的教导和关怀是分不开的。

我不想奉承您什么，只是想对您说，我很怀念高中生活，也很想念您。我现在对以前紧张的生活是非常渴望的，对于过惯了紧张生活的我来说，现在的清闲无疑是一个不小的打击，因为清闲在我心里就等于空虚，而我是最怕空虚的。

窦老师，“十一”刚过，那边应该很冷了吧？您在工作时，千万记住要保重身体，我知道您是一个做事有计划、有规律的人，也很敬佩您“鹤立鸡群”这一点，但是岁月不饶人，您得更关心自己的身体才对。毕竟，人的一生要图个健康、平安嘛。

打扰了您这么长时间，不知您会不会感觉烦，但是不管怎样，我想以后我还会不间断地打扰您，您做好心理准备噢！

搁笔之际，再次祝好！

学生：苗苗（内蒙古大学硕士研究生）

2006 年 10 月 7 日

（四十七）

敬爱的窦老师：

工作一定很忙吧，但再忙也要注意身体啊！

来到大学已近两个月，想起高中时听您读师哥、师姐们的来信时的情形，我当时的心情是多么澎湃啊！我当时想，日后进入大学也一定要给您写信，像师哥、师姐们的信那样让您读得激动不已。然而我写这封信时却没那么多奢望，只想表达对您的思念。虽然如今众多便捷的通信方式，而提笔写信的人少之又少，但我始终认为通过电脑发送电子邮件，是无法代替这散发着温暖如春的一张张信纸所诉说的对恩师的感激的。

刚刚过去的三年，是我快速成长的三年，我至今坚定我的选择。能够聆听您三年的教诲，会让我一生受用匪浅。

您的十六字箴言“真心求学、实意做事、正直做人、励志成才”，至今时时在我耳畔回响，让我不能忘记：要用一颗真心去做人。

您的“外圆内方”的处事原则，至今深深烙在我的心底。为人处世应该像古钱中的方孔那样方正，然而对人的态度，又应如暖和的春风，就是要“圆”，却不是圆滑。

您曾经说过："如果你觉得昨天的成绩了不起，那么你今天就做得不够好。"在竞选班委时，大家都谈过去当班委的经历，而我却想起了您的教诲，我没有多讲过去的历史，表示用行动证明一切，事实才是最充分的理由。最终我当选为班委。

您对我的教诲，我所受之益，又岂是这三言两语可说完的。

还记得刚入大学时，您在给我发的那条短信中说："大学可以成就一个人，也可以毁掉一个人。"此言如当头一棒将我唤醒。我在准备享受经过高考"激战"而得到的大学生活时，您及时地告诉我，大学是个更残酷的战场。我为当初自己那种想法而感到羞愧，自己正值青春气盛之时，却忘记了拼搏与奋斗而想到了享受。人生要在不断的挑战中成长，不断的努力中提升。再没有苦口婆心的老师，也没有朝夕相伴的班主任，在这里没人监督我，没人鼓励我，只有我自己，只有用实力才能让别人认可自己。

对大学的一些心得，情不自禁地写了出来，还望恩师指点。感谢您在百忙之中看学生这几页发自肺腑的文字。希望您多注意自己的身体，早晨天没亮时车骑得别太快，北方气候干燥要多喝水，晚上要早些休息，别太操劳。

祝恩师身体健康、工作顺心！

学生：刘玉玲

2009年10月25日

刘玉玲，是一位好学生，这是全班同学给她的一致评价。宿舍刚搬迁、同学们还没有来得及相处时，是她把室友的拖鞋洗得干干净净，摆得整整齐齐，然后步行到姥姥家。沿途见到被风刮倒的自行车，她总要停下脚步扶起来再走，半小时的路程她会走上足足一个多小时。在校期间由于她思想上积极要求进步，高三时已被发展为中国共产党预备党员，高考时被山东师范大学录取。

(四十八)

窦老师：

突然很想给您发信息，和您分享我在大学里的成长经历。高考的经历让我失去了很多，但也成熟了许多。

一个人最痛苦的时候，也是他成长最快的时候。现在想来，确实是这样。经过多次的高考，我成熟了许多。现在我很怀念109班，也很怀念您常说的“认真做事、正直做人”等教诲我们的话。上大学后，我做人谦虚低调，依您的教诲行事，收获颇多。去年我光荣地加入了中国共产党，还被选为班长；学院要选出五人分别担任大一新入学的五个班的助理班主任，我被选上了。一路上不乏坎坷，但想到您的话和您对我及我们家的帮助，总是力量倍增。我永远感谢您的教诲与帮助。现在很想与您促膝长谈，再获教诲。

感谢您在百忙之中读我的信！

祝工作顺利、身体健康！

春林

2009年9月18日

李春林，2000年9月就读于山西省河曲巡镇中学，我当时是他的班主任兼历史老师。他在2003年的高考中失误，第二年又在河曲中学补习一年却仍未能实现考上大学的愿望。2004年他打电话与我联系，要来内蒙古鄂尔多斯市第三中学文科班补习，结果高考时距“一本”线仅差4分，因填报志愿失误又未能被录取，命运再次和他开了个玩笑。之后他继续复读，2006年考入内蒙古师范大学。这封信，是通过手机短信的方式给我发来的。

(四十九)

窦老师：

您最近工作忙吗？

进入大学一年多，感慨万千。大一时进学生会的人员是内定的，今年竞选时我参选了，就是想长一些见识，积累一些经验，对于结果我不在乎。

上学期我参加校篮球队，我很认真地打球，但在赛场上却很难找到高中时与咱们班女生玩球的快乐。这种篮球比赛具有功利性……

我是班里的自律委员，每天负责查夜。每天进同样的宿舍，重复同样一句话，但我还是这样做着……因为要对得起“认真做事”的承诺。

前几天，我心情低落，在空间上发表了个“心情”，高中的几个“死党”就打来了长途。这里的人感觉怪怪的，表面客气，心理复杂。人长大了就变了吗?

另外，我准备考公务员，并已报名。提前了毕业时间，改了专业，自己的思想也正走向成熟。

最近我在看刘庸的书，觉得很好看，有时走进图书馆会感觉有些迷茫，很想听听您的意见。

刘玉玲（山东师范大学）

2010 年 10 月 2 日

（五十）

窦老师：

好久不见。95 班对我来说十分重要。您对我的影响也是十分重要的。过去总有许多回忆。那段时光我想对于我们所有同学来说，都留下了深刻记忆。在这个集体中我学到了许多，成长了许多，有许多的感受。

想要对您说好多好多的话，可提起笔来却发现不知从何说起。上大学时不怎么动笔，生疏了。怀念高中，想念曾经的老师和同学，想念在一起的日子。

窦老师，作为我们“铁军”领头人，真的谢谢您。您把我们这个班看得很重要。您表面严肃，却比任何人都关心我们。也许当时我们不是很理解，可在以后的生活中您曾教给我们的许多道理都对我们有重要影响。在我的大学生活中经常回忆起您教给我们的道理，您所说的话无数次给予我启发，无数次让我不畏挫折地坚持下去，无数次让我选对自己该走的路。

想起当时，根本不爱学历史，但是自从您开始授课后，我逐渐被您特别的授课方式所吸引，渐渐地有了学习历史的兴趣。您不仅在教知识，而且在教一种学习方法。而这种方法我想会影响我的一生。“思考”这两字，您给了全面的诠释，跟着您慢慢去思考，我深有感触，思考的过程也是一种思想的激发。来95班后，我渐渐地开始去多思考，也收获了许多；现在我更喜欢思考，也更喜欢与有思想的人交流。

一名默默无闻的学生深受您的影响，学习到许多，也成长了许多。您对我的鼓励与信任给予我很大动力。窦老师，谢谢您，您的许多话都深深印在我心里。那时，窦老师您也说了许多经典话语，并写在黑板上，或许当时我们没有表露出来，但对我来说许多话都是一种触发、一种动力。我们的知识获得，我们的思想，我们的为人处事方式，都受到了您的影响，在我们人生的重要成长期是您给予我们指导和启发。

“不明大势你，所做的一切都是徒劳”，这是对我影响最大的一句话，时常在耳旁响起，让我在做事情、做决定前有个良好的判断和理性的选择。在遇到挫折时，我会想到我是“铁军”，我不可以被打倒，会想到我们的集体，会想起窦老师的话，然后我知道我需要站起来继续前行。或许您不知道您对我的影响不仅在当时，而且在现在还有以后对我都将有十分重要的影响。

当时我们觉得您过于严肃，但是后来我们都明白您是为我们好。谢谢您真诚地为我们付出了那么多。其实，我们心里都知道，也很感激。说到这，又想起您说过“我”并不能代表“我们”，但是我觉得这是大家共同的想法，我们一起聊天时都有这样的感受。

祝您身体健康，工作顺利，培养出更多优秀的人才，实现您的理想！

学生：鲁明明（内蒙古财经学院）

2011年1月30日

（五十一）

尊敬的窦老师：

离开咱们的班集体已经半月有余，如今我已是一名中国人民武警战士。不能和大家共同去迎接今年7月的高考，我感到很遗憾，但穿着这身神圣的国防服，我又觉得特别地骄傲和自豪。既已选择了这条路，我将好好地走下去，今后我也决不会后悔。

来到部队后，我早就想给您写封信，但一直没来得及，我想您也一定在记挂着我吧？虽然我们真正相处的时间只有一年多，但您的性格却和我们年轻人相近，虽是老师，但更像是朋友。

部队的生活紧张、严肃。现在我已基本上能够适应这种紧张而又规范的生活方式，特别是我和战友之间相处得很好，这些全都是得益于您的教诲和您那让人佩服的为人之道。跟随您一年多，我觉得自己学到了不少的东西，有学习上的，还有生活上的。在学校的时候，我还可以任着性子想干什么就干什么，可到了部队就不行了，在这里尽量要少说话、多做事，而且每说一句话都得先多想想。我在为人处事方面很差劲，但我尽量用真诚去跟我身边的每一个人交往。

不知咱班的情况现在怎么样了，我临走时说的那番话不知是否有用，离高考仅剩7个月的时间了，您肩上的担子可不轻。咱们班的女同学能干，班上人不多，人员素质比较好，加上您独特的育人之道，相信咱们班今年一定能够取得好成绩。

繁忙的工作之余，请您多保重身体，尽量不要生气。您的涵养很高，或许这一点我是多操心了。

时间紧迫，暂时先写到这，以后再叙。

祝身体健康、工作顺利、家庭幸福！

学生：白剑（中国人民解放军北京军区某部）

2001年1月8日

（五十二）

窦老师：

祝您身体健康、工作顺利、一切都好！

离开这么久，这是我第一次给您写信，只是因为怀念那过去的日子。今天，我是在自己的岗位上给您写信的，我下连队已有半月之余。其实我早已想写这封信了，一是由于忙，二是由于新兵生活还未结束……我也对这些说不上什么，这些日子和老兵一起生活了半月，可以说完全适应了这里的生活。

过去的3个月，在新兵班开始有一段磨合期。来自不同地方的新兵，带来的是不同地区的生活习惯。生活中总免不了吵吵闹闹，但因为这是部队，大家都能以大局为重。我和赵振伟被分在了一起，平时也一起聊天，一切还算风平浪静。无事时，总是想起过去的一幕幕往事，连做梦都回到了学校。这一情况在老兵中也同样存在。想起了同学们，想起了您，尤其是您平时说的那些话，现在好像对许多事都可用来解释。现在好想再听听您谈论一些人生的话题。

过去听说老兵打骂新兵，半个月老兵班生活的体验告诉我，现在情况变了，老兵干活，老兵帮助新兵，生活上照顾新兵，还经常和新兵谈心。现在我的情况好点了，过去的新兵班班长还让我留在了他的班，对我挺好。不用多说，我是炮兵嘛，没上过炮不行，当一年炮手我觉得挺好。李强和我门对门住，他是无线班。那天我们阅兵时见到了方泰，3个月没见，他变了。他见我们没有太多的话，我们问什么他回答什么，他变沉默了，也许是成熟了，不再像以前那样和我们打闹。的确，他是在一个镇里，条件很艰苦，而我们在市里，条件好多了。

当初您对我说不要走，可我那时就下定决心要走。现在看来，部队的确是可以锻炼人的地方。对于班里同学们的情况，我不太清楚，王志明曾给我写了一封信，也未说明白，他只写了一些和职高班有关的事，不过写的那些对我的启发还是很大的。他现在还和您在一起吧？请您有时间也来封信，介绍一下同学们的情况，也可以给我提个醒。我只想多听您讲，可惜没有在一起聊天的机会。

谈了这么多，我也快交岗了，就此搁笔，再叙！

学生：张启明（中国人民解放军沈阳军区某部）

2003年3月8日晚

(五十三)

尊敬的窦老师：

自 1997 年 11 月以来，一直没有和您见面，也没有写信，我深感过意不去，所以利用值勤时间在卫兵台上给您写信。

首先我给您介绍一下我的情况。我从 11 月 21 日下午 3 点出发，换乘两辆公共汽车晚上 10 点到达宁武县的一家餐馆，吃了两碗面，又坐车到宁武火车站，凌晨 2 点再乘火车到太原站。当时是上午 9 点。下午 2 点左右，开往成都的列车才到，中共山西省委书记、省长，还有一些省军区的将军为我们送行。途中经过山西、陕西、甘肃、四川，最后到达成都，在成都我们住了半个月，12 月 6 日我们准备进藏，我们先乘坐军车再转乘飞机。1 小时 40 分钟后，飞机终于降落到机场。我们全部穿着大衣。一下飞机，只见一片土丘，海拔 4000 多米，温度为摄氏零下 8 度，人不能跑，否则就会晕倒。我们又乘坐军车，坐了三天三夜才到西藏。一路上非常辛苦，灰尘特别大，路是坑坑洼洼的，石头特别多，军车又跑得飞快，有时一跳二尺高。

不管怎么样总算到了，从成都到西藏，总距离近 2000 公里，我所在部队为×××部队。残酷的军训后，又开始了 7 个多月的专业训练，人非常累，心里压力很大。

驻地周围是大雪山，山很高，但气候比较宜人，人不怎么缺氧。总之一句话，真正的军人生活根本不是我们电视上所看到的那么浪漫。窦老师，信就写到这儿吧，你能把我走后学校发生的情况告诉我吗?

祝老师事业腾飞！扎西德勒！

学生：赵旭东（中国人民解放军成都军区某部）

1998 年 9 月 19 日

(五十四)

敬爱的窦老师：

祝您身体健康、新年快乐！

我今天中午接到队长的电话，要求31日准时到北京，只好30日去太原，因此不告而别，对不起！

此时此刻，我已不知道该说些啥了，心里很难受。但我永远不会忘记我出来是为了继续深造的，与我的同学们是不同道路上的同一种人。您放心，我一定会尽最大努力地做好每一件事，决不辜负您两年来的教育与期望。

窦老师，这是我第二次写信给您，您还记得我第一封信写的是什么吧？真希望您能忘掉，让您在百忙之中抽出宝贵的时间来为我操心，现在想来真是后悔极了。

窦老师，我仅18周岁就去参加社会活动，真的不知道该如何应对。经过您的安排，我可以想象新年晚会该有多么的热闹了。再次祝您在新的一年里快快乐乐，事事顺心！

您知道吗？第一次大家说要给我开欢送会时，我既高兴又难受。我想，还是不开的好，因为我也不是立了功，只是……很难说，我一定会哭的，这会加巨我想家的念头，同学们更是如此。我又一次辜负了您，请原谅我。

我真的很为难，以上的话只是一个意思，我要走了，对不起您，对不起大家。辜负了你们的一番好意，我难以报答，唯有努力工作，争取两年后获奖回来。最后，送您一个小小的礼物，不成敬意，望您笑纳。

祝您健康快乐、笑口常开、事业有成、工作顺利！

学生：史玉华（中国人民解放军北京军区某部）

2001年12月28日

（五十五）

窦老师：

您现在又在忙什么呢？50多个儿女累得您又添了好多白发，您千万要注意身体啊！

我离开咱们班已有一个多星期了，在这里的生活和我想象的完全不一样，每天大部分时间在训练，其他的时间在整理内务。我很想念你们，后悔没在班内多待一段时间。告诉他们，千万要处理好人际关系，像您所说的那样，做一个“外圆内方”的人。我现在新兵连，等春节时我们就要受衔，到时就可以上连队了。我们班是六班，共有12个人，6个山西的，6个浙江的，很合得来。班长是山东人。二排长是个女孩，23岁，对我很好，我经常到她那儿帮她干活。

对了，窦老师，说起干活，这儿的兵蛋子们大部分是有工作的，年龄最小的也有19岁，而我……所以，在我眼里，她们既是战友、又是姐姐。她们很善于表现自己，领导们对她们的表现也很满意。于是我也学着，每天帮着打扫卫生、倒垃圾、拿帽子等。

对不起，老师，我的笔没油了，我知道这样换色是很不礼貌的。刚才，我给家里写了封信，也只是报平安，实际上，困难的事情并不是没有，而且还挺多的。

就拿文凭问题来说，下连队后也许可以学习高中课程，但要在背熟业务的前提下。我们二排人传言都要被分去三师，就是去医院。2003年我就可以考大学了，而且机会只有一次，考不上的话就只有退役了。

您元旦过得怎么样，一定很有趣吧？我和排里的人坐了一夜火车，下车后去帮厨——包饺子，晚上吃着自己包的饺子我们个个都哭了。指导员说了许多安慰我们的话。我很想家，但又不能多想，我从未住过校，现在又睡上铺，真难受死了。不过，您放心，我会在军队里好好学习的，绝不辜负您的一切期望，用我的全部精力去做好每一件事。

窦老师，这封信写得乱乱的，同屋的人都在笑我。就写到这，再叙，保重。

祝工作顺利、事事顺心！

学生：史玉华（中国人民解放军北京军区某部）

2002年1月12日

（五十六）

敬爱的窦老师：

开学已经两个月了，我一直没有给您去信，实在很抱歉。本来一开学，我就想给您去信，可是几次提笔，我都写不下，一拖拖到现在。

我离开您有一年多了，也走了不少地方，碰见过不少老师，但是没有碰见一位像您那样，讲课生动、风趣，又能关心同学的好老师。我每次和同学聊天总要提到您，提到母校的人和事。每走一个地方，不由得把新学校和母校相比，总觉得还是母校好——母校的老师好、母校的同学好。

我现在忻州师育英中学文补班上学，数学老师是成老师——母校原来的老校长，历史老师是师专历史系书记，语文老师和政治老师是从忻州一中聘请来的。这里的老师都是兼职的——既给师专上课，又给我们上课。

我初来乍到，对这里的环境一下子适应不过来，先是适应几位老师的语言，接着适应几位老师的授课方法。时间就从身边悄悄地溜走了。

我们班的学生，大多数来自忻州、定襄、原平等地，他们学习基础扎实、思维敏捷，老师课上不重基础知识，只讲难题，我有点儿跟不上。至今数学测验了三次，我分别得了 41 分、46 分、47 分，和其他同学差距较大，有时我都泄气了，过后又鼓足勇气。可是，做作业时尽是“拦路虎”，有时整个晚上连一道题也做不出来，鼓起的勇气又泄了。有时候我感到前途十分渺茫。现在每天感到十分孤独，有时通过看电影、看录像来寻求解脱，可看完又觉得不能这样自暴自弃。每天碌碌无为，眼看半年就过去了，看到周围同学们取得的累累硕果，我又有点不甘心。我该怎么办？请窦老师指点迷津。

希望咱校文补班在窦老师的指导下，在明年 7 月 7 日取得好的成绩。

学生：陈玉柱（忻州地区工业学校）

1992年10月5日

（五十七）

尊敬的窦老师：

在您讲课时我想了很多，虽不知自己是否会有幸成为您所帮助的学生之一，但我也愿意把自己的心里话说出来。

和许多人一样，我有着无忧无虑的童年。我顺利地读完初中，直到初中毕业的那一年，我才发觉自己的家里状况是怎样的。从懂得家庭并不能提供给我多少有利学习条件时，我就知道我必须得靠自己。那时，我迷惘，不知怎么做。在迷惘中，我进入了高中。由于学费很高（对我们这样的家庭来说），再加上家里的情况一年不如一年，在最困难时，弟弟放弃了学业，全家人的希望全集中在我身上。因此，每当回到家里，我都觉得肩上的担子很重。我从不与家人说笑，因为父母希望我好好学习，也许是这种家境对我产生了压力，我始终认为对我来说，考上大学是我唯一的出路，因为我靠不了父母，更靠不上关系。在您看来，我这种认识好像太片面了，但我确实是这样想的，在听了您的课后也没有改变。在校期间的大多数时间，我能够把精力投入到学习中去。经历了许多我想都没有想到过的事后，我感受到人情冷暖，那些事情更加让我相信凡事只能依靠自己。因此，我不信任别人，往往只凭自己意愿去做一切事情。我相信别人都是好的，但他们又常常令我失望。以前，有位老师对我说，我应该再大胆点、活泼些，应该和别人大方地去交往，但我始终没有做到。我时常想：人生是什么人生的目标是什么？我得不到满意的答案。现在，我觉得自己应对自己负责、对家人负责，为了将来不再贫穷，我现在只能努力学习，也许我的认识又有偏差了。

说到学习，我们班的同学有个共性，没有人喜欢向老师提问题。在我来看，同学们并非不想，只是各有原因。我现在感到时间不够用，一天下来，许多自己不能解决的问题都遗留下了，又哪来时间去提问，况且也没时间去发现问题。现在，也许是我的时间利用得不合理，学习计划做得也不好，导致学习效率不高。针对这种情况，我想改变一下自己，却又不知从何改起。

如您所说，我没有确定具体目标，只知目标在前方，却不知其确切的方位。仔细想了许久，决定将来要报考外语专业。今天，您所说的一句话令我很难理解，您说“文科生考大学最少两年，最好三年”，说实话，我还没想过要去补习，想想自己的学习成绩，高不成低不就，我也不知自己的实力如何。

也许我思想上仍有许多潜在的问题，只是自己还没发现，希望窦老师指教一二。

学生：王力

2001年5月7日

王力，河曲巡镇中学99班学生，因家境贫困，为她能完成学业弟弟早早就辍学了。她是一个十分懂事的学生，学校离家七八里地，为了减轻父母的负担，一年四季不管是刮风还是下雨，她总是骑自行车到校。补习一年后，2001年为山西省忻州市外文类高考状元，被山西大学外语学院录取。4年后经过努力考上了她所情有独钟的第一志愿——对外经济贸易大学外语专业研究生，最终实现了她的心愿。

（五十八）

尊敬的窦老师：

在这节选修课中，开始没有好好听您讲课，而是自己拿着一本杂志在下面看。我一边听您讲，一边看杂志，常言道“一心不能二用”，所以我也没有深刻理解讲课内容。

记得上高二时，您在班上提到“真心求学、实意做事、正直做人”，至今我记忆犹新。如果我们每个人都能像所您说的这样去做，我们的现实生活就不会是目前这种情况。有些学生自己说是来这里“长岁数”的，只要毕业就好说，而有的个别同学说他将来到社会上当一个无赖，这种话让听了会感到心寒。为什么还是中学生就有如此荒唐的打算？我为此而担忧，而您正是一针见血地指出了问题的关键所在。

在您给我们代课时，我一直对自己能否考上大学而担忧。上次听您说有一个学习很差的女生经过努力以后，如愿考上了大学，而且还考上研究生，我受到了鼓舞，又有了信心。我深信，“没有比人更高的山、没有比脚更长的路”。

受教于您，我感到很荣幸，谢谢您的指导，也谢谢您为我们点亮人生的“灯塔”。在以后的生活中，望老师多多指教。

学生：周彩梅（山西大学晋中学院）

2000 年 5 月 9 日

（五十九）

窦老师：

匆匆，太匆匆，短暂的补习生活转眼就结束了。在您的教导下，全体同学共同努力，虽然只用一年，但奖状已把一个偌大的教室装饰起来，其中不知包含了您多少心血与汗水。人这一辈子里，荣誉是得来不易的。窦老师，感谢您的教导！

高中是一个人一生中最重要的黄金时期，决定着今后人生中的方方面面。我们应该以学习为中心，以做人为根本地一直走下去。三年的高中生活中，有得有失。学业上，我是一个失败者，尽管通过一年的补习，我对自己过去三年的失误有所弥补，但仍不可能在一年之内达到理想的学习目标，也让老师很失望了。

在您的精心教导下，我对许多问题有了更深刻的认识。谢谢您，老师！现在我就要离开了，不能再与您长久地相处下去，因为再次补习的系数可能为零，这是早就决定的。大学是一个人成才、受教育的好地方，特别是对于一个农民的子女来说，上大学是一条很好的出路，但它不是唯一的出路，一个人的成才还可以有其他途径。

高考后，不管我是否能够升入高一级的学府，这一段时间是我人生的一个新起点。外面的世界很精彩，却是因我而精彩！只有努力去做，我一定可以找到出路。

您在教学岗位上含辛茹苦20年，您的白发日渐增多，您对学生爱护有加，并把每一份心血倾注在每一位学子身上。看着我们每个人长成参天大树，您的心里也踏实了吧，这是您的心愿。一个人来到世上，如果找不到自己在社会上的位置，特别是对于一个女孩子来说，是很危险的。走向独立，是我长期以来坚持的原则；时时刻刻做自己的主人，是我力争要达到的目标。现在我的学习成绩太差了，但我一点儿也不自卑。我没有理由虚度生活中的每一天，而应该尽全力、无怨无悔地争取每一秒去奋斗。别人看到的或许是一个人头上的桂冠，而我在乎的却是生命的过程。我一定要通过自己的努力走出一条自己的路，否则我就不配做您的学生。

我满腔热血，豪情壮志时刻撞击着自己的心胸，我将以初生牛犊不怕虎的心态走向社会，走向新的人生。也许我会碰得头破血流，也许我会一败再败，但我知道“生命不息，奋斗不止”。在不断地探索、不断地挣扎之后，我相信我会成功。在哪里跌倒，我必须从哪里站起，即使付出人生的大半时间和精力来确立自己的社会地位，弥补我高中生活的失误，我认为那也是最值得的。因为没有根的花枝固然有一点馨香，但它仅是暂时的，开得并不旺盛，存在得并不久远。

您是我尊敬的师长，在离校之际，向您说出自己的肺腑之言：谢谢您，老师！

在今后的人生道路上，祝您工作顺利、万事如意、年年好运、生活美满、永远幸福！

学子：贾建华（忻州师范学院）

1999年6月3日

（六十）

窦老师：

祝您身体健康、工作顺利、万事如意！

多日不见，十分想念。静夜星空下，独立于微风中，回忆的思绪漫延开来。想当年，您与我们“并肩作战”，有苦有甜，有欢笑也有痛苦。但是，千言万语汇成一句话：我们那个集体是一个团结的、文明的、友爱的大集体。您像一座高高的山峰，我们便是那潺潺的流水，环绕着您缓缓流淌……

虽然您已经到了内蒙古，但师生的友情早已植入我们心灵的深处。假使现在让您重回这里住一星期，再给我们讲课，我相信您所讲授的课业，已不再限于书本知识，而是每天与我们探讨如何学、怎样学。

咱们109班的同学，除萌萌外，全都在这里补习，在我看来本科达线率不会很高。萌萌自从到河中以来，在第一次考试中，就以数学第一轰动全校，这次考试中全校数学成绩仅有三个同学是及格的，她却以113分的成绩排第一，与第二名差20分。碰到数学难题，每次都是老师让她在课上给同学们讲解。我为109班有这样一位学生而自豪，同时也自愧不如。不过人生路上任重而道远，我们将付出更多的艰辛，未来会有许多希望，也会有许多挑战。

我现在只想着：不管怎样，先进了大学校门，尽可能地再多学一些知识，为将来走向社会多积累一点资本。不知我这个想法是否正确?

您在远方还好吗？远隔千里之地有个学生在时时刻刻想念着您！

有时间再叙！祝老师一帆风顺，开心快乐，永远年轻！

学生：高兴旺

2003年11月1日

高兴旺，原河曲中学学生，纪律上比较涣散，学习上曾一度不够努力。高二失学后回乡，在采石场劳动近一年。2000 年第一学期来巡镇中学重读高一。

（六十一）

窦老师：

读了这几封信后，我认为您是一位一心一意投入教学的合格教师，一位能从思想上正面引导学生的好老师。

记得刚步入高中时，我无忧无虑，一心扑在学习上。那时，您教会了我两点：一是要学会读书；二是“干好小事才能干大事”的道理。去年我的成绩在班里一路领先。

读了上述几位同学写给您的信，我找出了自己的不足之处：没有雄心壮志，缺乏自信。我深深明白了老师、家长的祈盼之心，可是家长给我的只有金钱，而老师给我的却是如何去学习的方法。今年年初以来，我很难相信自己还是一个合格的中学生，缺乏积极向上的动力。这种情形下怎么能进入学习状态呢？我要尽快调整自己，争取更大进步。

学生：乔海生（高二“编外”学生）

2001 年 5 月 8 日

（六十二）

窦老师：

没想到我会给您写信和写保证书或监督书吧？其实我现在才明白一个人生活在世界上的意义。我以前心里总是幻想：有一天自己能当个老板，住在大城市，拥有自己的一辆小汽车。我很喜欢开车，但我不应当只把它当作我的幻想。树立理想容易，实现理想却是难上加难。想一想自己刚升入高中时的表现，首先是给您留下了不好的印象，其次是我做了许多坏事，最后是我觉得自己好像不是一名学生，我确实控制不了自己。这是我写这封信的原因之一。

中考后我勉强升入高中 109 班。我曾看过中考成绩单，我是班上的低分生，几个月的“瞎混”后迎来了期中考试，才知道我的成绩极低，数学成绩很差。期中考试那几天我没能好好复习，此乃写信的原因之二。

昨天上体育课时我手腕受了伤。我担心治不好，而无法好好听课，只能眼睁睁地看着黑板。

结果，手腕没事，只是扭伤了。今天早上手腕痛得连饼都拿不住，写字更是困难。昨夜您生气了，是在生我的气吧，因为我有一点害怕您，思前想后，我确实做得比较差，不像是109班的学生，所以我决定从现在开始慢慢改变自己。我父亲曾读了五年高中却没考上大学，表哥也补习了两年才勉强考入汾阳医专。

我多么希望自己比他们强呀！他们又何尝不想呢？父亲是个读过书的人，所以对我的学习很重视，他是个好父亲。从现在开始我要转变自己。我承认自己自控能力较差，所以想请您帮助我。这是我写此信的原因之三。

我现在郑重宣布：今后我要学好，不再学坏，特在此向您保证。目的是以后监督自己、控制自己，不再让自己浮在“巡中”，而让自己飞出“巡中”，也就是说，每当我思想放松时，就会想起窦老师那儿放着我的一封信或者保证书。我有信心学好。

学生：程根河（在校高二学生）

2000年12月6日

（六十三）

窦老师：

唐突地给您去了这一封信，希望您不会介意。您也看出来我是一个很奇怪的孩子，因为有时候我自己都不清楚自己在想什么。

现在距高考越来越近了，我一直都相信自己一定会取得成功，但是我对自己这一个月的表现很不满意：懒散、不认真，令我生气。面对渐渐临近的又一次月考，我很害怕。虽然许多老师都说不用太在意成绩，但对于任何一次考试，不论测试还是统一考试，我都希望自己能不断地取得进步。看到自己的分数在提高，我会更有自信。

在最近几个科目的小测验中，我的分数真是低得惨不忍睹，我每天都感到很失落，甚至开始怀疑自己的能力。我发觉自己的状态已经离开高考备考的状态，不免感到恐慌。但我又不敢和我爸讲，怕他会责怪我，也怕和他“顶牛”。所以我很希望和您谈一谈，因为我觉得您是个很有经验的人。像我这样的学生您应该会有所了解吧？因此，给您写了这封信。

我不希望在高考中失败，我会努力的。爱拼才会赢！我希望自己重新进入开学时的那种状态，但我现在无法面对这次考试，害怕再次看到我的失败，所以决定用三天进行新一轮的重新调整。希望您会批准我的请求，也希望您不会对我失去信心。我很想在高考中发挥出色，让您高兴，也让我自己成功，这些都是我真实的感受！

您也看出来我现在已经把您当成一个很好的朋友了，相信您的经验会给我带来巨大的成功！

学生：苏歆（内蒙古师范大学）

2006年5月10日

（六十四）

窦老师：

祝您天天开心、工作顺利、身体健康！

说实话，刚到43班，感觉您的治班方式和以前的班主任不同，可以说和我以往所有的班主任都不同，所以开始时很抵触甚至反感，可是后来慢慢发现您治班教学的优点，我可以从公平、公正的角度去看待您的工作。我不敢说我很了解您，可是我想说，从心底里我接受了您，懂得了您的辛苦与苦衷。在此我衷心地对您说：老师，您辛苦了！

今天，我原本打算晚自习时把这次考试的语文科目考了，明天和她们一起考，可是下午她们睡觉时我老是睡不着。上课铃响了，我还是昏昏沉沉的，并伴有一点头痛，我真的不想去教室坐上两个半小时。睡醒起来，勉强自己去看书，不久妈妈打来电话，问我的病现在怎样。我以为请一上午假回去好好休息一下，再吃点药就没事了，可事情变得比想象的严重。那天我在教室里即使硬撑着也听不进去了，可那天您没来，电话也打不通，只好留下假条。今天爸爸电话中的话，我听着确实有点难受，不知爸爸是因为喝多了酒还是确实是这样想的，他认为我是因为上次考好了，所以这次由于虚荣心而不敢去参加考试，不敢去面对现实……说实话，我当时听了确实震惊，可后来一想爸爸的话也有道理，我本来就不如李勇、王强，怎么会考得比他们好呢？我也知道上次考试题虽然是我自己做的，也有一定的偶然性，也许题目恰好是我会的。我在最后只和爸爸说了一句："那您看我期末考试成绩吧！"

真怀疑自己作为子女是不是很不称职，让父母这么操心！我虽然不能让他们以我为荣，可我却连让他们放心都做不到，我有时很恨自己。当一个人努力向前尤其去克服多少年养成的不良习惯时确实不易，时间久了，难免会感觉累，需要别人的肯定，让自己有继续下去的勇气。我觉得这一段时间我确实很努力，也许做得还不够，可我会加油的。在期末考试中我想向父母证明，他们的女儿是最棒的。

多少次我想和您谈谈，可一直没有勇气，今天写这封信给您，希望可以得到您的理解，也希望可以和您沟通一下，因为我觉得您很了解我们。我信得过您！

或许我的想法过于幼稚，望老师谅解。在以后的学习生涯中，请窦老师多多指教。

和您说了这么多，心情舒畅了许多。最后祝愿老师天天开心、全家幸福！

学生：田露（内蒙古呼伦贝尔学院）

2005 年 12 月 2 日

（六十五）

尊敬的窦老师：

首先祝老师身体健康、合家欢乐！

其次让这封信带去我深深的歉意及问候！

慕老师的大名，我从遥远的他乡迈入“巡中”这方土地，由于病态心理的原因，我出尔反尔、反复无常，总在老师面前提些无理要求，可老师从未责怪我，却全力满足我的要求。因此，我更加觉得明年若考不上大学则对不住您对我的苦心，当偏头痛、神经衰弱绞得我无法学习时，我首先想到的是回家治病。我深深感到征服不了病魔的威胁，做什么都是纸上谈兵、徒手摸鱼。有些人也许会在暗笑我神经不正常，老师一定对我的行动也觉得不可思议。其实，不管别人怎么想，我觉得这是很正常的，因为自己的疼痛别人是永远不会感受到的。

目前，我正在家里吃药、打针、休息，今后会怎样，我不敢想。说实在的，我并不愿意离开那里，只是不得已啊！

短暂的一段相处，师生之情，难舍难分，您的容颜时刻浮现在我的眼前，特别是您讲授的历史课，给我的印象太深了，值得我永久地回忆。

您是我难得的好老师，您无论对谁都是那么满腔热忱，您是当今社会少有的正派人。老师请您一定要保重，不要过多地劳累。

您高贵的品质令我敬仰，而我不礼貌的行动，又使我内疚不已。给您添了那么多麻烦，我拿什么回报老师对我的恩情？我不敢奢求老师对我的谅解，只想表达我的内疚之心和崇敬之情。

再见，老师！再见，我曾拥抱过的黄土地！

祝老师在新的一年里硕果累累，巡镇中学更上一层楼！

学生：兴梅

1992年10月11日

张兴梅，忻州市神池县第一中学学生，1992年9月开学时来河曲巡镇中学文科班补习，由于不适应异地的学习生活，再加上她自己的偏头疼症，不到一个月她就回去养病了。

(六十六)

窦老师：

自今年4月以来一直未给您去信，我深感抱歉。

我现在的情况还好。我研究的醋已制成了，只是效益不太好，究其原因是这里市民要求高，卫生防疫部门也查得紧，时常抽样化验，检查卫生以及理化指标。我来这儿后，经过反复思考对之做了一些改革，可产量不能太大，否则无法达标，而我们又是准备上袋装的，因此，现在醋厂效益不太好，只能依靠酱油维持。

这里虽然很平静，我却无法继续忍受。我觉得如果再在这个平静的环境中待下去，我的意志将消磨殆尽，最终一事无成，所以考虑今年下来，或者回家乡自己干，或者在这里另找门路。我想经商，哪怕碰个头破血流也好，不知您有何高见，请您给予指点迷津。

在社会上接触了大量的人和事后，我才真正体会到教书育人的伟大和圣洁。干事业固然有许多人为和自然的因素，可是如果没有这许多困难，又何以体现这份事业的伟大？所以我相信窦老师在今后还会像昔日一样，为这份事业的伟大和圣洁、为人类文明进一步发展而不断地辛勤耕耘。

在教师节即将来临之际，谨向尊敬的老师献上真诚的敬意和祝福，谢谢您对我的关心和帮助！

学生：郝继光

1994年8月23日于古郊

郝继光，1991年高中毕业后没考上大学就走上了社会，到了一家个体作坊当学徒，学成后又先后在包头、太原、古郊等地办过酿醋厂、酱油厂等。现为包头市运输个体户。

（六十七）

尊敬的窦老师：

哺育学子慈祥心，恩师难忘刻骨铭。毕业四年多了，一天天太阳升起又降落，您一届届学生来了又去，但我始终怀念您带我们走过的那段艰辛而又难忘的“补习路”。在我大学即将毕业、初涉社会之时，值此新春来临之际，向您表达最深的谢意，并真诚地祝愿您和您的家人健康、快乐、平安、幸福！

2005 届学生　邱永明

2009 年 12 月 30 日

邱永明，是我到鄂尔多斯任教后的第一届学生，2005 年他以全校第二名的好成绩考入兰州大学。当时他是班上一个非常优秀的学生。在他上班的第一天用短信的方式给我发来此信。

（六十八）

窦老师：

当您收到这封信时，或许感到有些意外，其实我很早以前就想给您写信，这种想法一直很强烈。每一位接受过您教诲的学生，对您都应该是终身难忘的。

您的教诲是深远的，不仅表现在学业上，而且已经渗透到实际生活中。说到这里，您还不清楚我是谁吧？我的名字您可能已经忘记，但这并不重要，重要的是，我是您的理念的一个忠实的实践者。自从毕业后，您的言行一直影响着我。当我遇到犹豫不决的难题或困难时，是您的思想指引了我、您的精神激励着我。作为一个年轻人，有时我感觉自己很自信。能让我敬佩的人很少，在我的眼里，仅有您跟我父亲，有时我想，您跟我父亲在一起一定是谈得来的好朋友。

您教导我们，作为年轻人一定要走出去。对于这一点我觉得自己做得不错。毕业后我去了内蒙古临河，在一家餐饮公司上班，2000 年我又来到云浮发展。您没想到您的学生中将会有一名厨师吧？不过，条条大路通罗马，这也是您经常说的。

来到这边，我视野开阔了许多，自己也进步了不少。您对我的许多要求我还没有做到，可能是我这个人太顽固，有时候我也清楚，但就是控制不了自己。

我觉得一个人在社会中行走，难免会有些困惑，但是有一位老师能够经常给予自己指导，这是非常重要的，所以我希望您是我永远的导师，您的思想与精神永远是我前进的动力。

您现在工作还忙吧？您一定还有许多独到的见解，我真想继续聆听！

祝您全家身体健康、生活快乐！

学生：周欣荣（深圳某酒店厨师）

2002 年 11 月 8 日

写给爸爸、妈妈的信

（一）

亲爱的爸爸、妈妈：

你们好！

18 年前，当我呱呱坠地之时，我就给你们带来了无限的希望。从此，我成为牵动你们心头的那根弦。18 年的操劳磨白了你们的双鬓，18 年的叮咛刻深了你们的额头，18 年的期盼铸就了我今天的非凡。

也许在你们眼里，我还是那个懵懂无知的孩子，那个不会体贴父母、更不会思考未来的孩子。可是你们不知，在离开你们的这段日子里，我已渐渐长大。我从小就生长在你们的呵护中，是那样的弱不禁风。三年的高中生活使我成熟了许多——树立了理想、承担了责任、学会了竞争、充实了知识、锻炼了身体、绽放了友谊。

爸爸、妈妈，你们对我的爱……一切尽在不言中。如今回报之时已到来，“十年一剑今朝试，吾辈今朝数风流”。高三的单调乏味，我无畏；高三的辛酸痛苦，我不怕；我心中有梦，有你们年轻时追逐的梦。

未来的路还很长很长。也许路有坎坷、途有荆棘，也许困难重重、挑战不断，我都会用行动和汗水，报答你们的养育之恩，用坚持和认真，实现你们的毕生愿望。

我定会无愧高三！

您的儿子

2009年3月5日

（该封信是2006届高三最后一次家长会上，学生们写给爸爸、妈妈的公开信。）

（二）

尊敬的父母、老师：

你们好！

在此我谨代表宏志班52位同学向你们说几句心里话。萧伯纳说：“人生不是一支短短的蜡烛，而是我们暂时拿着的火炬，我们一定要把它燃得十分光明灿烂，然后交给下一代人们。”的确，人生就是一场传递赛，参赛选手有家长、老师和我们。在这场竞赛中，每一位选手都应该尽全力，只有我们共同协作才会赢得胜利！

父母是孩子的第一位导师，你们的一举一动、一言一行都会对我们产生一定的影响，你们的爱，会温暖我们；你们的鼓励，会提升我们；同时你们的斥责也会严重伤害我们。所以，我想告诉在座的父母：不要溺爱您的孩子，同时也不要训斥他们，因为他们已经长大了，不再是你们的小孩子。

我们知道每位家长对孩子的期望都很大，但要记住：不要让你们的期待变成我们的更大的压力，我们整天在教室里听老师讲课、做作业、讨论问题……我们也很累，我们需要自由的空气，我们也需要……

我们感谢父母的养育之恩，随着年龄的增长，我们对父母表达爱的语言越来越少，但这并不代表我们不爱自己的父母。人们都说天下没有不爱儿女的父母，但我想说，天下也没有不爱父母的儿女。在此我代表您的孩子们发自内心说一声："谢谢！爸爸、妈妈，你们辛苦了！"

老师是我们的第二父母，也是我们人生道路上的引路人，是你们的反复教导，并把你们的人生经历传给我们。你们对我们的关心不亚于自己的父母，是你们担心我们走弯路，又怕我们受伤害，把"教育孩子，拯救孩子"作为自己的职责，你们又把我们当做自己的孩子，全心全意地指导我们。在此，我代表全班的同学们发自内心地说一声："谢谢老师，你们辛苦了！"

在这场激烈的竞争中，我们才是真正的战斗者！能否赢得最后的胜利，关键在于我们的努力。在此我想对同学们说："父母、老师对我们抱有这么大的希望，我们不该让他们失望，但不要把这当成压力，做到尽心尽力就好！"我们要多与父母沟通，缩小代沟，让彼此理解。

尊敬的父母、老师们，亲爱的同学们，让我们共同携起手来，努力取得成功！

现在我提议，大家一起宣誓，以班主任窦老师给予我们的励志箴言来自勉。

学生代表　胡杨

2010 年 6 月 1 日

[该信是高一宏志班（2）召开的第一次家长会上学生代表的发言]

附：

人生歧路　决战自我　励志箴言

学习是你自己的事情，不要把它推向你的父母、你的老师。你今天的努力和拼搏是在为你以后的幸福和发展进行投资，投资越大，回报就越大。

要明白你在做什么，你是谁。你是宏志班的学生，你在为自己的命运及发展做准备。国家给了你一个初步规划人生的机会，你能不能抓住它并善加利用呢？宏志班的学习使你长大成人，在这之前几乎所有的事情父母都可以帮你解决，但学习则只有你自己去拼搏，命运就掌握在你自己的手里。

在这人生的重要关头，你是不是一个勇于承担责任的人？你是不是一个有血性的人？你能不能对自己、父母，以及以后的家庭承担责任呢？

家信

（一）

舅舅：

您好！

自高考结束，我常常念起的竟是“高四”一年永远难忘的生活。萦绕脑际的是您忙碌的身影，绕于耳边的是您苦口婆心的教诲。我常想，如果那一年没有您的教导，如果没有其他几位认真负责的老师的感化，恐怕也不会有我的今天。

开学至今，将近3个月光景，自我感觉良好，适应得还可以，这儿的河曲老乡多得很，有七八十人之多，我只认识了几人。听他们谈起工大（太原理工大学）的一些情况，有两个特点：校园大，学风紧。现在临近放假，马上就是结业考试，结业的都是些基础课，如政治、革命史等，大家都在埋头苦干，我当然也不轻松，这和大学生活轻松、浪漫的传统说法可是大相径庭，不过也在情理之中。

和往日的校园生活相比，不一样就是不一样，这儿的主调当然是学习，可学的方式除了自学还是自学，而且是“课内小课堂，课外大课堂”。一段时间下来，强烈地感觉到自己知道的东西竟少得可怜，而待我去学的东西竟如此之多！我不知道四年之后走出工大时会是怎样的一个我，但我知道，我会好好珍惜这四年中的每一天。我们宿舍的同学来自长治、朔州、吕梁等地，地区不同，生活习俗有别，一起生活的味道和高中时截然不同。大家互相之间礼貌周到，可真正能像以前那样称得上朋友的却很少。这让我糊涂了一段日子，最后只能自我解嘲并恍然悟出了一点，不值得为这种事情而伤感。

我下笔时总是凭着一种信赖，一口气把想说的话吐完才觉得痛快。我总觉得似乎没有权利去对“老师”做什么评价，长这么大，几乎有一半的时间是在老师眼皮底下度过的，可真正体会出老师的含义却需我去下工夫澄清自己的灵魂。那个时候，也许我会因此而觉得自己也是如此的伟大！

舅舅，新春将到，在为同学们辛苦操劳的同时，不要忘了调剂一下自己。那样，您会更精力充沛，从而心情愉快地去工作。

祝工作顺利、全家安康！

外甥女：红梅（太原理工大学）

1995 年 12 月 23 日

张红梅，1994 年高考成绩为 300 多分，距本科录取线甚远。她准备到忻州市第一中学复读。暑假期间在我所带的应届班听了几节课后，决定留下来补习。经过一年的刻苦努力，第二年考取太原理工大学。

（二）

尊敬的三舅：

您接到这封信，可能有点意外，我想向您请教几件事，而且有些事想听听您的意见。

我有一位朋友准备争取获得推荐上大学的名额，他成绩一直很优秀，但家庭状况不太好，还有一个弟弟、一个妹妹，其中弟弟已经失学了，如果这次高考失败了，就意味着他必须去村里教书，今后不会有什么发展，对此他心理压力非常大，而且毕业之期将近，时间不多了，他花了很大的精力在数理化上。平时他表现得很轻松，而且他本来就是一个外向型的人。不过我一直看得出来，他的压力很大，过得很累，这回期中考试他考砸了，情绪更低落了。昨天发下试卷以后，我们谈了一个晚上，他加给自己的压力比想象的大得多，而且从他的话中我听出了危险，也就是再这样下去真的有可能失败。我谈了一些我的观点和我自己作画时的体验，但现实终究是现实，我自己也付出了，劝说只显得苍白无力。世上的路虽多，但并不是每个人都能走通每一条路，我不是怜悯，只是诚心地想帮助一个自尊心很强的朋友，但有时觉得力不从心。三舅，您的学生中有这样的情况吗？您是怎么做的？

三年级时我们学习世界历史，涉及的面比较广，知识零散，不容易统在一起。怎样把握知识结构，以什么为线索？如何把握重点？世界历史的年代不是很系统，该怎样把握？

这学期我有了非常大的变化，室友戏言我重生了，的确是这样。这个学期我过得十分忙碌、充实，但又和初中时有了本质的不同，并不是培养了什么危机感，是真的想学，就像画画那样自发地想画。这种情况在以前是比较少见的，但现在已经是三年级了。这个学期中我的日程排得满满的，几乎没有多少剩余时间来复习，但学习成绩却在上升，可见精神状态很重要。

最近我有空闲时间就读《五经》和《曹国传世经典》，看《五经》有一种追根的喜悦和高尚、纯净的感觉，但《五经》基本上看不懂，对《春秋》不太感兴趣，其书也只看了不到一半。读书是修身养性的一条捷径，读书使我心胸开阔了不少，看问题周全了，火气小了，唠叨少了，找别人原因的时候少、自省的时候多了，因此我还改掉了一些坏毛病。在博大精深、醇厚凝重的古典文化面前，我不知所措，不知该如何去学、如何去做。三舅，您能指点我一下吗？

前几天，学校安排我辅导一年级学生学习普通话，这是我第一次独自登上讲台，特别紧张，而且我知道，再过一个礼拜我还要去二年级辅导，所以没有做太多的准备，但同学们非常宽容，就和我们初入校门时一样单纯、可爱。两次辅导下来，我已经喜欢上了他们，当我宣布以后不能再来这个班辅导时心理很难过，可没想到，我刚一说完，讲台下立刻响起了一片惋惜声。当我拿起书就要离开教室时，同学们异口同声地挽留我等会儿再走，我当时感动得鼻子直发酸。我的付出与同学们的爱太不相称了，这份爱太沉重了，我对这个班的学生怀有一份深深的歉意。这第一次登上讲台的感觉是刻骨铭心的。其实当老师有很多乐趣，首先面对的是有血有肉、有感情的人，而且每一个学生都是一个未知的变量，用自己的劳动使他们开朗，提升他们的社会价值，这是一种莫大的幸福。我发现我开始有些喜欢教师这个职业了。

我认为万事要无愧于心、心地坦荡、心灵不受压抑就是最大的快乐。别人如何属于别人，以牙还牙就和对方一样了，以前只是这样想，但现在我正是这样做的。有时候我觉得这样做，是不是有些消极、不合适？可我坚信这样没有错。

思绪太乱，本来有许多话要说，可又说不清楚，而且信里也不能说得太多。三舅，放了寒假如果您有时间，可不可以找个机会我们坐一坐，帮我理一理思路。

这次就写到这儿，急切地盼望着您的回信！

谨祝身体健康、工作顺利！

外甥女：琴琴

1999 年 11 月 25 日晚

胡艳琴，初中毕业后考入忻州市五寨师范学校。2000 年秋天来河曲巡镇中学就读，第二年考入中国矿业大学建筑工程学院。

（三）

琴琴：

来信看后，我觉得你长大了，并懂得了许多道理，三舅为有这样的外甥女而感到高兴！

以下就你信中提及的几个问题，三舅谈几点看法：

首先，你的那位同学，我认为他还年轻，涉世不深，不能正视现实。本来理想与现实是对立统一的，一个活泼而富有朝气的青年人，只因为期中考试考得不理想，就情绪低落，甚至有走向危险的迹象，我真为他担心：今后的路他该怎么走？

琴琴，也许是天下的女孩子普遍都有同情心理，但是，你的同情、理解和帮助仅是外在因素，真正能帮他的是他自己，他不仅要坚强地站起来，而且还要勇敢地走下去，因为真正的人生舞台是社会。现在他刚从考场走下来，还未走出校门，却一遇到挫折就难受、痛苦，有些不可理喻。我怀疑这位同学当初的选择是否正确，因为一个不明大势的人，他所做的一切努力都是徒劳。

由于三舅和你们年龄悬殊，认识上也有差异，在思想认识上存在着一些代沟，请见谅。

其次，你说你这学期有了变化，三舅认为这是情理中的事，因为一个人的成长需要有一个过程，这个过程就是时间，这也说明两年的师范你没白上，并且上得值得。但你也要懂得，事情往往是这样，当你明白过来时，已经为时太晚，后悔莫及，在师范学校读书仅有一年的时间了，你一定要抓紧、抓好，科学合理的安排，更好地成就自己，否则就会……一个人一生中能做几件事？如果小事都做不了，怎么去做大事呢？所以说，每做一件事，你都要倾注全部精力去做，请相信：世上没有做不成的事。

再次，聊聊面对博大精深、醇厚凝重的古典文化你不知如何去学、如何去做的问题。我认为人生的一个最重要的时期是基础教育时期，这一时期最重要的是人格、学习精神和方法的塑造及养成，所以说你现在的主要任务就是将师范学校开设的课程和所学的基本技能、技巧掌握好，在校打好基础，将来在社会上也必有用武之地。下一个世纪的中国，人们怕的不是做文盲，而是有人有书却不会读。毛泽东曾说过："人应该活到老，学到老。"江泽民也曾多次提到"人要学习、学习、再学习"。所以说，学习是贯穿于人的一生之中的，否则你就不会跟上时代的步伐，被历史淘汰。

三舅虽未上过大学，但我从未间断过学习。在中学毕业、参加工作后我先后用六年时间读完了历史专科和政治本科课程。七年前我到忻州试讲，今年暑假又去了府中、盟一中（鄂尔多斯市），我感到书没有白读，书没有白教，为了让自己拥有更好的明天，我将继续地学下去，继续地教下去，继续……

你读一些名篇名作是有必要的，这有助于你开阔视野、陶冶情操，但没有必要钻研得太深、读得太细，因为我们是读者，不是学者，要拿得起，放得下。

信中你提到给低年级辅导普通话，这很好，作为一名教师特别是作为一名好教师，必须用普通话授课，同时这也从另一个角度看出你对教书这个行业已有了新的认识，这正是你朝着做好一名教师发展的起点。

做了十几年的教师，我深有体会，正如有人说的：必须做到爱与智的统一、科学与艺术的结合，否则不会成为一名真正的教育工作者。因为有智无爱会无心搞教育，而有爱无智则无力搞教育。过去有好多人用蜡烛赞美教师——燃烧了自己，照亮了他人，我不这样认为。真正的教师是太阳，不仅照亮了他人，而且照亮了自己。长期与学生们生活、学习、工作在一起，会让自己永葆青春，这是用金钱买不到的。

最后，说到世界史的学习问题，我多年从事历史教学工作，有得也有失，现仅从一般性的学法谈起。世界史的时间的跨度和地域空间的广度都比较大，涉及的国家也比较多，可是历史教科书的编写大多为编年体，所以你就必须紧紧抓住时间线索，分期划段，如近代、现代、当代，而各个时期又可分为具有不同时代特征的几个历史阶段，如世界近代史又可概括为手工工场时代（16—19世纪）、蒸气时代（19世纪初—19世纪70年代）和电气化时代（19世纪70年代—20世纪初）三个时期，这也是研究方法中最基本的方法——历史法。在此基础上，运用比较法，比较一些具有可比性的重大事件，如三次早期资产阶级革命（英、法、美）、两次中期改革（俄、日）、两次王朝统一战争（德、意）、三次工业革命、两次世界大战等。无论涉及任一重大的历史事件（革命、战争、改革等）都可以按历史背景、经过（内容、表现等）和结果（作用、影响、意义等）来归纳总结、分析探究。通过分析历史背景来揭示其原因和目的，通过梳理具体表现来提炼要点。长话短说，就是将书由厚学到薄，再根据结果看其历史作用，探究其历史地位，最终达到提高认识能力的目的……

琴琴，三舅不多说了，再写下去就要给你讲历史课了。放假后别忘来三舅家做客。

舅舅

1999年12月3日于巡中

（四）

敬爱的爷爷、奶奶：

你们身体怎么样？全家人都还好吧！以前我总想给你们写信，但不知为什么始终没写。昨天爸爸对我说："你们在营生不多的时候就拿出我先前给你们的信来看一会儿"。当我听到这句话时，泪水不由自主地流出来。我觉得自己很惭愧，几乎没有尽到孙女的义务。去年的春节我没有回去，寒假里，我计划好好利用时间争取升入一个像样的高中，我相信，只要肯努力，就没有什么目标不可达到。

前几天，爸爸从老家过来时，带回了我们十几代人的家谱。他还给我讲述了爷爷您童年的往事，我被您的事迹所感动了。虽然您的家庭是不幸的，但您有勇往直前的勇气。虽然您没有上过学，但您练就了一手好字，也许您的过去是不幸的，但您的现在却是儿孙满堂，也许在不远的将来您会拥有更多的幸福。我认为您是旧时代的知识者、新时代的开拓者。现在，您应该充分享受人生的快乐，坐在土炕上和奶奶拉拉过去的趣事。

今天是正月十五元宵节，下午爸爸、妈妈都出门去看花灯了。只有我一个人留在家里，吃着奶奶炒得香喷喷的瓜子和从老家带来的冻海红果，我的心里充满了对家乡的思念之情。于是我决心写下这封信来表达对家人的问候与祝福！从今以后我会尽可能地抽出时间来给家里人写信，希望你们不要牵挂远在他乡的亲人。如果你们想我了，就拿出信来看看……

请爷爷、奶奶不要担心我的学习，我会努力的。我知道，要想在暑假里和爷爷、奶奶过得好，就必须要有好的成绩。我会为此而努力的。家里养了两只小鸟，平日里它们就成了我的玩伴。在家的时候，写写作业、看看书、逗逗小鸟就是我的乐趣了。

这几天开学了，全家人又投入到紧张的学习生活中。我们父子3人每天按时起床、到校、回家、吃饭……妈妈则按时做饭，等候我们回来。家里充满了欢声笑语，请你们不要担心，再过三四个月我和哥哥就要参加中考和高考了。放暑假时我们会向你们报告喜讯的。

这时外面响起了一阵阵鞭炮声，不知道是不是在催促我停笔。除夕夜，家里一定很红火吧！在这里，整个晚上都能听到鞭炮声，让人彻夜难眠。在这永不停息的炮声中，我十七岁了。以往无知的我，也开始逐渐长成一个大人了，懂得了人生的悲欢离合。在炮影的辉映下，你们的脸上一定会绽放出欢乐的笑容，因为你们的生活充满了幸福。

钟表在嘀嗒嘀嗒……地响。爷爷、奶奶我该停笔了。天气暖和的时候，希望您们能来我家。看看您儿子的家，看看你们的亲人。我们期盼你们的到来。这时我真舍不得停笔……

我爱我的故乡，更爱故乡的亲人。

我的心是宁静的，就像故乡的河水，是它孕育着我。

我的心是不变的，因为我思念着故乡的爷爷、奶奶和亲人，是他们看着我不断成长。

永远思念你们的孙女：汇理

2006年2月12日下午

(五)

汇丰：

离家走上独立生活、学习的道路已有一段时间了，我想你一定会有很多感触的。这时也是每一个刚刚步入大学的学生们所必经历的转型过渡期。

我常在你们面前讲的一句话是：再好的大学也只不过四年时间，最终还是要走向社会去实现自我的人生价值，所以说上大学是在为你抛锚起航、装点上路做准备。

托尔斯泰说过："聪明的人认为不是应该做什么，而是先做什么、后做什么。"刚刚步入大学，你要为自己作个规划，以便尽快适应大学生活。从目前来看，你的专业选择、本科层次学历教育是基本正确的，至于学校如何，除一些综合研究型大学外，其他院校的教学水平差别不是很大，尤其在二本院校，一般学生都要经历学业应对、考试过关、毕业取证等过程。同学之间相处，不求天长地久，但求曾经拥有。但我认为：知识的多少并不代表你能力的大小，关键在于新的理念的形成、求知方法的探索以及积极进取精神的塑造。专业课对你来说并不是问题，日语的学习一定坚持下来，毕竟你认真学了三年并取得了较好的成绩，所学的知识将来一定会有用武之地的。抽时间多看几部世界名人的传记也会给你启迪。

在市场经济的背景下，人与人的关系被蒙上了一幅离奇的面纱。《方与圆》一书中曾谈到做人要做到"内方外圆"，我倒觉得与人相处时也如此。

高中阶段，你因学业较重，很少有机会锻炼身体，爸爸还是建议你多参加一些班内、学校的集体活动。它对你是有好处的，但你要明确两点：一是说口流利的普通话，二是要写工整字。

最后，老爸一直在为你的身体操心，因为你的体质从小就不是很结实，再加上从未离开过父母，建议你应该有个日程安排，将学习、生活（踢踢足球、打打羽毛球、散散步等）有机地结合起来，饮食上科学搭配，穿衣服时根据天气变化增减更换，行动上安全第一。平时准备些日常用的药品，如治肠胃疼和感冒的药，多饮水，多吃些水果、蔬菜等。

另外，教师节前，根据高二分班成绩进行核算，咱们班一本达线率为83%，升学率为同年级第一，爸爸被评为优秀班主任。今年代的班中学生普遍懂事，比较省心。你妹妹学习压力比较大，成绩良好。你妈妈在等待时机，条件成熟再做安排，对家里的事请不必挂念。

我们虽不能改变环境，但我们会很好地适应它。祝你健康成长，快点长大！

爸爸

2006年9月20日

窦汇丰，小学时个子不高、体质弱、胆子小，常被同学欺负。为使自己不受别人的气，后来他竟和一些不爱学习的孩子走到了一起，中考时成绩仅354分。复读一年后，第二年只考了357分（含体育成绩），未能考上普通高中。2003年9月随父亲工作调动来到了鄂尔多斯市三中43班转学日语，经过发奋努力，学习不断进步，在2006年高考中他考了479分，被内蒙古呼伦贝尔学院录取。

（六）

汇丰：

离家已近三个月，那里的气候、生活、学习应该逐渐地适应了吧！昨天宫原雅代老师（日本）主动与我谈起你，对你的日语写作很感兴趣，并说在你的文章里有不少的创新意识。

今天，爸爸写信主要是提醒你：为了将来更好的发展，一定要在四年的大学生活中多给自己充电、聚能。

我和你妈闲聊时，常常谈起你的童年。你从小就是一个对世界（自然）充满好奇的孩子。你曾经顶着烈日到樊家沟抓泥鳅，饿着肚子到邬家沟捞小鱼；北京动物园的海洋馆更是吸引着你……从动物世界到足球俱乐部，从军事天地到汽车王国，它们一直伴随着你的成长。从弃理学文到决定转学日语，从不看重学校选择到关注专业的选择，回想你留下的每一个足迹，发现你的变化也是合情合理的，所以我说你在成熟，在长大。

如今爸爸也终于明白过来了：没有起初从事教书这份职业，就不可能成就我个性化的今天，但是教书这行当又多少限制了一个人其他方面的创造力。

从目前看，国家正处于市场经济体制改革并逐步完善的时期，人们的日常生活与市场经济活动的联系日益增强。这无疑不同程度地影响着人们的生活。虽然说人的实力要在未来的实践中培养和提高，但是没有足够的理论基础是不行的。请相信在未来的发展中，时代会给予你更多的机遇，让你去实践，让你去创造，让你去飞翔。

你那里天气较冷，外出时一定要多穿点衣服。离家在外难免会遇到这样或那样不顺心的事，请多想想自己曾有过的快乐事情，过后一切就都好了。注意多吃些有营养的食物，户外活动时一定要注意安全。如果需要钱就给你妈打个电话。

到此搁笔，望健康快乐！

爸爸

2006年11月20日

（七）

汇理：

由于目前通讯事业发展迅速，人与人之间的交流越来越方便了，人们之间不论相距有多远，只要打个电话、发个短信就可以，但爸爸总觉得传统的书信来往更能加深朋友之间的友谊，也更有利于增进亲人之间的情感，为此爸爸提笔写信给你。

离家上大学已近一年了，不知这一年你是如何走过来的？是否完成了你由中学到大学的转型过渡？你对所选择的专业是否感兴趣？与周边的同学是否相处和睦……尽管爸爸平时很少给你打电话、发信息，但作为一位父亲对子女的爱往往是深藏在心底的。

爸爸常说的一句话：一个不明大势的人，他所做的一切努力，只能是徒劳。去年选择学校与专业时借鉴了你哥当年的志愿填报经验，从你自身的条件、兴趣和社会的发展趋势及国家的政策等方面通盘考虑后得出的结论。最近看到的一份资料上也说：据有关部门统计，国家康复治疗方面的人才严重短缺，急需几十万人。

爸爸在高一教你们时曾经说过：以全求专，专而深；以专求专，专而浅。要想使自己成为一名专业技术水平较高的医务工作者，就必须全面系统地掌握相关的基础理论。有着未来的四年大学学习时间，爸爸建议你做一个合理的科学规划。精彩的人生往往取决于瞬间的抉择，与其中期进修深造还不如现在趁年轻选择考研。至于何时做、如何做，要多向你的老师、学姐们请教。

中国人学外语，历来学得非常辛苦，许多人从小学就开始学，到了高中甚至大学，外语仍然不能过关，有的即便是中考、高考分数很高，可一到真枪实刀使用时，往往就哑了火。殊不知语言是供人“说”的，而学语言不是为了“说”，这显然背离了语言的本质，结果必然是事倍功半。我想只有“无知”才能无畏，只有无畏你才能大胆地张口说话。这里的“知”是指“语法”、“句型”等，是指说话（外语）的条条框框。要多看、多听一些名家的音像资料。前一段时间曾教过你的王云霞老师建议你看看美国国务卿希拉里·克林顿在国会和来华的演说。先模仿着说，哪怕是说错了也没关系，错了再改正。凡事先做起来，边做边完善。尽可能将所学的东西运用到实际的交流中去，这也许是一种很好的“自然学习方法”。这一点你哥作为一个非专业性的日语爱好者做得不错，如听日语歌曲，看日本电影和动漫并用日语与远在日本的同学网上聊天等，虽然去年他在国际日语二级考试中成绩考得不够理想，但这种思路和方法值得借鉴。

另外，关于外语学习的时间安排，建议你还是坚持原三中“化零为整”的做法，在无意识的自然状态下，让语言学习过程成为你的一次愉快体验与经历。

这里爸爸顺便谈一下自己对大学的一点认识。从形式上看，这已不再是原来你所在过的小学、中学了，规模大、学生多，整个校园就如一个“小社会”。我们不仅要系统地学习专业知识，还要学会做人、做事，提高与人相处和独立生活等能力。大学阶段是人生最美好的时期，是树立世界观、人生观、价值观的重要时期，也是奠定基础知识，掌握科学的认识论和方法论的关键时期。即使有人从小受过了良好的家庭、学校教育，也未必就能立即适应了你眼前的大学生活。

最后爸提醒你：(1) 在校生活要有规律，做到朴实无华，尽可能地关心别人，帮助别人，因为帮助别人成功，你也在走向成功。(2) 与同学相处时要坚持“外圆内方”的原则和“无敌国”外交的策略。其核心利益是我们的底线。(3) 与异性同学交往时要保持一定的距离，并留有余地。一般来说女性在初次交朋友时重视的是情感和外表。一个人不应因为他的外表美而产生爱，爱的应是他的真实，甚至带上三分的“憨”态。这方面窦琴姐姐是你学习的榜样。(4) 学习上要有自己明确的学习策略，要根据科目的设置、课时的安排、考试的形式来确定你的学习重点。不断增强自主学习的能力、勤于记笔记。记好笔记和整理好笔记是一种自我提升的良好的方式之一。在你参加工作后，遇到一些一时无法解决的问题时，或许翻翻你以前记过的笔记，会给你新的启示。在这一点上，爸爸是深有体会的。如此下去，会给人一种心理上的暗示：我是一个成功者！

想说的话很多，回家再叙。

爸爸

2010年6月17日

窦汇理中考成绩为446分，刚够高中线，但她从不放弃自己。一年后文理分科，她凭“关系”是完全能进一个好班的，但她没有这样去做，而是选择了适合自己的普通班。2009年，被内蒙古科技大学录取。

(八)

汇理：

那天听你妈说你哭了。原因是身边的朋友都先后一一离你而去，这使你感到孤单，又让你面临一种困惑。爸爸今天给你去信主要是针对当前你所面临的问题——大学生如何修好爱情这门人生大课来谈谈自己的一些看法：

一年前，你告别了紧张而青涩的中学时代，怀着对新生活的浪漫憧憬，走进生机勃勃的大学校园，恋爱已不再是遮遮掩掩的“地下工作”，而是轰轰烈烈的青春体验。然而，经历爱情并非只有浪漫与幸福，迷惑、伤痛甚至悔恨也往往随之而来。当下受拜金主义、后现代主义以及开放性多元婚恋观的冲击，面对年轻带来的激情与冲动的诱惑，大学生不可避免地对爱情产生困惑。

什么是真爱？如何看待性？怎样才能有无悔的爱情？如何在爱情中收获成长？大学是大学生学习独立生活和发展自我的重要阶段，在大学中经历爱情是成长的一部分。既然爱是人生的必修功课，那么对于你来说，爱情也无疑是一门人生必修课之一。如何才能修好这门功课呢？

由于文化的禁忌，父辈们成长的单纯环境已经消失，如今你们年轻人所面临的情感难题，是做父母的无论如何也想象不到的。如果处理不好，会给你们带来负面影响。在成长的过程中不仅没有得到真正的爱，甚至会受到伤害。只有良好的性与爱的教育能称得上全人教育，而全人教育才是对人本质的教育。只有这样才会使人的心灵得到健康成长。

今天爸爸也在反思，过去只考虑在教育中如何投资，而忽略了受教育者的心灵需求，只关注了你的学业成绩，而忽视了你的情感世界。这样下去，将来你也许会缺乏真正建立美好婚姻和幸福家庭的能力。那么从教育经济学投入—产出的角度来看，爸的教育经济投资是失败的。从现在起，我们必须较好地、自发地完成关于婚恋的自我教育。

年轻人一旦进入恋爱，总以为自己与异性的期望值和时间表是一致的，但实际上男女对异性的期望是有差异的。爸爸想告诉你的是，恋爱和婚姻中最重要的是“成为合适的人”，而不是简单地“找到合适的人”。如果一个人能按照异性对未来伴侣的期望值提高自己，那么将来就更容易吸引那些适合的人，更容易进入恋爱婚姻。

如果没有成熟的人格与自我，那么每一次爱的尝试都会是失败的；如果没有爱他人的能力，即不能真正谦恭地、勇敢地、真诚地和自制地爱他人，那么人们在自己的爱情生活中也永远得不到满足。所以，爸爸希望你拥有爱的能力。“成为适合的自己，是一生的追求”。

在没有进入婚姻的情况下，对待现在的男朋友或女朋友的方式，就是你希望自己未来的丈夫或妻子被别人对待的方式，希望你能看到更加真实的生活，看到事物的多个层面，然后将选择的机会留给自己。

总之，要想成为一个全人，就必须懂得真正的爱与性。两者的关系是什么？性，不仅仅单纯地体现为人的触觉感知。在性的关系中其实体现着自我形象、自尊、责任、勇气、尊重他人、包容、接纳等。换言之，真正的性必须体现爱。因为爱是纯洁的，爱也是崇高的，爱更是永恒的。没有真正的爱，就不会享受到未来婚姻、家庭和生活的幸福！

另外，爸爸还想和你谈谈关于如何处理好学业与爱情的关系问题。爱情是人在大学阶段的必修课之一，而完成五年医学本科就是你在校期间必修的主课，读研是你在普通本科修业期满后的选修课。因为选修课能丰富你的知识，帮助你找到未来的发展方向。

爸衷心希望你能以爱情为桨、学业为舵，泛一叶小舟，逐浪前行！

爸爸

2010 年 11 月 24 日

（九）

汇丰：

四年大学之路，你顺利地走过来了，在此爸爸对你表示祝贺！

从校门出来你就要直接走向社会，这对一个刚刚毕业的大学生来说有点不太公平，但这就是现实。

爸爸建议你：一定要倍加珍惜目前这一份工作。即便说几句牢骚话，也是情理之中的，因为你要把工作做好。爸爸曾多次说过：一个人将来成功与否，要看他能否适应社会，在社会上能否有所作为。在今天市场经济的大背景下，我们首先要学会接触“两样东西”：一是钱；二是人。只有真正了解这两样东西，再去做事，我们才会把事做得更好。现在这两样东西，都让你给遇上了。这也许是我和你妈常常为你感到放心不下的原因吧！再加上你所做的工作的上班时间不固定，弹性很大，但又有明确的具体任务指标。无论谁来完成，怎样完成，均由你来承担。在这一系列问题面前，显得你比同龄人更多了一份成熟。

30 年前爸爸也做过财务工作，要切记：现金往来，明细过账；

有收有付，同收同付，收付平衡；要做到：日清月结，准时上报，定期公布，逐笔核准，不得半点马虎。长期坚持下去，一定会令你形成一种严谨细致、踏踏实实的工作作风。如果我们能在金钱面前不受诱惑、洁身自净，那对我们今后的人生来说该有多好啊！在你与社会不同人群的接触过程中，你会进一步地了解到人的多面性，以及社会的复杂性。如何将自己置身于其中，并找到一条路径呢？你在上大学时，爸爸曾告诉过你外圆内方的“无敌国外交”策略。坚持原则，守住底线，确保核心利益不受损害。如果你能在三五年内打好这两个“战役”，未来的事业一定会在你的经营下更加兴旺发达！

参加工作两月之余，你从学校直接步入社会，爸爸也看出了你有许多还不适应的地方。如时间观念不够强，计划不够周全。无论在学习还是工作中总体节奏较慢，并且没有很好的协调各方面关系。前些日子郭台铭的台资企业中，有一些来自大陆的青年男女跳楼自杀，这件事给人们留下的不仅仅是惋惜，更多的是思考。一个没有现代意识、缺少时代精神的青年，如何适应当今工业化所带来的日新月异的变化和发展呢？在鄂尔多斯这块“神奇”的土地上成长起来的学子们，走出去的曾有多少？这一切，不得不让作为老师的我去深入思考。

在与人相交方面，你们要比我们这一代人好得多。有一句话说得好：距离产生美。其实就是一个度的问题。虽然我的同学不少，但能在同一个城市工作的同学并不多。大家能抽出时间来聚一聚、聊一聊，该有多好啊！既能了解对方，又能使自己增长见识。但爸爸还是要提醒你：带着现金或重要的资料（证件、票据等），不要聚餐，更不要到一些娱乐场所。

爸爸已 50 多岁，由于工作的压力，对生活环境不适应，身体状况越来越不如从前了，患有高血压、脂肪肝、肝囊肿等慢性疾病。近来心脏也不怎么好，心区老是感觉隐隐作痛。你妈也步入了更年期，特别是今年你外婆的去世对她打击太大了。每一次给你外公打电话，她总是以泪洗面。我常常想：普天下的父母，没有一个不爱自己的儿女。因为儿女是父母生命的延续，是他们未来的希望。你爷爷已 80 岁的高龄，还要到田间地头帮你二爹干活。爸爸从来不相信会有儿女不爱自己的父母。这是因为世上没有一个人不是父母所生，也没有一个人不是父母所养。

儿子，你已长大成人，你有你的理想、你的工作、你的生活，但爸妈还是希望你能够对我们多一些理解，对你及将来你的家庭多一份责任心。

爸爸

2010 年 11 月 9 日

心 得

因为懂得，所以珍惜。

抓住每一个还年轻的日子，用满腔的热血去书写一个个奇迹，让生命之花灼灼绽放于青春的枝头，向世界播撒美丽与清香。不惜错过的阳光、不惧即到的风雨。即便最后萼残瓣落，却也流芳不凋、光华烨烨，因为我们灿烂过。

是的，青春就该如此！

在这里，青春与春天同义，恰似人间四月天，有着云淡风轻的日子：春暖花开，流莺婉转，雨后的世界透着清爽的气息，微风中夹杂着泥土的香味，到处弥漫着希望的情愫，连呼吸间都是醉人的芬芳。

翻阅的每一页都在诠释着青春的绚丽。

引 子

如果说生命个体原是有限的常数，无法估计的变量正是在于它所选择的生存方式和路径，对于主讲者和聆听者都是如此……

长期以来每周一次班会课上，除了工作的总结，就是日常班务的安排，学生早已听得非常乏味。根据高中阶段学生人生观和价值观还尚未真正形成的特点，作为“和谐德育”实验学校，每逢双周星期一进行一次形式多样的主题德育活动课。针对高中学生理性思维能力不断提高的现状，我一般多采用专题讲座的形式进行。不论是把一桶水浓缩为几滴水展现台上的智慧的老师，还是从几滴水中领悟一桶水的学生，师生在讲座上的相遇，都可以说是生命的盛事。学生在长期的枯燥的文化课学习之余，静心倾听一堂知性的讲座，参与一次热烈的交流活动，或许是一件奢侈的事，可它切实地拓展着学生的眼光和胸襟。

通过交流，使述者的知识之光数十年聚会得到一朝喷发，也使听者的人生阅读获得一次循道捷径。

以下心得，选自我和学生在人生经历和教育教学活动中的一些感悟、体会等。

第一次远行①

列车如同一条巨龙，吞吐着滚滚的白烟驶出宁武关，沿着同蒲线一路北上，不久就穿过雁门关，驶入内蒙古境内大青山脚下的土默川平原、河套平原……这时我的心绪也随着飞转的车轮，来到了人烟稀少的内蒙古高原。一路上村庄、工厂、矿山如同天上的星星时隐时现，稀疏地散落在人间。因为这是我第一次远行，哪里能使我看得厌烦？微微的西北风透过车窗，穿过车厢，吹拂着我的头发，一会儿使人觉得凉爽痛快，不一会儿又让人感到纳闷起来……

第二天，我又乘坐去往白云鄂博的列车从包头出发继续向北行驶。列车吃力地翻过阴山山脉，直到傍晚时分才到达了从“口外”②回来的人们常说的“后山”③，原来这儿不过是一片地广人稀的

① 因当年参加高考失败后，第一次走出“口外”。
② 泛指 长城 以北地区，也称口北。文中是指内蒙古鄂尔多斯一带。
③ “后山”一般是指横亘内蒙古高原的阴山山脉以北，这一带地广人稀。

原野。

啊！70 年代的最后一个秋天，这也是我为了追求新的生活的难忘的一个秋天。为了自己的新生活，我将要在这飞沙走石的千古荒原之中探寻我新的力量源泉！

1979 年初秋写在开往内蒙古的列车上

塞外生活①

太阳冉冉升起在南天
寒气中淡淡放射着光线
西北风阵阵吹来
生物在经受着临冬的考验
车头上卷起浓浓的白烟
怒吼着奔向祖国的北边
人烟稀少的内蒙古高原
正在日新月异面貌改变
我是一株纤细的小草
从早到晚整天在冷风中缥缈
内心里充满着生命力
待春风一吹就会繁茂
迎着朝阳微笑
枝叶里含着悲喜的泪泡
阳光为我擦拭着
我的认识在不断地提高

写于 1979 年深秋内蒙古“后山”

① 这首诗是写于生活在“口外”的那段日子里。

青春在事业中闪光

人生旅途，常常不是一帆风顺，而是坑坑洼洼的。今天的成功，也许来自昨天的失意；甜美的日子，往往伴随着苦涩的岁月。

一

十几年前，我这个农村青年被聘为高中教师，当时我的心情非常激动，决心做一位名符其实的人民教师。

人民教师，肩负着培养德、智、体、美、劳全面发展的社会主义建设者的光荣任务。这种特殊的社会责任，决定着教师要有更高的素质。教师不仅是人类科学文化知识的传播者，而且是塑造人类灵魂的工程师。要想把学生培养成有用的人才，自己首先就应该是赤诚的爱国主义者和共产主义思想的忠实传播者，这样才能成为青少年健康成长的引路人。

二

说来也怪，自己还不是一个优秀的高中毕业生，现在却要辅导学生高考复习，真不是一件容易的事啊！在做学生的时候，我就有点“历史癖”，然而，我所涉猎的史籍只是九牛一毛。

当我在教学路上迷惘时，是我的老师给我点亮指路明灯。每忆起那年仲夏的黄昏，在先生的寓所里师生二人共同探讨教学的情景，依然历历在目。在他已写好的教案、圈点过的字里行间，我曾反复地琢磨……

是老师扶我上路，促我前行，直到今日我仍仿佛听到老师在前引路的足音。

要给学生一杯水，自己就要有长流水。1990 年初秋的一天，我接到了太原师范学院的录取通知书，我的心情是复杂的——几多欣喜、几多感慨。欣喜的是多年来步入大学殿堂的梦幻终于成为现实，感慨的是自己已三十有余，这个难得的机会使我更加珍惜。现在回想起当年的热情、意志和艰辛，我仍是百感交集、热泪盈眶。

三

教师被誉为“人类灵魂的工程师”，它揭示了教师工作的特殊性。作为一名教师，不能只教书不育人，只“解惑”不“传道”。我作为一名历史教师，根据历史这门学科的教学优势，特别注重介绍一些伟人如文天祥、孙中山、毛泽东……的事迹，借以唤起学生们的豪情壮志。

几年来，我深感教书是一门艺术，没有经验不行，没有教学理论的指导更不行。历史这门学科最大的特点就是客观性、科学性，不能随意掺杂主观的东西。回顾自己的教学之路，我领悟到只有在教学过程中不断总结、不断钻研，才能使教学水平不断提高。

呕心沥血搞教学，十年辛苦不寻常。不是行里人，有谁能理解其中滋味呢？不是行里人，更有谁能享受到“桃李满天下”换来的那几许满足、几许惬意、几许欢悦呢？

四

教育更重视集体的力量。仅仅做好本职工作是不够的，还应搞好协调工作，为优化教育环境竭忠尽智。只有处理好集体与个人的关系，才能圆满地完成自己的任务。在学校领导的关怀下，在同志们的影响、帮助下，我的业务能力和教学水平日益提高，得到了学生、家长、领导和社会的充分信任。

1995年1月15日

让学生学会学习、学会做人、学会生活①

如何才能有效地让学生学会学习、学会做人、学会生活呢？这是我多年来一直在思考的一个问题。以学习指导为突破口是提高学生素质，也是提高教学质量的关键所在。以下就我十几年的教学实

---

① 在1996年学校教育、教学经验交流大会上的发言材料。

践和体会，从体现教与学的三个主要方面谈谈自己的几点看法：

一、开展学习指导，促进教学与自主学习的和谐统一，引导学生学会学习

教师的教，学生的学，教师的教法，学生的学法，是教与学关系中的一个重要组成部分，它们是相互依存、互相制约、不可分割的统一整体。

几年来，我在教学中，以教会学生怎样学习为目标，通过建立学习常规，使学生掌握有效的学习方法，培养良好学习习惯，完善学习品质，有效地提高了学生自主学习的能力。

（一）系统地上好学习方法指导课。首先是掌握知识的方法，包括如何观察、思考、想象的方法，如何系统学习知识、强化记忆的方法；如何有效地获取知识、解决问题的方法。其次是学习的心理调节方法，主要包括培养浓厚的学习兴趣，形成正确的学习动机与良好的学习习惯，增强学习效果，调节、控制学习情绪，克服困难与挫折的方法等。通过指导使学生懂得：学习是自己的事，是不可替代的。掌握一定的学习策略与方法，培养良好的习惯和能力，不仅有益于今天的学习，而且也有益于未来一生的学习与发展，从而增强学生的自我意识，调动自我完善的积极性，同时也为教学的改革奠定了良好的基础。

（二）探索导学式的课堂教学模式。课堂教学过程是教与学的重要实践过程。它既是教的实践过程，也是学生学的过程，归根结底是学的过程。为此，我积极探索导学式的课堂教学模式，把教法改革的基点放在学法指导上，为学生四十五分钟的课堂学习设计一种最适宜的学法，让学生主动参与教学、学会学习，使教与学尽可能地统一起来。

1. 建立民主、平等的师生关系。有无民主平等师生关系是学生能否积极参与教学过程的重要前提。所以，我们强调教师必须先尊重学生的自主性，把学生当成学习的主人。如何才能建立起师生的民主平等关系呢？首先是乐于与学生接近，只有师生互相了解，

才能达到互相尊重。我为自己这个班主任画了一幅自画像，并贴在了办公室的墙上。果然有一天被一位同学识破了其中的寓意，直到考上大学后还写信提起那幅自画像。怀里抱的、兜里装的、背上背的、手里捧的全是小麻雀……还有一位学生来信时也说道："平时，您像我们的朋友一样，与我们在一起，一点儿没有老师的架子，可在学习上对我们又是那样地严格要求……总之，您是我们的良师益友。"其次是能容下学生，即使是犯了错误的学生，甚至曾经反对过自己的学生。这样才能为学生积极参与教学过程创造良好的氛围，提供更多的机会。

2. 引导学生积极参与教学过程。学生的知识积累和素质的发展，不可能像从父母手中继承财产一样简单而又直接地从教师手中获得知识、提高素质。没有主体的积极参与，没有足够的实践活动是根本办不到的。因此，教师的天职就是引导学生参与教学过程，指导学生学会学习，使教与学双方的信息及时得到反馈。前些时，我听到个别老师谈到某班某同学在课堂上回答问题非常活跃，有时老师还没有道明来意，答案马上就得出来了，我真为他是否真正懂了而担忧。听了这些议论，我常常想起我上小学的情景，老师提出的问题，如激起浪花的石子，引得学生小手林立，有的学生甚至欠起屁股、向前倾着身子，唯恐老师看不见。急于回答问题的迫切心情，溢满课堂。这是多么宝贵的学习热情与参与意识啊！可惜的是我们现在的一个班也只有那么一两位学生有幸得到这样的机会，为什么不因势利导，一而十、十而百地发展这一可喜的势头呢？课堂教学的时间首先是属于学生而不是老师的，这里包含了变"讲堂"为"学堂"的一种观念，在课堂教学有限的时间内，使学生得到更多的发挥空间。巧用"思维暴露"，让学生把话说下去。众所周知，思维的"过程"与"结果"是一对辩证关系，正确的结果往往包含着正确的思维过程，但是正确的结果不一定等于思维正确，结果错了，思维过程不一定会错。那种传统的只重思维结果，不重思维过程的教学很难达到教与学的统一。表面上的师生"心满意足"，实际上是假现象，因为它掩盖和隐藏着潜在的教学问题。教师要有目的地暴露思维和有意识地使学生暴露思维，这有助于教与学双方的相互了解和默契配合，有利于学生学习能力的提高。

3. 及时反馈激励。对学生在参与过程中取得的点滴进步，尤其是在某种背景下取得的任何一个小的成功，都要及时给予鼓励，从而使他们能够怀着更大的自信心参与到教学过程中来。有一位95届学生的学习成绩较差，是全班倒数第二名，由于分数太低，在高二文理分班时许多班主任不想接收，是我把她留在了文科班。这位学生三年三大步，一步一个台阶，今年在高考中取得了良好的成绩，被山西大学录取。其原因何在呢？就是来源于她的自信。她在日记中写道："作为复读生，虽然我们落榜了，可是我们并不气馁，我们相信只要坚持不懈努力，一定会有收获的，我们相信'功到自然成'，何况'条条大路通罗马'。老师，经过高考考验的我们又长大了，我们学会了在失败中总结经验教训，从而为今后的成功奠定了基础。失败是我们宝贵的财富，也是走向胜利的资本。有了这一笔财富，我们遇到再大的困难也不会畏缩。老师，有您为我们鼓劲，我们会信心百倍，在前进的道路上披荆斩棘，勇往直前，坚定不移地向那理想的彼岸驶去，老师，请您放心吧！"

（三）建立自主学习的常规。备、讲、练、辅、查（考）是教师施教的常规；预习、听课、复习，写作业和小结是学生学习的常规。这两个常规目标是一致的，也是相辅相成的。我们只有通过引导学生制订学习计划，及时总结，形成适合自己的一套学习方法和习惯，才能使教师的"教"落在实处。把考上大学的三位学生平时的作息时间表写在黑板上时，有的学生看了以后，简直不敢相信这是真的，因为用餐时间里他们还在听广播、看新闻……

二、开展学习指导，促进教育与自我教育的和谐统一，引导学生学会做人

国家教委副主任柳斌同志曾明确提出：通过素质教育，使学生学会做一个能够关心他人的人，一个能够承受挫折和困难、勇敢进

取的人，一个律己严格、待人宽厚、忠于职守、遵纪守法的人，一个艰苦奋斗、勤俭节约的人，一个堂堂正正的有中国心的人，学会了做人，就会从根本上学会求知、办事、健体，所以说学校教育的根本目的是引导学生学会做人，做一个社会所需要的人。

随着改革开放的深入发展和市场经济在我国的逐步确定，人们的思想观念、价值观念呈现出多元化的趋势。新形势下，我们从引导学生确立自我未来目标形象入手，按照自我计划、自我监督、自我评价、自我调节的步骤，努力追求教育与自我教育的和谐统一，对学生自我教育的途径与方法进行了有益的探索，并取得了良好的效果。

（一）确立自己未来的目标形象，提高学生自我教育意识。

首先，要引导学生对自己的未来进行设计，为自己未来的职业目标与人格目标做出选择，并用文字生动地描绘这些目标，这样就在每一个学生面前确立起一个可感知、可追求的目标与方向；其次要引导学生树立坚定的目标信念，是一循序渐进的、逐步深化的认识过程。在这一过程中，教师要充分发挥主导作用。我常常用自己的生活感受来教育、影响学生。例如，我出生在困难时期，由于种种原因没能上大学，但我始终没有放弃学习，所做的一切都是为了现在的生存和以后的发展。一个学生在赞美老师的诗中写道：您对生活的高度热情/您对事业的诚挚追求/您对社会默默无闻的奉献/您高瞻远瞩的人生观、世界观/刻骨铭心！……再次，引导学生制订分阶段的奋斗目标，学生的自我目标，毕竟还太长远。为了达到这一目标，我们必须针对每个学生目标的文化水平、特点和类型，帮助他们确立目标的近发区，即最近发展区。同时还要提出相应的中期、近期目标。有两位在校的大学生，其中一个已确定了要考研，另一个正在准备近期确定下来。有一个在校的学生来信写道：“四年已过去了一年，时间快得让人感到恐慌，不敢再抱怨、慨叹‘无聊’了。此时才明白，只有‘珍惜’才是最明智的选择，又不由想起了您接班时的一席话：我感到很坦然，我将继续努力，为了使自己‘三年后不后悔’，不敢希望别的，能做到不误人子弟就满足了。”以上所述，实际上是一条看得见、摸得着的目标“链”，从而使学生对自己的未来充满信心，懂得要实现长远目标必须从现在做起的道理。

（二）实践“自我未来目标”，提高学生自我教育的能力。学生确立自我未来目标之后，关键在于如何把学生每一天的学习与生活同长远的目标紧密结合起来。其做法是：建立日常生活运行机制，把学生纳入自我教育过程。一是人人动手轮流值日，登记好《逐日情况》表，目的是引导学生走向有规律、快节奏、有实效的学习生活，并使他们每天都能体验到成功的欢乐。二是实行有效的自我监督，以写《接力日记》的形式，引导学生对自己完成每日生活目标的情况，进行自我监督。三是通过写信，每学期一至两次向家长汇报学生情况，进一步提高学生自我教育、自我完善的自觉性和积极性。

三、开展学习指导，促进管理与自我管理的和谐统一，引导学生学会生活

“教为主导，学为主体”的原则在学生管理中的具体体现就是在教师的指导下，引导学生参与班级管理过程，并在这一过程中，逐步确立集体观念，懂得个人与集体的关系，进而形成一个与集体管理相适应的自我管理体系，促进管理与自我管理的和谐统一。

一是制定班级目标。在班级创建伊始，第一件工作就是为班级（文科两年）的发展制定出明确的奋斗目标和实施计划，这样使班级里“人人头上有目标，个个前进有方向”。

二是建立两项制度。就是改革传统的班级管理方式，建立“学生承包责任制”。如桌凳、窗户上的玻璃，都按“势力范围”划分承包给学生，对卫生打扫不彻底的不惩不罚，直至清理干净为止。灯具管理规定，凡是享受光明的同学，就不要让它熄灭。建立“班干部负责制”，把社会上和学校里举行的一些活动当作班级建设的主要课程，吸引班级中的每一个成员参与到班级建设管理中来，效

果明显。有一位同学在日记中写道：“巡镇中学在新年来临之际，举行了一次大规模的拔河比赛。当然我是63班的一员，对我们班取胜只抱有很小的希望，因此在赛场上表现出漠不关心的样子，‘加油，63班……’同学们异口同声地喊叫着。出于好奇的我，偷偷地朝着对方参赛队伍望去，对方正处于强弓末橹之间，我们的队伍此时也显现出后力不足的样子来。这种场合对于两队来说，谁能坚持到最后，谁就是最后的赢家。事后我们班在这次拔河中取胜了。这件事让我不由得敬佩起我们班这些参赛的队员来，他们以自己惊人的毅力战胜了对方。这表现了什么？为什么我就不能在学习上也和他们一样呢？从此，我看到了我们班的希望，也进一步地增强了自信心。”通过这两项制度的实施把班内的人、财、物的信息具体地落实到每个成员身上，任何人都是班级的主人。总之，每个成员都有机会为他人、为班级履行自己的职责，人人都享受合法的权利。

三是落实“三个常规”。如果说班级建设的目标是班级前进的方向和动力源泉、这两项制度的实施是班级各项工作的运行机制的话，那么“三个常规”，即班主任、班干部和学生的职责是否到位，就成了班级管理的具体内容。把学生、班干部和班主任的每一天、每一周，以及每一学期的活动编排起来，把班级目标的长远计划与短期安排有机地结合起来，将班级成员的日常行为和学习活动都纳入学生自我管理的体系中。在落实这些常规的实践过程中，从管理与自我管理的成败得失中，每一个成员（包括班主任、任课老师）都会进一步了解个人与集体之间的关系，以及班主任与科任老师、科任老师与学生、班主任与学生干部、学生干部与学生之间的关系等，从而增强对他人、对集体的责任感。有一位学生在日记中曾写到：

“老师，在您即将踏上征途外出学习时，您还未能安下心来给自己打点行李，您的心总是操在我们这群学生身上；老师，在我们惹您生气时，您仍让自己进人讲课的角色中，您那绘声绘色的……

使学生由不懂到彻底理解，您感到了欣慰。就在您临行前一天的下午，您匆匆忙忙来到教室，把您觉得没讲清楚的问题又重新给我们进行讲解。在那节课上，我看到：当我们这群学生听懂了课堂上您所讲的每一个问题时，您是那样的幸福、快乐……

老师，就在您临走的那天早晨，您还未对我们彻底放心。大冷的天，当同学们跑完操、走进教室，您又来到了我们中间，把留给我们的作业认真地写在了黑板上，然后您才安心地走出了教室……

老师，我们怎能——怎能忘记您教导我们时那深挚而又有力的话语呢？‘每做一件事都要倾注你全部精力去做……’老师，我们一定会铭记在心，让它作为我们人生的座右铭。”

总之，教师的教育与学生的自我教育是一个和谐的主体，只有充分发挥教师的主导作用与学生的整体作用才能促进教与学和谐统一，只有教与学和谐统一起来，才能充分弘扬学生的主体精神，使学生得到良好发展。

最近，我看了《黄冈中学的启示》一文，黄冈中学办学并不是靠什么诀窍，而是扎扎实实地按教育规律办事。对我们学校和教师是一个启发。启发之一：学校是什么？启发之二：怎样看待学生；启发之三：怎样让学生学会学习、学会做人、学会生活。

“大禹治水”对班级管理的启示

中学生思想的形成和发展，既有赖于生理、心理发展规律，也有赖于他们成长的社会条件。当前的中学生，正处于我国改革开放的大变革时期，处在世界新技术革命蓬勃兴起的国际环境之中，他们的思想与我国 20 世纪 50—60 年代的中学生相比有其自身的特点，作为一名教育、教学工作者必须看到这些特点，研究这些特点，这样才能因势利导地给予学生教育与帮助。

我们的祖先留下一则动人的故事——《大禹治水》。有一年洪水泛滥成灾，鲧采取了“堵”的方法治水，水没有治好，他自己则身败名裂。他的儿子禹采用“导”的方法，结果治水成功了，受到人们的爱戴。

堵者，逆客观规律而行必败；导者，顺客观规律办事则胜。大禹治水的哲理是永远不会过时的。对于教师特别是我们这些当班主任的人而言，可以从中悟出教育学生的新思路——不要封闭，要开放。

在中学生的教育管理上，所谓“封闭”就是堵，就是“只准规规矩矩，不准乱说乱动”。否则，就要训斥、辱骂甚至处罚，结果恶化了师生关系，扭曲了学生心灵，压抑了学生才智，扼杀了不少真正人才。所谓“开放”就是要“活而不乱，管而不死”，就是要循循善诱，努力做到理解、信任、尊重、放手、帮助，使学生生动活泼地健康成长，成为学习和集体的主人。

一年多来，在教育、教学实践中，我首先做到对学生“开放”，就是师生之间的心灵的“开放”。爱是立足点，谈心是基本功。我经常利用休息时间和学生谈心。有时我找学生谈，有时学生找我谈。由于师生间敞开了各自心灵的窗户，使学生看到了教师美好的内心世界——爱和智慧。慢慢地，学生的心灵大门开启了。班主任能说出学生想说的话，能理解学生的苦衷，自然就成为学生的良师益友。

对学生“开放”，就要搞一些学生喜闻乐见的活动。搞活动是教育管理学生的催化剂，可以说良好的集体就是在活动中形成的。对本届文科班我曾开过多次主题班会，组织了三次校外踏青，举办了三次辩论会。此外，每逢学校举行重大活动总要组织学生参加，获得了新年对联评比一等奖、歌咏比赛第一名、黑板报评比第一名，在军训中又获得了集体优胜奖等。在所有的活动中学生都是主体，在教师的指导下自己组织活动，各显其能，实现了学生自己教育自己的自我教育目的。

学生们在对联中写道：松而散，散而乱，无乱岂能自制；学则疑，疑则思，有疑方可冥思；横批：形散神不乱。对学生“开放”，就要给学生锻炼的机会，培养学生的自制能力。有人说现在的中学生自制与自理能力都太差，处处依赖老师、家长，被称为“抱大的一代”、“中国的小皇帝”，而这样培养出来的学生，如温室里的花朵，经不起任何风雨。这与今天改革开放、发展商品经济的形势下对青少年的要求是不相适应的。西方一些国家注重培养青少年的自制能力的做法，值得我们借鉴。前不久，我在报纸上看到过这样一个例子：一对美国夫妇带着孩子散步，孩子不小心跌在了泥潭里，父母回头看了一下，人仍旧向前走去，只是放慢了脚步，这个孩子自己从泥潭中爬起来，擦掉身上的泥浆，欢快地追上了父母。假若我们的教师、家长遇到这种情况会如何处理呢？

新的历史时期，要求我们培养的人才不仅体魄强健、知识丰富，还要有较强的自制力。这就要求我们教师首先向所有的学生“开放”，重在“理”而不在“管”，更不应该“堵”。积极引导学生学会生活、学会学习和学会工作。否则，难以实现学生的自主意识，自我教育能力难以得到提高，学生的个性不会得到更好的发展。

1989 年 5 月 10 日

继往开来，再创母校辉煌①

尊敬的各位老师、亲爱的各位校友：

很高兴同大家重聚母校，很高兴同大家共庆母校 50 华诞，很高兴同大家共忆母校沧桑，饱览母校风采，共商母校大计。

我是 22 年前文科班的学生（当时全县的文科生都在巡镇中学），在母校 50 岁生日到来之际，我同大家一样心潮澎湃，感慨万千。

---

① 在山西河曲巡镇中学 50 周年校庆大会上的讲话。

作为巡镇中学的一名学生，我牢记母校对我的教育之恩，是母校使我摆脱了愚昧，教给我做人的道理，使我插上了理想的翅膀，成为一名自食其力的好公民。

作为巡镇中学的一名教师，我难忘母校对我的培养之情，是母校使我由一个普通的农村青年成长为一名光荣的人民教师。此时此刻，我更难忘恩师赵先生，是先生给我指点迷津，教我自强不息；是先生教给我历史学的学法和历史课的教法；是先生使我领悟到“历史就是人生”的道理；是先生使我成长为一名优秀的历史教师。先生是我的偶像，是我的导师，是我的同志，是我永远的先生。

作为巡镇中学的一名中层领导，我感谢母校对我的信任。借此机会，请允许我以个人的名义向乔练宽先生、李国田老师表示深深的敬意（鞠躬致意）！向现任校长吕锋同志表示诚挚的感谢（致意）。

回首巡镇中学的50年历程，有辉煌灿烂的功绩、艰难曲折的过程，又有“败走麦城”的屈辱，也有知难而上的豪情。人事有先后，往来成古今。在新的时代，巡镇中学将会面临着新的挑战。创业难，守业更难。新世纪的巡镇中学怎样才能再创辉煌？这一严峻的考验已经摆在每一个“巡中人”的面前，这一艰巨的任务已经压在每一个“巡中人”的肩上。

在巡镇中学，艰苦奋斗、奋力拼搏是我们的一贯宗旨。我定要不断学习，学习现代科技，学习先进经验，向书本学习，向同志们学习，向学生学习，向时代学习，活到老、学到老。

作为教师，爱岗敬业，甘于奉献是我们的光荣传统。我必将和同志们一道勤勤恳恳、任劳任怨，牢固树立“校兴我荣，校衰我耻”的意识，对学生负责，对家长负责，对社会负责，对母校负责，为国家、为社会多培养合格的人才、优秀的人才、一流的人才。

爱我巡中、振兴巡中是我们每个人的历史使命。半个世纪以来形成的优良的校风、严谨的教风、纯朴的学风将永远是巡中发展的动力之源、兴旺之本。我们一定要发扬宗师李仲升先生、李智伟先生和张汉才先生艰苦创业、严谨务实的革命精神，学习乔练宽、李国田积极开拓、不断进取的工作作风，充分发挥政教工作的职能与优势，为巡中的发展保驾护航，与时俱进，努力创新，把先辈们开创的事业不断推向前进。这是我们能做到的，也一定要做到。

最后我谨代表巡镇中学全体教师祝老校长张汉才先生健康长寿，祝老校长成亮先生、乔练宽先生晚年幸福，祝校长吕锋、李国田家庭美满，祝老校友们老有所终、老有所为，祝年轻校友事业有成，祝全体校友万事如意！让我们共祝巡镇中学更加辉煌！

谢谢大家！

今天我上岗①

当今的教育是以弘扬人文精神、培养学生的人文精神为宗旨，重在对学生可持续发展能力的培养，使学生成为一个品德高尚、知识渊博、能力全面且心理健康的人。而我校的学生大多来自山区，缺乏良好的人文环境的熏陶，他们不会学习或不爱学习，不懂礼仪，不爱劳动，甚至缺乏基本生活常识，也就是说不会生活。长此以往我们培养出来的学生怎么能够更好地适应社会大环境、去面对现实？

我们深深的认识到：要想使我校重振雄风，必须结合我校的客观实际，走出一条富有自己特色的教育管理的路子来。在认真分析、广泛征求意见的基础上，一套系统化的班级值周制教育管理模式在我校浮出水面，并付诸实施。

这种教育管理模式就是以学生为主体，强化实践的教育管理制度。即在每一学期里，每班参加社会实践活动一周。在这项活动中，我们必须加强领导、精心组织、科学安排，经过学校值周班主

① 开展的一项德育活动实践课。

任集训后上岗。做到“人人有岗位，个个有要求”，真正使学生实现自我、锻炼自我，加强老师与学生、学生与学生、学生与社会的交流与沟通。通过参与各种活动不断与他人打交道，培养他们与他人合作、团结互助、友好谦让的品质，并使这一过程成为学生之间相互影响、相互学习的良性互动过程。

2002 年 3 月 5 日

怎样度过高中三年的生活

高中阶段是人生道路上一段非常重要的时期，这是因为高中阶段是一个人的心理、生理发展最快的阶段，也是一个人的知识结构、思想品质、世界观、人生观、价值观初步形成的阶段。为了圆满地完成高中的学业，顺利地走过这段人生道路，每位步入高中阶段的学生都应注意以下几方面：

第一，要树立远大的理想。理想是一个人向往并为之而奋斗的目标，是人们持续前进的动力源。初中阶段的学生，由于年龄、学识的局限，理想常常是朦胧的、朴素的，有时甚至是虚幻的、不正确的。当他们匆忙步入高中时，起初不会意识到自己进入了一个人生最重要的时期，思想、情感仍停留在初中阶段，甚至还有等一等、松口气的心理。有的家长片面地认为孩子上了高中，就是考上了大学。如果考不上大学，高中就等于白念，无形中给子女加重了思想负担。此时家长和老师最重要的任务是对他们适时、恰当地进行前途理想教育，拓宽他们的视野，丰富他们的知识，引导他们树立一个光辉的奋斗目标。这里需要指出的是，高中生的理想不应是空洞的抽象的概念，而应是具体实践中可视、可及的目标，是个人、家庭、祖国、民族一脉相承的结合体。如果一位初入高中的学生，真正懂得为自己的事业、家庭的荣耀，为祖国的振兴努力读书，那么他会勤奋学习，会按照学校教育的目标来培养自己，这便为他们能读完高中奠定了一个最扎实的基础。事情往往是这样，当你明白过来的时候，三年高中已读完了。

第二，要培养一种顽强的意志。有了理想，便有了目标，但理想的实现，还有待于每个人脚踏实地地为之做出不懈的努力。高中时期，不仅要完成繁重的学业，而且要参与国家选拔人才的竞争。没有一种顽强拼搏的精神，成功便是一句空话。所以家长和老师都应该注意加强对学生顽强意志力的培养。可我们有的家长同志，在孩子放学回家后，不让孩子做家务或到田间地头干活，而是把孩子从早到晚地关在小屋里读书，这其实是错误的。

良好的意志力是培养出来的，方法不能一言而尽之，但应从小培养。《中学生日常行为规范》及有关学校学生管理的系列目标制度就是有助于学生良好意志培养的规章制度。

第三，按计划、有侧重地度过高中的三个学年。高中三年因教学要求、教育目标和学生年龄的不同，各学年的培养侧重点也不同。要圆满地完成学业，取得较好的成绩，高中生应把握三年的学习特点，按计划、有侧重地安排自己的学习生活。

第一学年重点是完成初中升高中的衔接过渡。初中升入高中，不只表现为学校的变化，由于教育内容、教育目标不同，学生的学业负担也明显加重了。这就需要学生改变初中的思维、学习和生活的方式，尽快适应高中教育要求。但刚刚告别初中生活的学生，多数不会意识到这一变化的重要性，部分学生进入高中后，很长一段时间仍停留在对昔日生活的回顾中，在欣赏自己超过同伴取得中考成功的同时，也产生了生活和学习上的惰性。当他们沾沾自喜于自认为正确的学习方法时，不愿意再探索、再提高，思想水平停留在初中阶段，这样不仅贻误了时光，而且给学习留下了缺漏。这些学生都没有将初中和高中两个学段衔接好，需要家长和老师重点对这个时期学生在思想、生活、学习等方面给予指导。

第二学年重点在打好基础。高中三年中学习任务最繁重的是第二学年，原因是：一是开设课程多，二是要求进度快。一般来说，高三年级的主要课程要在第二学年结束，学生不仅要做好升入高三的准备，而且要通过全省组织的六门课程的毕业会考。因此，高二年级是学生优、差分化时期。在这一学年学生要特别注意以课本为主，打好扎实的基础。这时学生易犯的毛病是偏科发展或抛弃教材、盲目地学习课外资料。这就要求家长和老师经常教育学生要全面发展、扎扎实实地研究课本，真正达到对课本知识融会贯通、熟能生巧。

第三学年是在知识融合的基础上技能升华的一年。进入高三，高中的课程基本结束，重点是迎考复习。学生对学过的知识需要概括梳理，他们需要把所学的课本"读薄"，也需要把"薄书"用"厚"。在这厚薄变化中，学生的思维能力、思维品德必须有一个质的飞跃。这个飞跃单凭学生自身是不能顺利完成的，需要家长和老师给予科学的指导。

高中三年是不平凡的一年，如何度过这三年的高中生活并取得优秀的成绩，需要研究的很多。以上仅是一家之言，仍需我们和家长们进一步共同探讨。

（选自《走进巡中》2003 年 4 月）

突出主动参与，变"教师包办"为"亲身体验"

道德素质不是教出来的，而是学生在实际参与的生活过程中，在与他人的实际交往中，通过自身经历和体验发展而来的。传统德育往往把"灌输"、"禁止"、"防堵"作为工作的立足点，忽视学生主体的需要，甚至无视学生的主体地位和主体发展，使学生长期处于被动从属地位，导致学生丧失自我，养成顺从、听话的习惯，缺少个性和创造性。因此要提高学生的思想道德素质，不但要使他们置身于德育教育的特定环境，使之接触客观德育因素，更重要的是调动其主体精神，能动地参与主体实践。

一个人只有肩负起责任的时候，他的责任心，自觉、自律、自制的品质才能得以发展，只有在实践过程中，才能提高其解决问题的能力。主动参与是学生自主发展的重要途径，它追求的不仅仅是管理自身的功能，更重要的是追求学生的自我学习与发展。以学生为主体的德育就是要引导学生主动参与研究和选择德育内容，设计和主持的全过程。全程参与德育活动，使德育成为一种在教师的指导、帮助下，以一种特定德育为外因的学生心灵展示道德评判和内心建构的自我教育与发展的实践过程，学生在主动参与中实现自我教育、自我管理、自我调节、自我约束，最终达到自我完善的境地。

在推进主体发展性德育的过程中，教师要力求唤起学生的自主性、主动性和创造性，这样才能激发学生的主人翁责任感，充分发挥学生的组织能力。无论是班委会、团委会，还是年级、校级的大型活动，从具体内容确定、活动方式的设计到活动过程的主持，都应由学生研究、拟定方案，再由有关老师或领导与学生共同审查修正，交给学生组织实施。班级管理中，实行班干部轮换制，让每一个学生都有做班干部的机会。一日生活的检查评比等应由学生干部来完成，这样既增强了他们的主体意识，又为他们提供了锻炼的机会。

2003 年 4 月 10 日

（选自《政教简报》2003 年第 3 期）

“今天我上岗”

——让更多的学生体验成功

为什么“今天我上岗”的活动作为一项常规工作能够继续进行下去，并能得到学生的普遍认可？这是因为这项活动富有活力！

在传统的德育工作中，每学期、每学年学校都要进行“三好”学生的评选和思想品德鉴定，已形成了多年不变的政教常规工作模式。每次评出的三好学生只是学校中出类拔萃、为数很少的一部分学习优秀的学生；每次鉴定的结果，也仅仅是因为我们教育不够到位而反映在个别学生身上的不良行为，由此被评为缓评或不及格，是对学生的不公正评价。实际上很多学生在日常的学习和生活中都有自己不少的闪光点。但传统的评选方法就缺少一个给更多学生提供体验成功、追求卓越的舞台和机会。人文主义心理之父马洛斯在其著名马斯洛需求层次论[1]中指出，人类的多种需求，可以按其性质由低到高分为五个层次（如图所示）。

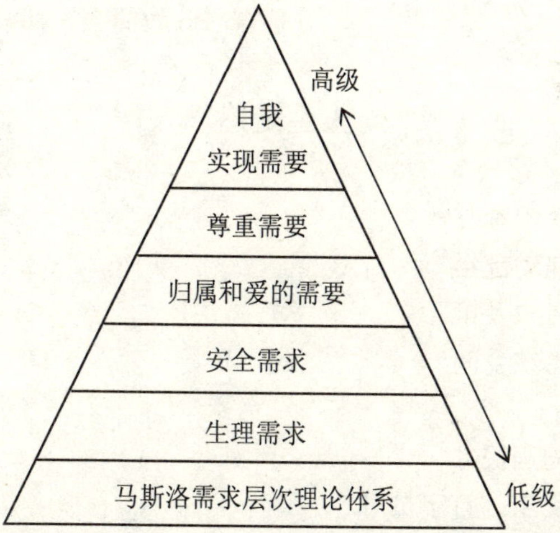

可见，“隶属与爱的需求”即被人接纳、爱护、关注、鼓励及支持等需求；“自尊需求”即获得并维护个人自尊心的一切需求，诸如被人认可、赞许、关爱等。这些需求都是基本需求，特别是高中生随着自我意识的发展，有强烈的自尊心。自尊心是一种要求得到社会集体和他人承认自己人格和能力的一种思想情感，是学生积极向上的内在动力。成功体验对学生来说最受鼓舞。作为德育工作

① 亚伯拉罕·马斯洛（Abraham Harold Maslow，1908－1970）出生于纽约市布鲁克林区。美国社会心理学家、人格理论家和比较心理学家，人本主义心理学的主要发起者和理论家，心理学第三势力的领导人。马斯洛需求层次理论，亦称“基本需求层次理论”，是行为科学的理论之一。

者，为学生不断创造积极的心理体验条件，促使他们自信、乐观、向上，充分释放内在潜能，不断追求成功、追求卓越就很重要了。

事实证明："今天我上岗"这项活动的开展取得了良好的效果，在师生中产生了广泛的影响。我希望继续能把这项活动开展下去，并搞得更好，让更多的学生体验成功！

2003年4月28日

（选自《政教简报》2003年第3期）

人生随感

出生正逢困难时①
成长偏遇动乱年②
几经科考未及第
起早贪黑在乡间

难忘初聘当民办
厨师、民工、打字员
历史嗜好几近"痴"
幸得恩师③同推荐

悠悠岁月三十载
"口里"④ 创业步维艰
"三三教学"⑤ 结硕果

---

① 出生于1959—1962年。
② "文化大革命时期"（1966—1976年）。
③ 唐仲禹，高中历史老师，天津市人。赵三再，高中语文兼历史老师，山西忻州市人。
④ 泛指长城以内的山西、河北北部地区。书中指晋西北一带。
⑤ 阅读历史教科书必经的三个步骤和三个中心环节。

教育之花春满园

孤身一人闯“口外”
蓦然回首已中年
同学、好友难相会
谁知相落向何边

写于2009年初冬于鄂尔多斯

班主任：从管理者到指导者[①]

班主任是学校中全面负责班级工作的教师，是学生班集体教育者、组织者和指导者。然而，当我们重视并突出班级的组织特点，遵循组织管理的一般原理，按照科层组织的实践模式来落实班级教育时，班主任的角色就很容易被转化为“管理者”。那么，班主任如何才能成为真正的指导者，全面有效地履行其指导职能呢?

首先，确立面向全体学生和实施主体教育的核心观念。这也正是班主任由管理者转向指导者时首先应当确立的基本观念。经过多年的实践，我首先提出了构建开放型班团运作机制的设想（参见下图）：

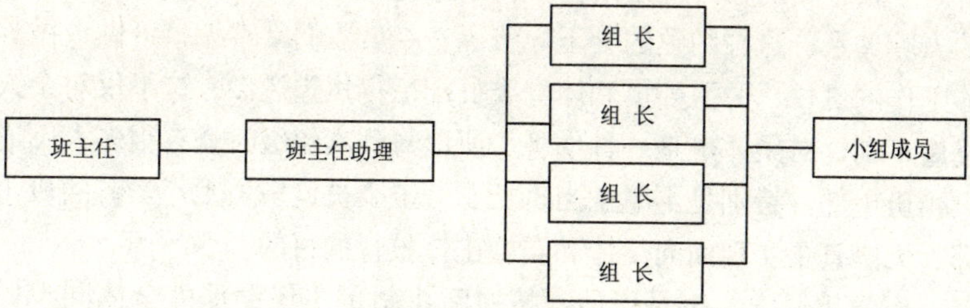

图一　新式机制

① 全国教育科学"十五"规划国家级重点课题“整体建构学校德育体系深化研究与推广实验”结题成果。

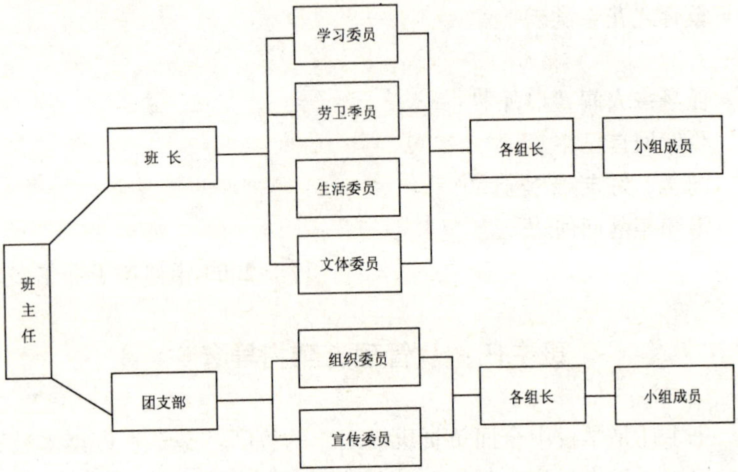

图二　旧式机制

通过对以上两种不同机制的对照发现：旧式班团运作模式管理层级关系复杂，总是难以消除层级关系间的种种摩擦。绝大多数的学生不能跟班主任或班干部充分地对话，只能处于一种被管理地位，根本无法实践自己的想法、施展自己的才华。

这种管理体制分工过细，在班级中设置名目繁多的“官”，其中有一个很重要的目的就是给更多的学生以鼓励。有时候是为平衡复杂的人际关系。这种细致的分工导致了“委员”们常常无事可做，做具体工作的班长、劳卫委员和体育委员却忙得焦头烂额。这不仅对个人发展不利，对集体也是一种伤害。所以每到高年级时就有很多人不愿意当班干部，特别是不愿意当班长、劳卫委员这一类工作辛苦的班干部。无法真正实现面向全体和实施主体教育的目的。

新学年开学一个月以后，按照新机制班主任助理由全体同学民主选举产生，组长由各组民主选举产生。实行值周制度，班主任助理全面负责班级事务，协助组长做好值周工作，每周向班主任汇报一次。组长负责值周工作，提早一周把工作安排好。每位同学都分到一些具体工作（组长和班主任助理也不例外）。值周组组长负责在班会课上做总结汇报，由其余小组（本组除外）民主评议。

管理系统不同于生物系统，结构越是简单，越具开放性；越有开放性也就越能发挥个体的主动性和创造性，越有效率。

其次，养成关爱、公正等品质，建立关爱——公正的教育模式。无论是对教育经典的阐释，还是对莘莘学子的褒扬都以关爱、公正等品质来说明教师的良好素质，称赞教师的人格魅力。一些来自农村的学生因家境贫困，每学期开学时都很难凑齐学费，为此我就帮助他们在假期找活干，还不止一次到工地，鼓励他们一定要干下去……有一位学生为了少花钱，早上只买两个馒头吃，有时甚至连咸菜都没有，因体质差她在一次活动中造成骨折，我和同学们一起为她捐款，看望她并让同学们定期为她补课。这位学生在 **2005** 年以 **574** 分的好成绩被西北师范大学录取。**95** 届一位考上大学的学生在给我的信中写道：只有集高度的科学智慧与职业宗教般神圣的道德情感（艺术）于一身的人，才能成为真正的成功的塑造者；只有既真心实意地搞教育，又有足够能力搞教育的人，才是纯粹的教育者。说到这儿，突然意识到，教师与教育者之间是有差别的，通常说的教师仅指一些教书的人，而只有那些达到爱与智统一的教师才够得上“教育者”这一称谓……

作为班主任，在班级教育教学过程中也会和学生直接或间接涉及“钱”的问题。这时我谨记奉行“人亲钱不亲，钱清人才亲”这一社会交往的普遍规则，因为学生普遍对“钱”比较敏感，教师对“钱”的表现就会对他们产生远大于言传身教的作用，再则“金钱观”是学生重要的道德基础，它与学生的价值观、人生观有必然的联系，从而直接影响学生立身处世的方向、原则。因此，在与学生（包括学生向老师借款）交往中，我建了一本现金往来明细账，每到学期结束，都进行结算并公布于众，使学生底清数明。教育大家踏踏实实做事、清清白白做人。

班主任要想对每位学生的成长确实有所启发、有所引导，就必须做到尊重、关心他们，理解、体谅他们，信任、接纳他们，以关爱之情、公正之心去感染、感化他们，逐渐建立起一种体现关爱——公正精神的教育模式。

再次，增进师生之间的主体互助，促进学生的自主发展。

学生的自主发展，有赖于对学生主体性的尊重和发挥，而学生主体性的尊重和发挥又有赖于师生之间、学生之间的主体互助，即双方通过真实的交往（与角色扮演式的交往相对应）过程而产生的相互作用。一方面，我通过创设教育情境、营造人际氛围，实现师生之间在教育交往中的主体对话。其主要方式是：多年来一直在班内坚持师生共同写好接力日记、办好手抄小报、记好班级日志等。有一位学生曾在接力日记中写道：在不知不觉中半个学期又过去了，我第二次拿起接力日记本时，它给我的感觉是又变厚了好多，打开里面看到它已满载着同学们的“成长足迹”。每位同学的内心世界都是那么丰富多彩，所以我也准备敞开自己的内心世界与大家倾心相谈……虽然毕业了的学生一届又一届，但这个接力日记我一直在和新来的学生在续写着……就连我家上初一的小侄女看后也写道：为这种教育人的方法而感到震撼。也加入了续写接力日记的行列。

高三没有高一的纯真，没有高二的无聊，高三的生活是枯燥、沉闷和压抑的。“闻鸡起舞”还要“焚膏继晷”，这样艰辛的付出有时并不能得到相应的收获。况且高三的考试多如牛毛，难免会阴沟里面翻大船，心态失衡在所难免，移情别“恋”屡屡发生。从进入高三的第一天起，我就给每一位学生建立了《高三档案》，让同学们写下自己的心语、崇高理想和奋斗的目标。居里夫人说过：如果能追随理想而生活，本着正直、自由的精神，勇往直前的毅力，诚实不自欺的思想而行——定能臻于至美至善的境地。从对每一次考试成绩的记载与分析到每一次班会交流，尽可能地让学生们能够有所悟、有所得，在为时不多的日子里，让大家整好行囊、蓄势待发，记录好高三走过的每一步。到了临考前的几个月，由于复习紧张，教室里的卫生不能很好地保持干净，我召集了班干部开会。是否能改变一下现状？第二天早晨到校一看，同学们又出新招了，在卫生工具存放处，工工整整写着：物以类聚，人以德行。再一看放垃圾箱的地方也写着几行字，有“瓶瓶罐罐俱乐部”，“我饿了，快快喂喂我吧！”等。尽管临考前学习任务重，教室卫生反而保持得更好。在今年的高考中同学们取得了较好成绩，本科达线者**56**人。在一位学生的来信中写道：“我说在高三能遇到您真是‘幸运’，是发自心底的；这种感觉不能随时间淡漠，反倒越来越真切，而那幸运不能说是幸运了一年、幸运了十二个月，而是一生的幸运……”每当送走一届学生时，总会收到他们的一些来信，我就把这几万字的信件整理出来，让新的学生共勉。

此外，我从不放过学校组织的每次活动，如运动会、新生入学时的军训等，常与学生们一起确立组织目标、拟定活动计划、创设活动情境、体验活动乐趣，令师生之间、同学之间在教育活动中主体交融，从而达到教育的目的。在“接力日记”中有一位学生写道：“新年来临之际，学校组织了拔河大赛，对此我并不感兴趣。‘加油，××班！’周围的同学异口同声地喊起来。也许出于好奇吧，我偷偷地向对方队伍看去，对方正处于强弓末橹之间，我们的队员当然也表现出力不从心的样子。事后我们的队员战胜了对方，使我不由得敬佩起这些同学来，他们能以惊人的毅力战胜对方，为什么自己在学习上就不能像他们那样呢?”正是在这种主体的活动、对话的情境和交融的氛围中，班主任能更好地了解学生、理解学生、关心学生，其指导才能真正切合具体的人、具体的事、具体的教育情境。也只有这样，学生才能够在班主任的指引下不断增强解决问题的勇气和信心，努力探索自主发展的具体路径。

最后，把握人际沟通与互动的基本技能和方法，提高指导工作的艺术性。真正的指导必须建立在有效的人际沟通与互动基础之上，班级指导自然也不例外。具体来说班主任应做到以下几个方面：（1）悉心观察。在日常的学习交往中，直接或间接地观察学生经意或不经意的外在的言行举止和神态表现，读懂他们在一定社会背景下的所欲、所思、所为。（2）耐心倾听。懂得倾听，既是一种受人尊重的品质，也是人际沟通与互动的基本要求。在班级指导中角色的不对等和信息的不对称，更需要班主任做一个倾听者，提供一个适当的场景，创造良好的氛围，让学生有时间、有心情去陈述，去解释，去表现。(3) 及时反馈。无论是直接的对话，还是间接的联系，班主任对学生所提供的各种信息都要在作出辨别和分析后，根据具体的情境予以及时反馈。反馈不在于简单的肯定或否定、表扬或批评、赞赏或惩罚，而在于激励和行为指导。(4) 设身处地。行之有效的及时反馈，建立在对学生的尊重和理解的基础之上。在班级指导中，班主任要尽可能地站在学生的立场上，感受他们的处境，体会他们的心情，由此而理解他们的态度、情感和观念，分析他们如此表现的原因，以及预测他们在某些状态下的心理反应和行为方式，从而提供切实可行的指导。

参考书目

1. 田丽霞：《田丽霞班主任工作法》，河北教育出版社。

2. 刘正荣：《一线班主任工作法》，知识产权出版社。

3. 《班主任之友》，2003 年第 3 期、第 4 期（总第 218 期、219 期）。

4. 全国教育科学"十五"规划国家级重点课题"《整体构建德育体系 深化研究与推广实验》"结题成果（第二届德育研讨会论文汇编）

5. 《中国教育报》（教育科学版），2003 年 4 月 19 日第 277 期。

为人师表，体会教育真谛①

尊敬的各位领导、敬爱的老师：

大家好！

金秋送爽，佳果飘香，在这喜庆祥和的美好时刻，我们共同迎

① 2009 年 9 月 10 日在内蒙古鄂尔多斯市第三中学庆祝第二十五个全国教师节大会上的讲话。

来了第25个教师节。能在这样一个特别的日子里，作为教师代表发言，我深感十分荣幸，心情也特别地激动。

在这里我用最真挚的心，祝老师们节日快乐、工作顺利！

选择教师这一职业，我无怨无悔。记得童年时代，我最敬佩的人是老师。用笔耕耘；用语言播种；用汗水浇灌；用心血滋润。今天我也成为一名教师，我明白了教好书，是我的天职；育好人，是我追求的目标！

回首从教20多年所走过的路程，我深深感到肩上的责任非同寻常，处处严格要求自己，从不敢怠慢。在思想上处处以师德来规范自己的言行，以教书育人为己任；在业务上我更是勤勤恳恳、敢于创新、扎扎实实地前行，从不放过一切学习的机会，因材施教，不断将新的教学方法、新的教学理念应用于课堂教学。

期间，我也有过年轻跃动的激情，有过浅尝甘霖的欣喜，有过屡遭挫折的痛楚，也有过无休止的思虑。是学生们的进步，给了我快乐；是同志们的微笑，给了我鼓励；是学校领导的肯定，给了我力量；是家人的支持，给了我信心；是家长们的信任，给了我旺盛的斗志，让我勇敢地去战胜一切困难，去体会教育的真谛，去感受工作的乐趣。

在过去的日子里，我用自己的良心和责任实践着我的诺言：为人师表、爱岗敬业，努力成为一名人民满意的教师。今天我仍将继续努力，积极进取，不断创新。我将以身立教，做崇高师德的力行者。

“有前进的车轮，就有坦荡的大道，有攀登的足迹，就有闪光的目标”。作为“三中”人，我们将向更高的目标攀登，我们也坚信三中的明天，在上级主管部门的领导下，在全社会的关心与支持下，在我们全体师生的共同努力下，必将更加灿烂辉煌！

最后我再次祝老师们节日快乐、永远年轻！祝三中的学子学业有成！

2009年9月10日

桃李满园用心栽

自1988年以来，我一直担任班主任工作。这一工作琐细而繁重，事无巨细、点点滴滴，班主任都得操心。但是我认识到，对家长，我们代表学校，肩上扛着责任；对学生，我们代表家长，双手履行义务。我不可能做出惊天动地的业绩，但我可以为教好学生付出一颗爱心，为孩子们的健康成长做出我的贡献。从事班主任工作20多年，我始终以“实”和“爱”作为自己行事待人的准则，以实实在在、扎扎实实的严谨作风和热忱，在细腻之中实践着一个普通教育工作者对教育事业的崇高责任。

一、爱心、细心加耐心，成为学生的良师益友

在班级管理中，我和学生们共同拟订了“制度明、学风浓、人心齐、环境美”的班训，并以之作为我们的行动准则和奋斗宗旨。制度明，就是制定合理的规章制度，做到纪律严明、奖惩分明。我较好地处理了管理中严与宽、管与放的关系，做到严而不冷、宽而纵、严宽适度、严慈相济，收到了良好的教育效果。我不满足于做一个出色的“管家”或“保姆”，而是着重培养学生的创造性、独立性，抓好班干部队伍建设，充分发挥学生在教育管理中的主体作用，授权负责，分层管理，树立“我是班级一员，我为班级做贡献”的观念。这样管、放结合，不仅发展了班级，发展了自己，也发展了学生。工作中努力做到事先预防，及时找学生谈话，与家长联系取得配合，与学生一起探讨如何处理好学习与爱好的关系。所教的学生多次取得了优异的成绩，而且在日常学习生活中表现出色。

二、痴心、热心加信心，成为学生的楷模

我在教学中，为了使学生爱学、乐学，根据自己所教历史学科的特殊性，充分利用多媒体教学手段，形象、直观而又具体的再现历史中的人和事，让大家置身于特定的情境之中去体会、去感受。

同学们高兴地说："喜欢上窦老师的课!"还有许多其他班的学生说："窦老师，你要是教我们就好了。"对于老师而言，还有什么可胜过学生的认可与夸奖呢？为了不断提高自己的教学水平，我多次参加了假期培训，不断丰富教学知识和拓宽教育视野，教改理论和实践都得到不同程度的提高。

三、科学的方法是做好班主任工作的关键。

结合自己的教学实践，不断地归纳、总结，我终于找到一个比较有效的治班方案。

1. 配好班干部。通过竞选产生班干部，并实行任期制和聘任制，制订责任目标，调动学生学习和工作的积极性。

2. 建立日常家访制度。每学期对每个学生进行两次家访，定期召开家长座谈会，取得家长的配合。

3. 经常和任课教师联系。多和任课教师沟通，交换意见，既全面了解学生的情况，又得到他们的协助，有利于班级管理。

4. 树立学生典型，建立德育档案。树立典型，有利于学生把对伟人、名人的敬仰转化到实际学习生活中，因为典型就是身边的人、身边的事，看得见，摸得着。

5. 不断提高自身素质。教育是一门科学，科学的意义在于求真。光有热情是不够的，只有不断学习，提高自身素质，才能适应新形势下的班主任工作。

管好一个班级，仅靠一个人的力量是不行的。我很注意与其他任课老师搞好配合，建立定期召开任课老师的座谈会。在座谈会上，我积极听取其他老师的意见，并详细记录，为自己搞好班级工作做参考。我能够自觉遵守教师道德职业规范，廉洁从教，不以教谋私，在工作中从不优亲厚友，对待每一位学生就像自己的孩子一样。从不向学生家长提出有损教师形象的要求。在学校和社会上的反映很好。班级管理中只要班主任用心，一定会培养出好学生，带出一个好班级。

"捧着一颗心来，不带半根草去"。我用心耕耘，把无私的爱撒向每一位学生，赢得了学生的信任和喜爱。在教学上成绩显著：2006年高考达本科线者为56人；2009年达本科线者62人；今年学校高一年级在全市统考中列入前十名，我班占了7人……成绩意味着过去，展望未来则任重而道远。我将继续认真贯彻党的教育方针，忠诚人民的教育事业，求真务实，开拓创新，无私奉献。我相信在自己的不断努力与探索下，我的工作也会越做越出色！

2010年9月8日

（选自“和谐德育研究与实验”先进学校班主任研讨会经验交流材料）

在历史教学中如何实现新课标情感、态度和价值观的目标

一、不断提升教师自身的素养和人格魅力

作为一位从事30多年历史教学的中学教师，面对新一轮课改确实有一些无所适从。传统的五大社会形态学说、阶级斗争学说等知识已不能满足教学要求，因此教师必须及时更新自己的知识结构，真正领会新课标的精神实质，摆脱传统教育中人文教育在某些方面的先天缺陷，坚定自己的信念，通过学习不断丰富正确的、与时俱进的情感态度与价值观。同时也要不断提升自己的人格魅力。学高为师，身正为范，教师高尚的人格、健康的品行会成为学生学习的榜样。

我们要与学生建立民主、平等的师生关系，师生之间相互学习，共同进步。只有在宽松的环境和民主的氛围中进行教学，才能使师生双方的思维得到充分的发挥。学生犯了错误或者批评了教师的观点，需要我们用宽大的胸怀去包容与理解他们。

通过师生共同的教与学，构建起最佳的教学情境。我们要注意发掘历史知识中蕴藏着的丰富的情感素材，做到对学生“晓之以理，动之以情”。例如，讲四大发明时，如数家珍；讲黄海大战时，声泪俱下；讲南京大屠杀时，义愤填膺；讲尼克松访华时，绘声绘

色……这样的事例，只要教师在讲述时，有声有色、有事有理，讲出教师自己的真切感受，饱含激情，学生不仅爱听，而且会印象深刻。

情感是师生关系的连接点，师生间情感融洽，能更好地诱发学生的主体参与意识。教师要用情去感动、内化学生，唤起学生情感上的共鸣，达到心领神会的交融。

二、充分挖掘教材中的情感因素和人文因素

中学历史教材中蕴含着丰富的情感和人文素材，但以往我们对这些素材的使用带有很大的随意性，影响了历史教学中独特教育功能的充分发挥。新课程是在用文明演进史观、现代化史观、全球史观来考察人类社会的发展历程等指导下编写的，运用教材中的这些基本素材对学生进行爱国主义教育、民族传统美德教育、民族团结教育等，使学生们在潜移默化中受到爱国主义教育，坚定热爱党、热爱社会主义的信心。例如，在“中国军民维护国家主权的斗争”一节，补充了“台湾人民反抗日本殖民统治的斗争”这一内容，使学生进一步理解维护国家主权对中华民族的重要性，形成“国家兴亡、匹夫有责”的历史使命感和社会责任感；在“新兴力量的崛起”一节中，列举了日本在“二战”前后经济发展的一系列数据对比，让学生进一步思考日本经济发展的原因，提高振兴中国的历史责任感……新课程教材中这样的例子有很多，只要我们认真钻研教材，时时把“三维目标”有机结合起来，就会让这些珍珠焕发出光彩。

除了直接从教材中找到这些资料以外，我们还能够从大量的历史知识中挖掘情感因素。例如，我在讲授“中国古代的经济政策”这一内容时，设计了三个启示类的问题，在讲重农抑商的政策后，引导学生分析农业、手工业、商业三者之间的关系，进而得出“要树立农、工、商协调发展的科学发展观”这一结论；讲“海禁”、闭关锁国政策后，使学生认识到全球化环境下改革开放的重要性；最后让学生畅谈对中国古代“禁奢侈、倡节俭”这一政策的认识，许多学生谈到这一政策对当今社会的和谐与进步的重要性，增强了对中华民族传统美德的热爱之情。历史教材中到处有“情”，课程标准和教学参考中也明确要用“情”教育，需要我们努力寻找和思考。

三、用比较法调动学生情感，树立正确的价值观

人们常说，认识问题最好的方法之一就是比较法。挑选恰当、鲜明、可比性强的内容进行比较，不仅可以吸引学生的注意力，点燃学生的灵感火花，使他们主动参与，而且可通过引导学生的思维活动，促使学生积极学习，以达到提高记忆力、发展智力的目的。如通过对商鞅与张居正这两位古代改革家的比较，我们会认识到，要成就事业，必须要有坚韧不拔的毅力和大刀阔斧的精神；通过对中国洋务运动、穆罕穆德·阿里改革与1861年俄国农奴制改革的比较，认识到在不触动封建统治基础的前提下，不可能走上近代化的道路；通过对日本明治维新与中国戊戌变法的比较我们认识到，改革要想取得成功必须拥有一个高水平的领导集团，有一个掌握实权的最高统治者，充分吸收外来先进文明，不失时机地发展自己，抓住根本大力发展教育、培养人才，注重民生问题的解决，顺应形势的发展，改革者还必须具有一定的魄力和顽强的意志等；通过对司马迁和司马光两位伟大的史学家编撰史书的情况的比较，我们要学习他们的严谨、勤奋的治学精神，树立正确的学习态度和价值观；通过对玄奘与鉴真事迹的比较，我们看到了不畏艰险的献身精神、坚持不懈的执著精神、百折不挠的进取精神和友好交往的国际主义精神等早已融进中华民族意识形态之中，成为民族精神和文化的重要组成部分。

四、以开展多种活动的方式，实现新课标的情感、态度及价值观目标

开展课外活动，有利于学生培养学习兴趣、开阔视野、发展能力，有利于实现新课标情感、态度和价值观的目标。结合教材内容，进一步激发学生们对家乡、对祖国、对党和社会主义的热爱之

情；组建学生合唱团，合唱历史歌曲，如《毕业歌》、《游击队之歌》、《长征组歌》等，在一些集体场合，如远足活动、运动会、军训等中表演。利用课外时间还组织学生制作一些简单的历史教具，如长征路线图、北伐战争形势图、党旗、国旗、国徽……既丰富了学习生活，又增强了学习历史的兴趣，有助于学生深刻理解历史、增进民族自豪感和爱国主义思想。类似“开心辞典”、“幸运52”的知识竞赛，也能增强学生学习的积极性和主动性，从而实现新课标中学生情感、态度及价值观的目标培养。

总之，新课标要求历史教师在历史教学中突破以往单纯政治教育的层面，注重人文素养和科学精神的培养，把历史教育的社会教育功能与人的发展教育功能结合起来，即注重情感态度与价值观的教育。然而，情感态度价值观教育一直未引起人们普遍而足够的重视，归纳其中的原因，最直接的就是对教学中的情感态度价值观因素的操纵、调控缺乏具体的指导。因此，要想使这一问题得到较好的解决，仍需要我们在长期的教育教学过程中不断地深入探究。

2010年6月10日

（选自普通高中新课程标准《试教动态》2期，历史暑期培训专辑，山西省普通高中新课程标准试验指导组）

参考书目：

1.《普通高中历史新课程标准（实验）》，人民教育出版社2003年版。

2.《新课程评价》，首都师范大学出版社2004年版。

3.《中学历史教学》，2003年第6期。

4. 教育部课程教材研究所、中国教育学会教育学分会课程专业委员会编：《普通高中新课程解析》，人民教育出版社。

路在前方

听了您的那节课——《路在前方》，我更加坚定了自己的信念。以前，我迷路了，走得很痛苦，但现在升入高三，我的路走得很踏实。我很喜欢您那些做人的道理："做一个真正的人，一定要走出去，努力并要坚持。"这是您教育人的方法。我愿意接受您的方法，我是一个不善于语言表达的人，借此机会，我把我的心里话写给您——一位真正的老师。

我们生活在一个三维空间中，我得适应环境，可是我现在还不适应目前的环境。记得四年级时，老师问我"长大干什么"，我说"上大学，挣大钱"。结果，我被批评了。从那以后，我再也没有什么想法了。上了初中，老师问我"读书是为了什么"，我大声说"为了生存"。我又被老师小看。现在，我认识到做人很难。那时，我力量小，如果是现在我会和老师辩论的，哪怕直到我理屈词穷。

我很高兴，您说学习要有目标，我的目标是做我最爱做的事，我爱音乐。我以前把很多机会错过了，现在要抓住每一个机会。我想明年考不上艺术学校，就到外面一边打工，一边学音乐。不管有多苦多累，我都愿意，因为这是做我喜爱的事。

唐小龙

唐小龙，活泼好动，文化课基础较差。学习积极性一度不高。后来根据他自己的喜好，选择学习声乐。经过不断努力，2000 年被太原师范学院声乐专业录取。

新来的老师

黄沙漫漫，怀着一颗教育孩子的赤子忠心，他从黄土高原跨过黄河，来到内蒙古鄂尔多斯。虽年近五十，但壮心不已，他在这里扬帆起程……

——历史老师记

2003年7月的一天，在鄂尔多斯市三中高考补习班，一位老师在课堂上时而高谈阔论，滔滔不绝；时而幽默风趣，发人深省；时而以中贯西；时而以西释中。在座的人如沐春风，听得如痴如醉。

他就是新来的历史老师窦根锁。

他所授的历史课，给人们带来了关于“自我认识历史”的新体验，他讲的历史是科学的历史。他有的教学理论和思维方式，值得人们去学习。

他能把一般理论运用到历史的研究当中，把大事喻于小事之中，把枯燥无味的历史生活化、趣味化，特别是能从细小的历史现象中找出普遍规律。他的思维具有前瞻性，能让人真切感觉到时代前进的脉搏。他提倡“终身教育”、“不断革命论”并将之付诸教学中。

他探究式的教学，能抓住重点、激活人们的思维细胞，让人的认识水平不断提高。他在教学上力求创新、独具一格。他观察问题深刻、透彻，分析问题精辟、独到，揭露矛盾尖锐、泼辣，表现出他的较高的思想水平风格。

他教给人们的不只是知识，而是方法、能力和规律，让人学会领悟、学会思考，让人的思想不会停滞、永远向前。他提倡发散思维。这是一种很符合逻辑的思维方式，有利于让学生达到历史学科本身所要求的目标。

我们的历史老师品德高尚、博学笃思、不苟言笑、思维敏捷、研究精深，可称得上“在线名师”。

我遇见他，三生有幸，一定会前途无量……

梅岭

梅岭，是我来到鄂尔多斯三中任教后所教的第一届学生（复读生），由于英语基础较差，导致学习积极性不高。但他偏好历史这门学科，在2005年的高考中取得了247分的好成绩，被内蒙古呼伦贝尔学院录取。

心　得

两年的高中生活一闪而过，我常常低下头来问自己学会了什么。一句话，一知半解。说学也学过，但学得不扎实。过去的岁月没珍惜，现在只有叹息和无奈，但是又匆匆忙忙地走入高三的学习中。我曾有过打算，但大都由于种种原因耽误了。高三序幕已经拉开，但我的目标还是不明确。

我不是一个差生，但也称不上是个优秀学生，我的文化素养不够高，但是我又不甘落后。不知那一位名人曾说过“一个人一生中最大的智慧就是认识自己”，确实亦然，如果一个人连自身的客观条件都看不清，如何能考大学甚至走上满意的工作岗位呢？平时也许我在学习上花了很多时间，别人休息时我仍在学习，但总觉得还缺少什么。

“不想当将军的士兵不是好士兵”。我何曾不想上大学？也许我付出了许多，但是我只是一味地学，根本不知如何规划自己的学习。在这节课之前，我的脑中一片模糊，觉得一切就是这样，但是，当我听了这节课后，心情很不平静，我相信从此以后，我不会无目标地学下去，虽然没有宏伟的远大目标，但我会踏踏实实地、随时随地检查和对照自己。

窦老师，您曾经说过“送方法给学生，播希望于明天”。我觉得这话说得很好。有些老师只能教给学生书本知识，对于如何求知、如何做人等问题很少涉及，有时涉及一点，也只是被迫而已，但又觉得是浪费时间。但是，如果同学们懂得了做人的道理、求知的方法，那么我们一定会明确现阶段的主要任务，一定会在思想上、行动上和学习上去践行，我们就会积极主动做人、求学。这样岂不节约更多的时间吗？

窦老师，您有一颗如此伟大的仁爱心，我作为您的学生感到自豪。前一段时间，我为选择文科而后悔，看着高考榜上可怜巴巴的十几名文科生，心想明年我们也一定是高考的落榜者，因为文科生太难考大学了。

但是，现在我改变了那种错误的看法。其实，世界上没有一件事情是容易的，我们应客观地看待环境，后悔又有啥用，还不如用这种心理去促进自己的学习，变成学习的动力。

王虹虹（太原理工大学）

听君一席话，胜读十年书

当听完您的专题讲座时，我才感到自己原来缺乏很多知识，一直认为上学就是为了考大学，是想念大学才上学，但具体方向一片迷惘。总认为老师是长辈，与学生绝对不可以平等，更别说去交朋友；总认为老师没教的东西不在我们学的范围内；总认为学生应该百分之百地听老师的话——就这样成为一个“收听器”。听了您的话才知道我们不应该是“收听器”。在课堂上，我们应该是演员，老师是导演，所以学习的主人是我们，我们不仅要学习好，更要会学习；不仅要学知识，更要学会做人。

一方面，我们要有合理的生活态度，那就是不怕失败，有积极向上的进取精神。当我们有条件成功时，绝不放弃成功的机会，也正像您所说的“凡是享受光明的人，就不会让它熄灭”。坚定地走向成功，但成功如愿以后，那也只能代表过去，在成功的基础上，站得更高，望得更远。要继续上进，绝不自满，直到自己的能力达到极限。当我们不幸失败时，要重新确立新的目标，不要自卑自弃、怨天尤人。歌德说：“你若失去了财产——你只失去了一点；你若失去了荣誉——你就失去了许多；你若失去了勇敢和自信——你就把一切都失去了!”因此，我们失败后所欠缺的是毅力与勇气，而不是气力与赌气，只要我们有决心，我们就已成功了一半，而只有一时的勇气是不行的，一定要坚持到底，因为“赛跑的人失败，往往是失败在最后几步”，要想成功，最后几步尤为重要。

我们要学会宽容现实，接受现实。对我们来说，考不上大学是一种遗憾，是一场悲剧，可人生所有的悲剧不都是在展现遗憾吗？每个人的一生中，或多或少都会有遗憾，但人人又都有希望、有理想，理想来源于现实却又高于现实。正因为如此，现实的人才会在理想的门外久久徘徊，流连忘返。也许有人至死都没有叩开理想的大门，不过只要我们追求过、奋斗过，就会无愧于人生。一生何求？只求不负自己，不负心！

让我们的生命进入一种极限追求的辉煌状态吧！尽管不是所有的播种都能鲜花绽开，倘若件件事都尽美尽善，自然我们就没有希望和追求，也没有努力和奋斗的决心了。我们不否认失败历练人的品格，相反我们也更应该承认，遗憾乃是人生的一种必然。

我们要看清形势，抓住机遇，发展自己。

柳海青（西安翻译学院）

成功秘诀

一个倒数第二名的学生能考上大学，我为之震惊。对于以往的我，我不想说什么，我此时只想高喊：“从今以后，我也将拥有一个我自己的人生和目标，树立坚定的人生信念，不怕一切艰难困苦，努力奋斗”。我坚信“大学的门为我敞开”，我更想让更多的学生知道成功的秘诀所在，因此作此文。

如果说成功有秘诀，那就是毅力，这是听老师讲这一节课后我深深感悟到的。

第一，人的一生是自我塑造、自我完善的一生，因此成功与否要看是否有一个好的、适当的目标，有了目标就有了奋斗的方向，行动便有了依据，同时还能激励人们的斗志，开发人们的潜能。如运动员王军霞，她的人生目标是拿世界冠军，正是这个理想激发了她不断超越自己的激情，才使她在平日单调、枯燥的训练中不畏艰辛，不被困难压倒，在1996年亚特兰大奥运会上再创辉煌，一举夺得了女子10000米的桂冠。目标一旦确定，就要矢志不移，切不要朝三暮四、游移不定，目标是成功的先决条件。

第二，要有种坚定不移、奋斗不止的信念，这种信念不是缥缈的、虚假的，而是一个人内心的真实反映。著名思想家威杰尔说过："人们之所以能够完成一些看起来似乎不能完成的事业，是因为一开始就相信自己能够做到。"今天我才真正懂得了此言的真谛，懂得了选择积极、坚定的人生信念是获取成功的内在驱动力和精神支柱。美国软件开发公司的创始人比尔·盖茨就是这样一个有胆识的人。他在创业之初，就对自己的人生目标充满信心，若不然他怎么会在大学没有念完就退学而去创业呢！可见这信念的威力所在。信念也是存在于人脑中的一种特殊意念，有了它，你就会为你的人生目标而奋斗。树立信念似乎是一种抽象的构架，但信念是可以被感觉和认识的。有了它，会使你处于一种积极的心境之中，在这种情况下，你的潜能就会得到充分的挖掘。

第三，在人生的道路上，通往成功的路有许多，正所谓条条道路通罗马，但在前行的过程中，不可能总是坦途，也会有崎岖不平的泥泞，因此前行中勤奋也是不可少的。任何一项成果的获得，任何一种幸福的获得，大多始于勤。

第四，逆境出人才。天有不测风云，人有旦夕祸福。人生的路上并不总是一帆风顺，有洒满阳光、充满诗意的时候，也有荆棘丛生、坎坷不平的时候，一时的逆境是不可避免的。然而，逆境并不可怕，关键是当你面临逆境时，采取什么样的态度，才是至关重要的。意志薄弱者往往只看到对自己不利的一面，从而一蹶不振；而意志坚强者则会视逆境为挑战，想方设法去突破逆境，寻找成功的机遇。

我总结成功的秘诀是毅力，是一种永不停步、追求向上的精神动力。

李文俊（太原师范学院）

托起明天的太阳

我曾经为自己的基础差而感到自卑，沉重的心理负担一直压抑着我。听了窦老师的讲座后，我学习的积极性提高了。事物是运动和发展的，不能停下来，你学习的时候别人也在学，倘若为自己的缺点而伤心，不如去努力。

“我曾是一个倒数第二名的学生，文科班接纳了我后，我奋发努力，一丝不苟地学习，最终考上了大学。”由此看来，是否能取得好成绩不在于基础好坏，而在于自己的学习态度如何。

端正自己的学习态度，重树自信，为开创美好的明天而努力！

杜新华（忻州师范学院）

找回自信

那一节课，您教给了我们很多道理，如何学好、如何做人、如何对待自己的自卑心理……听后，我想了许多。

我们现在在做人方面存在很多问题，如同学之间的关系、同学与老师的关系中免不了些摩擦，我们要看开一些，要用宽容的心理去对待。同学之间要互相理解。与老师应像朋友一样交往，可是我不知该如何交往才能像朋友一样，也许是认为老师是难以接近的心理在作怪吧。

一个人只要存在自卑心，是很难成功的。我觉得我就是这样，不管任何时候都很自卑，也许是没有感受过成功的滋味。您说自信是在鼓励中产生的，我希望自己变得自信一些，可是我总是做不到，也许是自认为不行，也许是鼓励太少，自卑心理的存在是我前行的障碍，同学们也说我很自卑。您在那节课上谈了如何克服自卑心理——勇敢地表现自己，勇敢地去做自己想做的事。课后，我就决心要像您所说的那样去做。只要给我时间，我就会赢得一切！

窦老师您教了我们许多做人的道理，这是其他任何老师不曾有的，我很敬佩您。我希望您以后多给我们上这样的课，我们定会受益匪浅，走好自己的人生道路。

谭心

摧伤虽多意越厉，直与天地争春回

星期三下午，最后一节课是班会课，窦老师给我们上了一堂关于理想与现实的别开生面的专题讲座。他那一番生动而又诙谐的语言如微风般拨动着我们的心弦，我稚嫩的心扉被轻轻拂开，像久渴的大地下了一场及时雨，受益匪浅。

老师的一番话，像一把利剑刺向了我脆弱的筋骨，更加使我对以前的学习深感内疚，我感到空虚、无助。黑黑的夜晚我摸索着，路在何方？这时是您用一盏明灯帮助迷失路途的我找到了家门。您讲了好多关于女学生怀着远大志向走出去的例子，您说："走出去，走得越远，世界离你越近；走得越近，世界离你越远。"您要我们趁早远行，立即动身……我有一种不屈不挠的意志与决心，却不如一个女子。人们常说：没有理想的人，他的人生是不完美的人生。而我就是没有理想的人，常常是做事凭一时的兴致，见异思迁，对什么都感兴趣。看到有人投稿，我羡慕，就想当作家；看到腰缠万贯的商人，我便想当一名在商品大潮中出人头地、呼风唤雨的商人……想做的事做也做不完，而自己却没有选择真正喜欢的一件事去认真做。

这样下去在将来的竞争中我必败无疑。现在我应该倾心投入学习，为自己的理想奋斗。女孩子都争做女强人，而我男强人也不做了，还是做个“男超人”。

我要牢记您的教诲：“真心求学、实意做事、正直做人”。

温暖

再塑人生

窦老师，昨天您讲的两节教育课，虽然仅是那么短短的几十分钟，却给我们传授了许多知识，尤其是您的谆谆教导，拨动了我的心弦。您教给了我们做人的道理，并给我们指明了以后的生活道路，让我掌握住这个方向盘，驾驶着这辆原先不知方向的快车向前驶去……

生活好比是一本书，只有封面和封底是别人设计的，而里面的每一页都是你用汗水和鲜血换来的，如果不去奋斗，内容将是一片空白。窦老师，基于我们的现状，虽然不是太好，但是我们可以去奋斗。为什么那个“弱女子”有如此的意志，而我们却没有呢？我不相信！

“生活就是生活，明明白白、真真切切，是绝非用花言巧语和假冒伪劣所能掩盖的。”这是我的座右铭，写在我床头边，也写在了我的心坎上。

我们需要再塑人生。再塑一个人生，需要坚定的毅力和信心，需要坚韧不拔、锲而不舍的求学精神；再塑一个人生，需要树立起一个正确而又坚定的信念。只有把这几方面结合起来，并付诸行动，这才是一种伟大。

谢谢您，窦老师！您犹如一盏明灯给我在黑暗中指明了方向，学生将永远铭记！

1999年10月10日晚

范秀梅（山西雁北师范学院）

选择目标

一个人在奋斗的一生中，选择一个确切的目标很重要。这就像在黑暗的海面上航行着的一只船前面有座明亮的航标灯一样，照亮着大海，指引着我们前进的方向；否则，我们便如一只无头苍蝇，乱碰乱撞。

怎样选择目标呢？要切合实际，这样足够的量变促成质变，“柳暗花明又一村”，目标、理想离自己会越来越近。

选择了目标，有个良好的开端是成功的一半，另一半便需要我们迎着困难、迎着风雨前进。我是一名来自静乐县的学生，早听说过“西八县”高中办得最红火的是河曲县，于是初中一毕业就慕名来到巡中，这是我的第一个目标；第二个目标是迎接高考，圆我的大学梦。当然，我也有过低落的情绪，独自一人在远方求学，衣服脏了，自己洗，没钱花了要想办法借，更糟糕的是语言不通，打饭时，师傅不知道你要吃什么，回答问题时，老师听不懂你说什么，那段时期，我的心情糟透了。现在，风已平、浪已静，经过拼搏，我想我会成功的。

朋友，你已选择了目标吗？

周春园（西安思源学院）

学会做人

在座的学生，不一定个个都是合格的中学生，只有思想端正、心理素质好、行为规范才可以称为合格的中学生。

首先，思想是一切行动的指南针，要想做一名合格的中学生，我们应该勇于面对现实，随时向现实挑战。世界本来就是为我们而存在的，只有通过我们的创新，社会才能日新月异地向前发展。班级是一个小的社会，为了建设好它，我们需要在老师的指导下进行。我们还应该处理好师生之间的关系，表面上，我们是老师与学生的关系，实际上我们之间的界线不应该那么分明，而是要像朋友一样。我们只有这样，才能在课堂上毫无拘束地与老师同步。课后我们应该时常与老师交流，如果师生的思想沟通了，我们的成绩还得不到提高吗？我们的班级还建设不好吗？

其次，心理素质好对我们来说也很重要。人的性格有内向与外向之分，对于那些性格内向的学生来说，要学会自己调节心理。当我们闷闷不乐时，不妨把所有的不幸向自己最要好的朋友诉说，从那里得到温暖、鼓励，进而从困境中走出。你理解“忍一忍，风平浪静”这句话的含义吗？我们还应该心胸开阔，对于那些小小的挫折要学会隐忍。

最后，我们的一切思想准备应该落实到行动上，应从身边小事做起。如果我们连自己的宿舍都懒得打扫，被子也不叠，我们在学习上能有成就吗？“一屋不扫，何以扫天下”，这句话说得太有道理了！

窦老师，仅仅 90 分钟时间，您教给了我许多做人的道理。

做人，要学望远镜——目光远大，心胸开阔；

做人，要学显微镜——洞察入微，细致准确；

做人，要学平面镜——正面纯朴，以诚相待；

做人，千万不要学哈哈镜，因为它抹杀真理、哗众取宠。

胡波（太原师范学院）

感受老师

曾记得，上小学时有一次因为伤了同学，我被老师推出教室，那次的记忆让我刻骨铭心，然而也正是那一次使我觉得做人要学会坚强。我暗暗下决心，以后一定要比她强。

“老师”这个称呼让我们敬畏，那三尺讲台简直就是“禁地”。每每看着老师在那高高的讲台上面“发号施令”，我就觉得很害怕。那时还小，我害怕万一做错了事，就要受到教鞭的“奖励”，便滋生出一种害怕心理，这种心理伴随我一直走到初中。那时我们初中有个老师，他在课堂上提问题时，只要回答错了就罚学生，我们那时真的很害怕他，不只是我，而是全班，以至毕业时竟没有一个学生和他照相。“人非圣贤，孰能无过”，他又怎能这样对待自己的学生呢？

我们的任务是学习，老师的职责是培养学生，使之健康成长。“千教万教教人求知，千学万学学做真人。”听君一席话，胜读十年书。老师不是为了让学生怕才当老师的，我们不是老师的奴隶，老师和学生本来就是平等的。

我们本来是朋友，您的宽容与广阔的胸襟让我佩服，让我几年来对老师的成见顷刻间烟消云散。

窦老师，我只想说一句话——您是我们的良师益友！

周礼（忻州师范学院）

敢问路在何方

很长时间我都没有勇气提笔写点什么了。我清楚要写的东西很多，但是脑子里昏昏沉沉，即使有时出去走走也不知走向何方，结果还是只能西转一圈、东奔一头。

“没有革命的理论，就没有革命的行动”，这是革命先烈在无数次失败的教训中得出的结论。

高中的学习、生活已过去了两年多的时间，高三是最关键的一年，我该如何调整自己，尽快步入正轨，打好这一“仗”呢？可仔细一想，正轨又在哪里？如何走上正轨，针对摆在面前的疑问，我又陷入了沉思。抬头仰望繁星密布，猛然有一颗星跃入我的视线，我发现它是天空最亮的一颗，顿时豁然醒悟，应该给自己树起一个目标，然后捷足先登。

我要考大学，这是我梦寐以求的理想。“它就在彼岸”，一位目光深邃的哲人告诉我：“一定要当心航程中有暗礁、有狂风暴雨啊，年轻人！”我奔跑到河边高喊：“谢谢您了！”河水仍在静静地流淌，显出它的博大、它的深沉，而青山呢，丢给我一个久久萦绕的回音。

我一口气跑回书桌旁，我知道自己原来是在编织着一朵美丽的彩云，完全脱离了实际。两门语言学科还不同程度地存在着许多问题，数学的问题还没有演算，历史上的学习方向不知在哪里？孟子如是说：“饱食终日，无所用心，难也哉！群居终日，好行小惠，难也哉！”这两种人是朽木不可雕也！古来圣贤对他们也只能望洋兴叹。

敢问路在何方？我现在就郑重地告诉你，路就在脚下。

“世界上本没有路，走的人多了便成了路”是鲁迅语。

“路漫漫其修远兮，吾将上下而求索”是屈原语。

您说的“真心求学、实意做事、正直做人”，就是通向阳光大道的法宝。

卫华

1999年10月10日

到庐山识其真面目

——写在窦老师人生启迪后

几多渺茫、几多迷惘、几多幼稚，而今天我犹如陶渊明到了世外桃源一般豁然开朗了。

打靶要有靶子。做任何事都应有目标，只有目标明确，做任何事情才会有动力。这道理也许我们都懂，但现在有明确目标的同学则寥寥无几，每天稀里糊涂上课、迷迷瞪瞪下课，有空没空到街上逛游几趟，这种现象极为普遍，以至于大学这块净地也有了污点。

窦老师的一席谈话可谓“寓教于乐”，短短的几十分钟，我在谈笑中度过，但却受益匪浅。您每天讲到一个道理，并用“艺术”的话来阐释；有时我们开怀一笑，但绝非一笑了之。您给我们指明了方向，尤其是指导我们认清了自我，您用您的学生写给您的信件及日记来启发、感化我们，使我们懂得了如何做人，更主要的是真正懂得了如何完成当前最主要的任务——学习。现在的学习，是为将来打基础，读书确实苦，但苦尽才会甜来。要想吃到真正的果，必须多品尝苦果、多吃苦果。

“人生最大的目标就是战胜自我”，而我们还未能清楚地认识自我，甚至不知道自己在干什么，每天无所事事，无所作为，无的放矢。这时，窦老师告诉我们这样做将来会一事无成，这种状态下谈战胜自我，也只是纸上谈兵。

窦老师教给我们的不仅仅是学习方法，更主要的是人生启迪，您教育我们学会承受，教育我们学会解脱，遇到打击能顶得住，但也不要沉浸在打击之中，要使自己在短时间内恢复到最佳状态，让压力变为动力，您又教我们摆脱自卑的禁锢，树立自信心，但我个人认为过分的自信就是自负。总之，做任何事情都有一个度，过分自卑会自弃，过分自信会自负，同时也告诫我们不要过分要求自己，不在自己能力范围内的事，尽量不做，而应该做好我们本应该能做好的事。我们要正视失败，不要畏惧失败。常言道“失败乃成功之母”，经过多次的失败，我会不断地磨炼自己，成为一名有所作为的人。

因您的话说得在理，而且极易使人接受，我们受益匪浅。您给我们指明了方向，使我们认清了自我，同时我们也清醒地认识到了所处阶段的重要性，走出了幼稚，走出了渺茫和迷惘。我要确定一个切合实际，甚至是看得见、摸得着的目标，为我们的学习挖掘无穷的动力。

老师，您不仅教给了我们知识，更主要的是教给了我们做人的道理。您是真正的教育者，是我们的良师益友，我们期待您和我们成为最好的朋友。

菅永志（太原师范学院）

晋西北的又一丰碑

——记名师窦根锁老师

2002年秋天的第一场雨比以往时候来得更早一些，也更大一些。

我初见窦老师，是在晋西北的土疙瘩上。他是主动伸手将我拉入怀中的。2002年8月，我从吉林省长春市起程，途经沈阳、天津、大同、宁武等站，风尘仆仆地来到了河曲巡镇中学。一路的疲惫被他那宽广的胸怀、有力的双臂、厚实的双手融化了。在一个深情的拥抱后，我决定暂时留在这里，陪同这位老主任干几年。

我和窦老师出游过一天。那天，天气晴朗，万里无云。我们一起游览了好多地方。娘娘滩的风光秀美。一路上，他带路，我发问，我们很开心。

转过一座高山，我们到了弥佛洞。在大佛面前，窦老师许下了一个美好的愿望。我也虔诚地许了一个心愿：希望我们这对忘年交永不分离。他冲我莞尔一笑，拉我到崖边照相。我们穿密林，踏飞泉，顷刻间转头再看，弥佛洞已在青山的怀抱之中了。我问窦老师，寺院里为何听不见钟声。他说："每个人心中都有一口钟，难道你听不到它那浑厚的声音?"我没有回答，也回答不出。

当我们再路过娘娘滩时，已是夕阳西下，群鸟归巢时分。

现在回想那天的旅行，对他的那个心愿，我猜透了一些。原来，那时，他已有了远走教书的想法，只是我这个"愚木头"没有领会罢了。

提起窦老师，他的为人可以“榨出”我心中藏着的许多“小”来。在单位，他不得志。学生们根本不知道自己身边有位难觅的名师。而在我看来，他不仅仅是一位历史知识渊博、勤于创新的人，还是一位不服老的前辈。

窦老临行前，我请他吃了一顿便饭。我们其实有许多话要说，但由于某些原因没有说出来。饭罢，我们不约而同地干了一杯，就分手作别了。

在饭店门前，他拍了一下我的脊背，高亢地说：“饭店这样的地方少来，有能力往需要我们的地方去。”说完，他精神焕发地向办公室走去。

至今，我与窦老已快六年不曾相见了。

要利忠

（东北师范大学中文本科毕业，2002 年被聘为山西省河曲巡镇中学教师）

赠恩师

一

学生乘车将欲行，
忽闻窦老讲课声。
桃花潭水深千尺，
不及恩师育我情。

二

情依依，流热泪
踏征程，展未来

三

益处多，失去本初

友情厚，感情交往
良辰景，笛声醉人
师德高，蜡炬不哭

学生：厚成（山西大学哲学系）

1987 年 2 月 3 日

厚成，家在农村，还有弟弟和妹妹，全家的生活都要依靠老实本分的父母来维持。但他从小就非常懂事，能吃苦，从不乱花一分钱。在当年的中考中，他以作文满分的成绩轰动了河曲这个小县城。1986 年他又以总分全班第一的成绩考入山西大学哲学系。4 年后他被山西省林业厅录用。

五行的花环

——给窦老师

浩渺的夜空中
耀眼的群星不知疲倦地
把探寻的目光投向人间
老师啊
那炫目的五行
莫非就是恩师您灵光的闪现
师恩似水您如雨
倾盆而至
给黄河岸边的求索者
送来温暖，送来健康
师恩似火您如焰
烈烈喷吐
使大山里寻宝的求索者
筛选精品，铸就辉煌
师恩似木您如松

亭亭如盖
让攀登到山顶的追梦人
沐浴幸福，感受清新
师恩似金您如铂
闪闪透亮
让教室里缺氧的幼苗
传承创新，茁壮成长
师恩似土您如肥
劲力十足
让等待下种的拓荒者
重树希望，信心倍增
师恩似塔您如灯
不，师恩不是虚幻的五行
而是实实在在的感动与恩情
您让学子们找到自己的天路
他们永当牢记师恩
懂得感恩
宇宙中的其他星星啊
你们也忙活起来吧
多为尘世的子民
奉献你们的光和热
五行的光环
将永远垂挂在奉献者的脖颈上
窦老师啊
您师恩的灵光
如行空的天使
必将引领学子们
融入那深邃浩渺地宇宙中

要利忠

我的“贵族精神”观

贵，即高贵、富贵之意。不过，此“贵”非彼“贵”，高贵并不是骄傲地不可一世，而是有谦和、儒雅之意；富贵也并非满身铜臭，而是精神世界的富有。中国改革开放以来取得的经济成就，让人们开始重视精神层面的消费。

经济的飞速发展，让现代人的心变得浮躁不安，很少有人可以静下来边品茶、边读一本名著。大多数人的生活是：边喝咖啡边看财经报纸，边吃泡面边浏览文件，整日跟着功名和钞票跑。甚至是有的学生为了分数而边啃面包边看短文。其实，慢下来才有可能更稳。

一个人的涵养是经长期文化熏染沉淀下来的，而只有“静置”才能有沉淀，“静置”需要一种英国人下午茶式的教养，而这种教养的培养需要从点滴积累起。前些日子发生的“菲人质事件”中，香港人将这种教养展露无遗。一场8万人参加的“静音游行”让港人在文明的轨道上表达了悲恸与肃穆，既达到了效果，也没有出现任何过激的行为，这种行为也符合中国古代对“君子”的要求。

很多时候，行为举止中表现出的谦和会让你占更大的优势，而绝非懦弱。这又证实了中国传统文化中的“以退为进”。谦和，会让你在现在这个人人都想表现自我、自吹自擂的社会中更具魅力，更易吸引人的眼球。

经济的发展，让人们对物质的追求变得狂热，但是满身名牌服饰，手指间、颈上熠熠生辉的首饰只会将一个“俗”字加倍地放大。有内涵、有气质的人会在举手投足间散发出致命的吸引力，让人侧目。这种气质的培养是自内而外的，丰富的知识充实人的大脑、提高人的素质，由此表现出来的独特的品味让人欣赏。

总之，“贵族精神”在今天有了新的内涵，谦和儒雅，气质至上。

李俊秀（宏志班）

感谢您，老师

有人说，老师是红烛，点燃自己，照亮别人；有人说，老师是春蚕，吐丝无尽，至死不渝；也有人说，老师是粉笔，“粉身碎骨都不怕，要留知识在人间”。的确，老师不仅是红烛、是春蚕、是粉笔，老师还是太阳，普照万物，光辉无限，是月亮，驱散黑暗，指引信念。

亲爱的同学们，试想一下吧，在三尺讲台的方寸之间，我们的老师日复一日、年复一年，他们站弯了自己的背，染白了自己的双鬓，被粉笔腐蚀而日渐粗糙的手依然握着粉笔，因讲课而沙哑的嗓子依然发出最强有力的声音。我们的老师不会画画，他们却在黑板上留下了人类最美的图案；我们的老师也不会唱歌，但他们却唱出了人类历史上不可缺少的音符。

亲爱的同学们，再试想一下吧，是谁在教给我们知识的同时还指引我们的心灵。除了父母和家人，是谁一如既往地关心我们成长道路上每次微小进步，是谁的笑容最美丽，是谁的语言最亲切，是谁的眼睛最清澈，是谁的双手最温暖，这都是我们的老师，在最平凡的岗位上创造了最多奇迹的人。

面对“老师”两字，我们不能说它是字典里的简单词汇，它有着太多的内涵、追求、希望、理想、信念，在他的精神世界里，埋藏着太多常人无法想象，却是人类最基本的情感。

不能理解老师的丰富内涵的人，就不能真正理解老师的价值。而我们初中生应该看到，我们的老师奉献了青春又奉献了爱，传播了知识又传播了情感，他们不仅仅是默默无闻的耕耘者，更是希望种子的播种者。

李刚（宏志玑）

青春·爱心

青春是什么？是年华，是桃面、丹唇、柔膝，还是充满活力的乱跳？如果是，也是一种只能为他人提供眼福的青春，这样的青春只会稍纵即逝。那怎样才能永葆青春呢？拥有一颗爱心，一颗纯洁而不含杂质的爱心，这样，你才会爱自己，爱他人，爱祖国。

爱自己

你想过无光无声的世界吗？那是一种怎样的痛苦与挣扎？没有光明，世界处于可怕的寂寞的黑暗中，只剩下自己心灵的无助呼喊。你也许不敢想，因为那真的太可怕了。可这令所有人都惧怕的事实却摆在了海伦·凯乐的面前。她原本可以顺从上帝的不公对待，可她没有。她不愿辜负上帝赐予的宝贵生命、母亲十月怀胎的辛苦、亲人对自己的期待，她知道她必须爱自己，让自己的生命活出精彩。“十年磨一剑”，最终她将黑暗的深渊打扮成美丽的天堂。

在美丽的光环中，她的青春永驻，留给后人无限的遐想。

爱他人

他们曾为山区的孩子撑起了湛蓝天空，曾为祖国在遥远的山区培养着栋梁。他们是谁？是李桂林、陆建芳……18 年来，他们扎根山区小学，不求回报，与山区的孩子共欢笑、同吃苦，默默地温暖着一颗颗受伤的心。

他们犹如辛勤的园丁，培育着祖国的花儿，他们的青春将在孩子以及亿万人民的心中永驻。

爱祖国

“壮志饥餐胡虏肉，笑谈渴饮匈奴血，待从头，收拾旧河山，朝天阙!”这是何等的气概，又是何等的壮怀! 多年征战沙场，一心精忠报国，岳飞的爱国信念，文天祥为了民族的气节，一生之志不移!

历史在翻新，英雄却成为永远的记忆。

爱让衰老无处藏身，爱让青春常在。

爱如天上的彩云，虽说风儿能把它吹散，但我们总能感受到大自然的祥和!

燕艳（宏志班）

由“迟到”引发的深思

2010年10月18日早晨，也许是由于两天假期带来的松懈，150班的晨跑似乎比以前迟了一些，直到6点25分才开始，甚至有人无故缺操。或许今天包括我在内的四名同学迟到会有很多客观或主观的原因，但无论怎样，都是迟到了，这点毋庸置疑。而从我本人来讲，这其中还有一点偷懒的成分。

著名的哲学家苏格拉底曾说过：凡是为一个人的理智所宣判是错误的东西就不应该去想，也不应该去做。我们又怎能因为一己之私利而影响集体的利益呢? 那位浑身上下闪烁着信仰与真理之伟大光辉的先驱者，最终为了追求自己的信仰，而甘愿付出自己的生命。

我个人认为“老师，我保证以后再也不怎么怎么样了，否则就怎么怎么样”之类的话只不过是当事人对自己缺乏信心的一种体现而已。真正认识到自己的错误，要进行深刻的思想检讨，语言是匮乏的东西，多说反而无益。

曾经听说过一句至理名言“行动高于一切”，用在这里再恰当不过了。有时候，当你滔滔不绝地向别人阐述你多么优秀时，反而不如一个得体的举止的效果来得快。

我们每天都会学到许多知识，如果你每天都碌碌无为，浑浑噩噩地度日，那么你以后的人生又何谈光明和希望？

今天班主任窦老师和我们谈了一个很有内涵的话题——贵族精神。所谓“贵族精神”，狭义来说，就是一种文明、一种规则。它主要包括四个方面的内容。

第一，自尊、自律、自明。

所谓“三自”，是指人要具备最起码的尊严。既不过分抬高自己，也不随意贬低自己，严于律己，对自身从始至终都要有一个客观的认识。

第二，讲究原则。

俗语云：没有规矩不成方圆。人之所以被称为人，就是因为具备最起码的原则与坚守，内心始终悬着一杆秤，明白什么该做什么不该做，做了结果会怎样，不做又会如何。反复思量，权衡利弊。只有这样反复斟酌，才会对万物有公平、公正的认识，才能体现优雅与理性、浪漫与现实，才能成为真正意义上的人。

第三，保持低调。

有句话说：低调做人，高调做事。无外乎实在论证这个道理。所谓“低调做人”是说：做事不张扬、不浮躁，不因为眼前的蝇头小利而丢失大局。成功时不大肆宣传，失败时也决不会灰心丧气。“不以物喜，不以己悲”，从而达到内心与外在的高度统一。“高调做事”是指做任何事都要尽善尽美，切不可马虎。每一件事都要倾注自己的全部精力去做。试问，这样的人能不成功吗？

第四，淡泊名利。

众所周知，鄂尔多斯市是一座依靠其自身的资源优势而迅速崛起的一座现代化都市。在这个物欲横流的现代社会里，有些人面对突如其来的巨额财富而无所适从，继而迷失自我。他们开始渐渐淡忘祖先们所推崇的那种隐居田园式的生活，被物质生活的富足冲昏了头脑，而精神修养却匮乏无一物。试想，如果我们照这样畸形发展下去，中华民族的希望何在？所以面对这么严峻的形势，作为华夏儿女、炎黄子孙，我们不得不重新审视自我价值，找到值得追逐的信仰并努力践行，完成从富强到文明的伟大过度。

忽然很羡慕陶潜那种“采菊东篱下，悠然见南山”的山中真意，不为区区五斗米而折腰。可是在现实这个物欲纷争的社会，这样的人恐怕是很难见到了。

丹丹（宏志班）

我与我的青春往事

依稀记得当初刚踏进150班的时候，窦老师就三令五申，一再强调遵守“贵族精神”的重要性。老师的反复教导言犹在耳，他严肃认真的表情也犹在眼前。那种规则与文明的碰撞曾经深深地打动过我。

可正如高尔基所言：当你把一件事看得十分重要的时候，磨难和失败就会接踵而来。开学以来的频繁迟到，令我心情烦躁，苦恼不堪。可这种境况又不容易改变，只得从另一方面来抚慰自己：青春年少的我们谁不曾犯错呢？重要的是，要勇于正视自己的失败，努力改正，成为一个拥有健全人格的人。

青春，是人生最美好的阶段。

青春，如诗如梦，如画如水。我们年轻的生命追求一份烂漫，寻找一份恬静，这就是充满诗意的青春。纯洁的心灵向往美好的未来，描绘出一幅又一幅壮丽的蓝图，幻想着一个又一个动人的童话故事，这就是梦幻般的青春。生机盎然的我凭着那份执著与激情，无悔地去寻找生命的价值和人生的高度，这就是激情似火的青春。

我们作为21世纪的天之骄子，肩负着沉重的历史使命。在这浪漫的岁月里，我们应怎样去浪遏飞舟，抒写青春的华章？恰同学少年，风华正茂。这茂盛的青春岁月是美好的，可它又是短暂，不能让我们的青春留下丝毫遗憾。

在这菁菁的校园里，不必伤感，应去珍惜，去尽情挥洒我们的青春。只有这样，我们才能领略青春这朵摇曳多姿的鲜花，而不必去琢磨凋落的花瓣和枯萎的残枝败叶。好好利用人生中的这笔财富、创造出我们能拥有的未来。

其实青春并不短暂，它同样遵循达尔文的进化论。青春之花凋谢后，它又会孕育出新的更艳丽的花朵。落红不是无情物，化作春泥更护花。这又何尝不是一种生命的延续呢？

所以，作为新世纪的青年，我们应该勇敢的大步向前，拥抱青春。对青春，我们英姿飒爽，挥斥方遒。青春绝非红粉娇容，我们要用智慧和魄力去谱写青春的壮丽诗篇。

现在，我们正处于人生的黄金时期，是追求理想的巅峰时期，同时也是用信心和坚强去征服人生艰苦历程的开始。我们要有“乘风破浪会有时，直挂云帆济沧海”的敢拼敢闯精神，用青春的足迹留下我们不懈的奋斗历史。青春的真正的意义，是用无私奉献的爱心去编织青春的礼赞。

我相信，只要我们拥有一颗积极向上的心、一颗年轻的心，用奉献和奋斗谱写出人生的奋斗史，那我们就拥有了太阳的光芒，辐射四方。来吧，我们一起奋进，一起执著追求，那梦幻般的青春就属于我们！每个人，都有一段最灿烂辉煌的青春岁月，有人珍惜，苦苦奋斗，也有人将此虚度而过。光阴似箭，日月如梭，人生很短暂，命运对每个人都是公平的，只是如何演绎生命的每一个步骤，是我们所要认真对待和把握的。

经常可以听到一些关于青春的歌曲。我总是为那些高昂而富有朝气的合唱声而满腹惆怅：让青春飞扬，时常听别人哼唱，自己也学着哼唱姜育恒的那首《再回首》。唯独对“曾经在幽幽暗暗反反复复中追寻，才知道平平淡淡从从容容才是真”这句不愿认同。“孤独王子”唱得未免太超然了。——一生反复追寻，就只得出了“平淡是真”的结论。

平平淡淡是最真，说到底不就是自甘平庸、自甘无为吗？曾几何时，我们这些怀着彩色童年梦走进高中校园的莘莘学子也在高喊着：平平淡淡才是真。有人认为只要“与世无争，恬淡一生”便可无忧无虑的生存，颇有要把老庄的“无为”思想发扬光大之势。是什么使我们丰富的校园渐退了缤纷的色彩呢？又是什么使我们真实的熔浆凝固，不再有来自内心深处的热血沸腾？是因为我们没有走进梦想中的象牙塔？还是我们没有走出自我困惑的地带？还是因为我们不再年轻，确实把一切都看得平淡了呢？不，都不是！主宰世界的是你，放弃世界的仍然是你。生活最好的人，不是寿命最长的人，而是最能感受生活的人。除了你没有走进一所理想的学校，除了你没有把握住一次成功的机会，除了你心中那份虚荣与骄傲，你对生活究竟有多少正确的感受？生活究竟给过你多少重荷与不平呢？没有！

只因为在当代的中国，在我们这个文盲、半文盲数以亿计的国度里，我们这些高中学生及未来的希望，被社会过高的期待，也过高地期待着社会。那种求平淡的心态，正式成为不思进取的借口。

于是，你曾经也想有所作为，却不知道如何做起，跟着感觉走，在各种诱惑面前，远离本真状态，被泥沙俱下的时代大潮裹挟着四处漂流。当你疲倦地走过无数个365天后，你才会发现留在身后的除了那份平淡，什么也没有。不再回头的不只是那古老的晨光，也不只是那些个夜晚的群星和月亮，还有我们流逝的青春。我们有幸拥有高中三年，但多少人的三年已一去不返，还有多少人在为拥有这三年而埋头于题海和各种考试中呢？我们每天天不亮就起床，深夜才回家，与星光做伴，难道就是为了追求“平平淡淡才是真”吗？

在我们的高中三年以及以后的大学四年里，倾注了多少亲人的关怀与希望，他们流淌着辛勤的血汗，默默地支持着子女的选择，他们唯一的希望就是我们能走自己的人生之路。还有，在许许多多的眸子里时时刻刻地流露出对我们的期待。期待我们能用知识建构大脑，用我们的双手去为人类描写更美的生活。在亲人面前，在那些关注我们的人面前，我们又有什么理由去认为“平平淡淡才是真”呢？

难道，我们付出自己的金色年华，挥洒着父母的血汗仅仅是为了换取一张毕业证吗？小到为了每个家庭的付出，大到为了那如水流逝的时光，我们怎么就可以轻易认同“平平淡淡才是真”呢？在所有参与或尝试过的人中，即使没能够成功，但在他们的世界里留下的也一定不是平淡，更不会是一片空白。

我有一个学美术的朋友，偶然有一次和她谈起学习美术以后的感觉和收获。他告诉我：“并没有什么大的飞跃，但却学会了怎样用心去观察事物。”我很佩服他的这份尝试与勇气，即使他不成功，他的人生也不会成为空白。说到这里有人会说：我平凡得很，无一技之长，不会唱歌，也不会跳舞，更不会吟诗作画，注定此生就这么平淡了。世上不过一个天才贝多芬，也只有一个神童莫扎特，更多的人是通过尝试和毅力而化平淡为辉煌的。毅力在效果上有时能同天才相比。

有句俗话说：能登上金字塔的生物只有两种——鹰和蜗牛。虽然我们不能人人都像雄鹰那样一飞冲天，但至少可以像蜗牛一样凭着内力默默前行。

不要再为落叶伤感，为春雨掉泪；也不要满不在乎地挥退夏日的艳阳，让残冬的雪装饰自己的面纱。岁月可以使皮肤起皱，而失去热情，则会让灵魂受到损害。

拿出我们尝试的勇气，拿出我们青春的热情，大学毕业时再回首，我们没有平淡、遗憾的青春！

丹丹

丹丹，在高二文理分科时考入了宏志班。在开学后的一段时间里她常有迟到的现象。以上两篇文章均为她所写的自我认识。她的学习成绩在不断地提高，目前在班上是一个品学兼优的学生。

自我认识

今天早晨，我又迟到了。虽然只有几秒钟而已，但我已深刻认识到所犯的错误。

这是我在这一学期的第二次迟到，被班主任窦老师在早自习时逮了个正着。他问我：为什么他和我一样来学校上操，而我老是迟到？这使我无地自容。窦老师已五十开外的人了，每天早晨5点半起床，6点20分准时骑自行车到学校，带领全班同学“跑操”。跑步结束后应立即回教室上自习，而我却没有做到。在这个问题上我思考了很长时间，其实归根到底还是自己没有认识到所犯错误的性质。窦老师常说：仅仅作为一个现代人是不够的，我们要做一个真正现代“化”了的人。这就要求我们必须有一个时间观念，快节奏、高效益，有一种赶超的意识；否则，是难以适应现实社会的工作、学习生活的。

我们的班主任老师，正如他所说的那样，他做到了。每到他的课时，他总是早早地来到教室门外等着，做好上课的一切准备，不论春夏秋冬还是刮风下雨，一年四季一直如此。他的每节课上又是那么充满激情，富有创意……我也曾经多次思考过，到底是什么力量使他如此的尽职尽责？我觉得那是一种热情，他对党和国家教育事业的热情，对所教学生的热情，对生活充满的热情。而我恰恰缺少了这种热情。

我还缺少一份对学习的责任感。“责任”这个词是沉重的，中学课本上把它解释为：一个人无信纸应该做还是不应该做，但都必须承担的事，这就是责任。而我就缺少对自己的一份责任。因此，我要像窦老师在《人生歧路，励志箴言》中说的那样：“要明白你是谁，你在为自己的命运和发展作准备，只有你自己去努力、去拼搏，命运才掌握在自己手中。我们在这人生的重要关头，是不是一个勇于承担责任的人？是不是一个有血性的，对自己、父母以及以后家庭承担应有的责任的人?”

“灵魂的反省，是自我的超越。”其实进步与发展还需一种奉献精神，让学生享受到学习的乐趣，认识到风险其实是对自身的投资。这种投资越多，回报也就越多，但风险是最低的。

刘新远（宏志班）

反 省

回家两天来，我想了很多。能进这个班学习我很荣幸，因为有一个负责任的老师，还有这么多的纯朴、可爱的同学。

三年前我染上了吸烟的毛病，虽不是天天“温习”，但不时地要“潇洒”一回。今天终于被学校教育处的老师发现了，并通知我回家戒烟一周。这时我才认识到问题的严重性。从小父母对我很严，从不允许我做出他们认为不对的事，不知道回家后我该如何面对他们。我不想让他们失望，也不想让同学们反感。我心里很难受，我是从普通班考入宏志班的，不知道该如何面对班上的同学，又该如何融入这个集体和大家一起奋力拼搏。正是您，窦老师怕我耽误了学习，让我用两天的时间（含星期日）反省，并亲自给我父亲打电话说明情况，说服我父亲正确看待这个问题。这让我非常感激!

我是一个很要面子的学生，这件事对我的感触很深。我要将父母的失望重新变成希望，重新追逐阳光，使自己真正成为一名宏志班的学生。

张再生（宏志班）

张再生，原是一名普通班的学生，在日常行为方面存在许多“毛病”，如自习时间吃东西、课堂上睡觉、下了课吸烟……经过多次耐心、细致的教育，在同学们的热情帮助下，他进步很大。

在铭记与忘记的两岸

席慕容说："生命是一条奔流不息的河，我们是那个过河的人。"在生命之河的左岸是忘记，在生命之河的右岸是铭记。我们乘坐着各自独有的船只在左右两岸穿梭，才知道忘记的该忘记，铭记的该铭记。

我们正在人生的道路上行进，经历着辛酸与欢乐。想当年，苏东坡披发仰天大呼："大江东去……"心中的那些烦心琐事顷刻之间沉入滚滚波涛之中，消失得无影无踪。波澜壮阔的滔滔江水，让苏东坡选择了忘记，忘记那些失意和悲伤。陶潜伴着"庄生晓梦迷蝴蝶"中翩翩起舞的蝴蝶，在东篱之下悠然采菊。面对南山，陶渊明选择了忘记，忘记那些官场的丑恶，忘记他自己所遇到的所有的不快。这是心灵的选择，这是过河人在"河"的两岸所做出的明智选择，这更是明智的"摆渡"。

人们在河的左岸翘首相望，河的右岸人们在快乐地生活着。

坐在亭下泪流满面独酌的易安居士，用她的文字告诉我们，她永远铭记着自己一生中所经历的点点滴滴，那是她"争渡"途中所做出的选择。海子用"面朝大海，春暖花开"告诉我们，"从明天起"他将记住所有的人生之"水"，因为那是他用来"浇灌"他的"花儿"的"玉露"。三毛用她的文字永远地记住了撒哈拉的灵魂。梵·高用《向日葵》永远记住了他的"船"……

这是生命之河两岸的人生，这也是忘记与记忆的选择。风吹落了快凋谢的花瓣，也在唤起我对破碎童年的追忆。躲在梦与记忆的深处，用自己的笔写尽人间的酸甜苦辣，用自己的歌喉唱断所有记忆的来路。用分明的笑和谁也不知道的不分明的泪来忘记该忘记的不快与烦恼，来铭记该铭记的深刻与永恒。

常言道：衣不如新，人不如故。东走西拐，左观右顾。船行于"生命之河"中，坐在自己独有的船上，知道：忘记左岸，铭记右岸，中间是无尽的穿梭。

樊华

樊华，是父母抱养的一个孩子。由于父母离异，她跟随父亲生活，但由于父亲长期在外打工，以及再婚等原因，她只能与姥姥居住在一起，很少回到父母身边生活。这样从小就锻炼她有较强的独立生活能力。不论刮风还是下雨，即使是感冒发热她也要按时到校，她是一个品学兼优的好学生。

值周总结

学校开展的“今天我上岗”实践活动中，我班很荣幸地成为高二年级的“排头兵”。

在这次工作中，吕校长曾多次到现场指挥我们，窦老师也好几次亲临打水打饭的现场进行指导，王老师更是忙于各个岗位之间，有时甚至连饭也来不及吃，这一切使同学们受到很大鼓舞。

以前同学们总是有“眼高手低”的感觉，但得不到锻炼的机会。这次活动中学校给我们搭建了一个实践的平台。通过自己的努力，在工作能力上有了很大的提高，在认识上有了很大的进步，在思想上有了很大的改变。

在执勤的过程中，同学们都做得很好，如打扫厕所、倒垃圾等，同学们都争着去做，涌现出了许多感人肺腑的事迹。如在周六下午维护、保持清洁卫生的过程中，有人吐在楼道上，一组组长王朝霞同学并没有因此而停下自己手中的活，而是亲自动手清理。5月25日任务圆满完成，晚上举行“迎高考晚会”时，我们班仍然在巡视校园内的一切安全状况。尽管有着如此严密、细致的安排，但仍然有不尽如人意之处，给我们留下了深刻的教训。

再次感谢学校领导给予我们这次锻炼的机会，我们正处于试行期，在工作中难免有许多不足与问题，在以后的工作中我们一定逐步改进，把工作做得更好！

李建忠（120 班）

洗 礼

一周的活动结束了，我的感想颇多。

首先，我感受到的是累，每天忙于打扫校园，烈日当头，口干舌燥。对于娇生惯养的我来说只有抱怨。而后再坐于桌前，开始记一天的日记，终于发现自己懂得了不少、明白了不少。父母养育了我 19 年，而这 19 年之中我却无法明白父母他们的爱和伟大，于这次的劳动中，我明白了父母的心情。

其次，我感受到的是对劳动果实的珍惜。我总是对身边环境抱怨，这也不行那也不行。可这次不同了，当我看到刚刚拖净的楼道，短短课间十分钟内又被人扔下了了几张废纸，这让我无法理解，却也会情不自禁地上前拾起那碍眼的废物。我相信每个人经过这一次的洗礼，都会跟我的想法是一样的。

最后，我感受到的是应真诚待人。生在穷乡僻壤的我，总是认为他人的礼貌行为是虚伪的表现，甚至觉得可笑，见人总有不好意思的感觉。可当了一天的“门卫”，我已不得不改变我从前的看法了，逐步拉近了与老师、同学们之间的距离。

魏国民（120 班）

感 悟

从小到大，在学校里值周这是第一次。在家中我很少干家务，但现在却不得不做……

头一天的工作量很大，也很累，不过也学到了不少东西。将来我们都要走上工作岗位，从事社会活动，这次活动使我们亲身体验和感受了劳动的苦与乐。现在的中学生包括我在内，嘴里喊着“我们是新世纪的主力军”，实际上连洗衣服、做饭都需要父母来帮忙，又怎能担当起时代赋予我们的重任呢？所以老师应撒开手，让学生们学会自己“走路”。这样也许有的同学会“摔跤”，但这是让同学们学会“跑”的一种途径。摔跤并不可怕，可怕的是永远依偎在父母怀里。现在学生在家里是父母的皇帝、公主，父母对他们是百依百顺，过惯了衣来伸手、饭来张口的生活，根本谈不上自立。

“一年之计在于春”，同学们，让我们向大海一样勇敢无畏，让我们像天空一样美丽、宽广，让我们像露珠一样纯洁、晶莹，让我们像小草一样坚韧、刚强。从现在做起，从我做起！

李强（118 班）

体验老师工作

——当一回监考

为了学生的更好发展，学校政教处开展了一项“今天我上岗”的活动，在繁重的学习之余，我也参加了这项活动。

在这次活动中我很荣幸地体验了一份神圣的工作——当一回监考老师。当我跨入考场的那一瞬间，面对几十双眼睛的直视，心中恐慌极了。不过同学们配合得还不错，不一会儿就都在静静地答题。当我走上讲台、坐下以后，才真正体会到一种沉重的使命感，我更加紧张了，头都不敢抬，两眼看着地面，过了三五分钟我才发现同学们都在认真的答题，根本没有关注我的存在与否，这时我才松了一口气。时间一分一秒地过去了，随着考试结束铃声的响起，我将试卷全部收起并整理好，交给考务人员。这个艰巨的任务总算完成了。

当我走出教室，才发现自己出了一身汗。不过，这时心里平静了许多。有人问我：“监考感觉如何？”我的回答很腼腆：“还算可以吧!”经过一番思考后，我觉得虽然是一次监考，但对我来说却产生了极大的影响，让我的胆识还有勇气都得到了提升，同学们那种认真答卷、一丝不苟的学习态度也极大地感染了我，鼓舞了我。

田大勇（121班）

难忘的一周

我们这些“90后”的年轻人从来没有吃过苦，更不了解生活的艰难。通过参加这次活动才懂得了父母的伟大以及老师们所从事的教育事业的崇高。同学们开始慢慢地走向成熟，用一系列的实践活动唤醒他们的“青春活力”。

在这次实践活动中，学校的领导、班主任以及部分老师都参与了。我们开始铺路的时候，吕校长、政教主任窦老师、总务主任李老师、班主任郝老师等到场给我们提出了一些指导性的建议。不论是烈日高空，还是暮霭沉沉，窦老师都没离开工地，有时还要抡起锤子和我们一起干活；李老师看见同学们特别地卖力就“犒赏军兵”，买给每人一个大饼作为晚餐；郝老师更是忙个不停，为了铺路把自己所有的余闲时间抽出来和我们一起捡石子，运石头……“其身正，不令而行”，是老师们的行为深深感动了我们，在以后几天的劳动中，大家干起活来更加有劲。

毕竟我们是第一次参加这样的活动，难免存在着这样或那样的问题。如刚开始第一组在校门岗位上就比较松懈，见了老师不打招呼，更别说问好了。当轮到第二组值班时，同学们的态度以及工作热情就大变样了。在其他岗位上，如在食堂买饭，锅炉房打水，同学们都能自觉排队，有序地进行。

对这次实践活动，起初同学们是抱有怀疑态度的，两天后形势就发生了大变样。兰天、关新宇等同学冒着大雨到河滩捡石头，每一车石头足有五六百斤重，路又不好走。但是李文华、邬波等同学鼓足了力气，爬上一个坡，又拐过了一个弯，一连拉了三车。特别值得一提的是邓丽华、赵媛媛、王晶晶等五位同学，凭着她们的勇气和毅力也拉了一车石头。铺路的原料运够了，紧接着就展开全面施工。全班同学干得热火朝天。从早上6点钟开始，一直干到晚上11点才收工。连续三天大家团结一致、齐心协力，高质量地完成了这项工程。看着用自己的双手铺出的路，一切疲劳都消失了，这时同学们的脸上露出了舒心、快乐的笑容。

自从“今天我上岗”这一活动实行以来，校风、校纪明显好转。学生迟到早退的现象不见了；校园内乱倒垃圾的现象没有了；师生见了面都要问个好……开出了文明之花。它不仅净化了校园环境，也净化了同学们的心灵。

周海峰（121班）

永不言弃[①]

我于1992年进入巡镇中学，因中考成绩仅为350分，距高中录取分数线50分，只能以自费学生的身份上高中。

老师们没有嫌弃我从前的成绩，相反班主任窦老师经常鼓励我，每当我取得一点进步时，都会得到他的认可，而且班内气氛比较轻松、民主、开放，不感到压抑……

1995年我的高考成绩为390分。当年的专科分数线为489分，相差近100分；1996年我的高考成绩为460分，当年的本专科录取分数线比较高，为520分；1997年我以488分的成绩被山西大学定向本科录取。

大量研究证明，每个人的智商是有差异的，然而智商高低并不能决定一个人的成败。即使智商一般，只要你有坚定的毅力、较强

① 载《文化纵横》2001年第40期，王芳同学在母校所做的报告节录。

的受挫能力等，对自己信心十足，你就有了成功的保证。

信心＋目标＋意志＋努力＝成功

不要把成功看得那么遥不可及，只要踏踏实实地去做，幸运之神很快就会降临于你。

王芳

王芳于2001年考取了华东师范大学硕士研究生，毕业后到杭州师范大学任教，不久又考取了北京师范大学博士研究生。

永不言败，是王芳的感悟也是王芳与母校学生的共勉。

写在高考一周年的日子里

又到6月7日了，又一批学子踏上了高考的征途，不知不觉一年已经过去了，现在想起高考有种沧桑感，好像人在短短一年的时间里就成熟了很多。

去年的这个季节我总是起得很早，顶着蒙胧的睡眼去上早自习，坐在课桌前手里拿着历史课本，身子坐得笔直，眼睛却早已悄悄地合上了……那时我们虽然很辛苦却感觉不到，有一种简单的快乐，很纯，很真。很怀念那时一起奋斗的老师和朋友们，因为有大家我才有目标，是同学们给了我榜样，不管是在学习还是为人处世方面，直到现在每次遇到不顺心的事，都会想他们要是碰到了这样的事会怎么做，也就知道自己下一步该怎样做了。

时光飞逝，日月穿梭，马上就“大二”了，我心里有些抵制长大，可这是不可抗拒的。曾经在高考的战场上厮杀过一次，到底是胜了还是败了，不再去想了，今后的路很长，还需要继续走下去。本来不想这么多愁善感的，只是今天又是高考的日子，心里就像打翻了五味瓶，是酸是甜已分辨不清，就想写点什么东西来安慰一下自己。

最后祝愿今年高考的朋友们马到成功！

糊涂虫（网名）

想想在95时的日子[①]

数月的分别，高三那年的经历仍然留在自己的记忆中，清晰明朗。

当年，遇考试我从来没有慌过，只有成竹在胸地傻笑。也许是自负吧，英语课堂从来不认真听，但成绩依旧很少有人能够超越。慢慢地它变成了我放肆的资本，终于6月8日在英语的那条看似很浅的河中，把会水的我淹死了，不再辉煌。我的数学很差，大都不懂，刘老师对我很好，当我有问题时他很耐心地给我讲解，即使我问过好几遍仍很耐心。我很感激刘老师。语文课我没怎么听过，不过看的课外书不少，我写的作文也会被老师点到，评语不错。哲学课是孙老师讲的，就是那个常说“哇”的人，给人讲一道题，能讲很长时间，是一个负责任的老师，给我不少启发。三年中收获了不少东西，当然也是自己爱思考的结果。冰哥，大家都喜欢这样叫他，脾气不是很好，课上气氛不错，即使我在一段时间内只得了可怜的分数，但仍然喜欢上他的课。

现在讲讲“铁军”的“军长”吧！就是照片上的这位老窦，虽然这样称呼不妥，但大家都这样叫，顺口了。严肃，是他给人的第一印象，人人敬畏，50多岁，经验丰富。他常说的话，也是他给我们讲的许多经典句子，诸如“皮裤套棉裤，必定有缘故”，“五千年看山西，三千年看陕西，百年看上海，三十年看深圳，十年看东胜……”“哎，你可得精明些……”。生活上，他待人热情，会开导人，有经验。

想起寒窗故友，那些年虽然苦，但也少不了乐趣。早晨去东北人那儿买早点，啃着辣烧烤肠，听着新闻，眼睛盯的却是课本上的那一行行、一段段字。中午一群人在一起侃几句，讨论一下题目。

---

① 选自班内网群学生的感想。

晚上有做不完的卷子，看不完的资料。周末，十来个人先是坐在教室里静静地看书，然后开始谈一些无关紧要的话题。比如，哪款手机不错，美国的哪些武器“牛”，某款车的鲜明之处在哪等。提及乐趣，当然是说在课堂上了。刘老师的幽默，那句“手足无措”成为经典；孙老师的怪癖，一声“哇”雷倒众人；英语课上，当然少不了我时而说上两句，其实也不是故意的，只是觉得有趣。

光阴似箭，日月如梭，两年一晃而过，大家各奔东西。此时，不由得想起去年元旦老窦题写的那副对联：“劈波斩浪弄潮四海还看九五，横刀立马扬威五洲唯我铁军”。

燕志鹏

执笔于 2009 年 11 月 21 日

日　记

日记、日记，书写传奇，见证奇迹，感召你我，昭示永恒……

每天一定要记住自己的足迹，为了昨天不再乏味；每天一定要面对崭新的挑战，为了今天不再彷徨；每天一定要畅想辉煌的未来，为了明天不再艰难。

孩子们，你们写下了旖旎和沧桑，写下了孤独和彷徨，写下了奋发与辉煌，写下了不朽和坚强……

把心门打开，让阳光进来，让美丽进来，让梦想进来。

放出热情，放出真诚与友谊，心在联网，灵魂在净化，生命在提升……

引　子

学生的自主发展，有赖于对学生主体性的尊重和发挥，而学生主体性的尊重和发挥又有赖于师生之间、学生之间的互动，即双方通过真实的交往（与角色扮演的交往相对应）过程而产生的相互作用。多年来我一直通过创设情境，营造人际关系氛围，实现同学之间、师生之间在教育沟通上的主题对话。主要方式有开好主题班会、办好手抄报、记好班日志等。后来我发现有些方式不能与时俱进。现今的学生特别反感搞班级日志这一管理方式，所记内容有时会造成学生之间的彼此猜疑，班干部成了众矢之的，渐渐地班日志管理制度便形同虚设了。

怎样弥补这一管理空洞？怎样做好集体舆论的正确向导？班级“接力日记”应运而生。

接力日记，就是一人记一天、轮流往下传的日记，它是受到竞技运动中的接力竞赛启发而命名的。每人一天，依次轮流，每个人都是班级中不可或缺的一分子。生活中涉及什么，日记中便可留下什么。你的言行，我的言行，他的言行，彼此之间形成共同的期待，共同的道德约束……实践下来，这一套管理方式受到同学们的热烈欢迎，开出了绚丽的花朵，结出了丰硕的成果。

以下选自同学们当时在班上的接力日记。

1990 年

1990 年 12 月 11 日　晴

每到了失望、绝望、无路可走或者无能为力的时候，人们总幻想有一个神灵来拯救自己、抚慰自己、同情自己，将整个受伤的心灵奉献给它，乞求神赐良药。难道这样就能得到援助？难道这就是解决问题的最好办法吗？

然而，这只能加剧你的不幸，使你更加痛苦。本来放着一个最好的路你不去选择，而寄托给一只空幻的神灵，就等于你把自己的腿砍掉，这是最愚蠢不过的了。

聪明的人能认识自己的价值，相信自己是有能力的。你的能力得靠你自己挖掘，你的价值你自己最清楚，也只有你最有办法。那为什么不选择自己呢？

李东梅（忻州地区职工大学）

1990 年 12 月 12 日　晴

噢，好像做了一场梦。不知不觉中我已升入了高三，此时，才感到时间过得真快。人总喜欢忆苦思甜，我也不例外。过去的时光，虽然过去了，可是它在我的人生旅途中留下了不可磨灭的印象，我将珍贵地保藏它。我坚信它在将来，一定会成为我的宝贵的思想财富。到那时，回味这快慰的人生，心中必定会激起千层浪……

为了将来，为了将来那美好的回忆，我现在要更加勤奋努力，给未来的美好回忆增加闪光点。而到那时，我将尝到人生的甘苦，懂得人生的真谛。我坚信未来是美好的……

我向往着美好的未来。

张军（山西税务专科学校）

1990 年 12 月 13 日　晴

我写……

我写我自己，留在历史的回音壁上。

我写我自己，不去毛毛草草地写就人生，如废纸一样在世上消失。我写我自己，笔尖上蘸满记忆的汗水，人生的旅途上印下深深的足迹。

即使自己的人生是短短的几行字，我也要用方方正正的楷书来写，绝不因企求一时的满足而改变，也不会去发挥猎犬的嗅觉换取亲昵。不为某种欲望而不择手段，不在诋毁别人中完善自己，更不因一时的挫折而写下哀叹。因为我欣赏鲁迅先生的“笑对人生”，因为我想在求实中去使生命延长，把在自立中品尝到的味儿写进人生，同时用充满热情的气魄作立体彩色插图，让别人带着挑剔去读——在破坏中完善自己。

我写我自己，只求在结尾的时候没有沉痛的忏悔和哀叹！

任嫦娥（山西大学师范学院）

1990年12月15日　晴

我不敢止步。

虽然我坐在自己的小屋里，我却看得见我的朋友们深夜不熄的灯光，看得清他们沉思时额头上的每一条皱纹，听得见他们的心跳。

岁月不停地流逝，朋友们的身影总在我眼前闪现。我看见他们披荆斩棘，手上不时地流着鲜血，看见他们攀登高峰时留下的脚印……

一个崇高的理想引导着他们的青春与生命，他们的激情在燃烧，他们的理想在放飞！

我为他们不停的追求而祝福。

我岂能只为一名祝福者和赞美者？在求知的大竞赛中，我是进取者，也必须成为一位进取者，还要成为进取者中的强者，成为强者中的胜利者。

我不敢止步，也不能止步！

邬东（忻州地区工业学校）

1990年12月21日　晴

在新年来临之际，我校举行了盛大的拔河比赛。

我是63班的一员，对我班取胜抱有很小的希望，因此，我在赛场上表现出漠不关心的样子。

“加油，63班！”周围的同学异口同声叫起来。出于好奇，我偷偷地向对方看去——对方正处于劲头十足之时，我方队员也在竭尽全力。在这种场合，对于两队来说，当然是谁能坚持到最后，谁就能取胜。

由于我方队员的坚持不懈，我方战胜了对方。这使我不由得敬佩起这些参加拔河的同学来。他们能以惊人的毅力战胜对方，这表现了什么？为什么我自己就不能在学习上这样呢？

从这件事上，我看到了我班的希望、我班的未来。

韩银柱（山西农业大学）

1990年12月24日　晴

今天看到这样一则笑话，其内容是：一个人从授奖大会上归来，他的朋友问他："为什么一走上领奖台你就流下成串的泪水？"他笑了笑，坦率地告诉他的朋友："因为我是含着泪水走在通往奖台的道路上。"刚听到这话，确实使人发笑，但是细细地回味一下，却含有很深的道理。难道不是这样的吗？有人只惊慕成功的花开时的明艳，然而当初它的芽儿也浸透了奋斗的泪水，洒满了牺牲的血雨。有人只感叹自己的命不好，消极地等待着命运之神的降临，可是你要知道机遇总是垂青那些努力奋斗的人。若知道苦难对于每一个人都是均等的，就不会无休止地报怨命运的不公平，你便有足够的信心来开始你的事业。

为了求学，我们从异乡来。

为了成功，我们携手并进。

祝大家"九一"获胜！

周海清①

1990年12月28日　晴

昨天，数学老师讲了几种题型的做法，花了大半天时间我才弄清楚。拿起数学老师给我留下的几道题，眼前又是一片模糊，脑子里一片空白，根本理不出个头绪来，更何谈答出来。"从哪里弄来这几道偏难题？"我讨厌地把它抛在一边，后来才知这是几年来的高考题。我一直认为自己数学基础较好，并且成绩也算不错，曾经

---

① 周海清，毕业于忻州市神池县第一中学，1990年9月来河曲巡镇中学文科班复读一年，第二年高考被山西省粮食学校录取。

沾沾自喜过，然而测试了一下才知道自己的实际水平太低了。如果把我放入全省、全国竞争的范围内，我的位置又在哪里呢？应该充分正确地认识自己，妄自尊大只会模糊自己的视线，放松自我。我们应当记住这句话："知己知彼，百战不殆。"

韩斐①

1990年12月31日　阴

不知什么时候，我也有了女孩子的思虑与心情，无论什么时候，淡淡的忧愁总是将我紧紧地捆绑，使我变得越来越沉默……

不知不觉已到了高三，回顾昨天、展望明天，只有痛苦和迷茫，而对于今天却也只能整天以泪洗面，糊里糊涂地过。

不知什么时候一块石头被扔进了平静的湖水中，溅起点滴的涟漪，也将我的平静而又庸俗无聊的生活改变了。此时我突然觉得，天空忽然又变蓝了，而生活也又变得绚丽多彩了。此时，我不再为前途黯然泪下，只有一个念头，好好干吧。

余丽娟（晋阳大学）

1991年

王理②

1991年1月6日　晴

新年，我在想……

想那已逝去的时光；想那将要迎来的新的一年；想那迎来的是

---

① 韩斐，1989年9月由忻州市五寨县第一中学转入河曲巡镇中学就读，在1991年高考中被太原理工大学纺织学院录取。

② 王理，忻州市五寨县第一中学毕业，1990年9月来河曲巡镇中学就读，第二年高考被山西省粮食学校录取。

春光明媚的“春天”，还是瑞雪覆盖的“严冬”；想在人生的道路上是有所作为，还是庸庸碌碌；想又长大了一岁，是得到的多，还是失去的多；想我将来是收获一颗颗硕果，还是挥洒一滴滴悔恨的泪水。

新年，我在想……

想我继续在“懊悔”的王宫里游玩，还是在知识的海洋里寻觅；想我在人生的“十字路口”是踌躇徘徊，还是勇往直前；想我在升学考试这“千钧一发”的时刻是“金榜题名”，还是名落孙山；想那五彩缤纷的过去，也想那神奇美妙的未来。

新年，我在想……

想我在新的一年里，我对人生的意义有所感悟，还是当一天和尚撞一天钟；想我的青春是朝气蓬勃的还是垂头丧气的；想那逝去的时光，更想那在新的路途中开始的新的生活。6 个月、180 天我将如何跑完。

新年，我在想，我在想……

豆豆（个体）

1991 年 1 月 10 日　阴

我们曾穿过青山、原野，踏着泥泞的路走进一片神奇的天地，这里是孕育知识的摇篮。

如今高中生活即将结束。想当初，总认为它会带着我们走过冬天的严寒，越过春天的温暖，然而随着时光的流逝、灵魂的跋涉，许多人皱紧了眉头，于迷惑中寻找、思索、探求，心中充满了无助和悲伤。偶然间我看到这么一句话：“生活中最孤寂的常常是那些走在最前面和落在最后面的人。”看看榜首，并没有出现那些熟悉的名字，运动会上也没有我们班的金牌，更不用说那“於陵论价重如金”的喜悦了。这么说，我就是走在最后面的人了？心中不禁升起自卑感，从而变得有些玩世不恭了。然而心中的那把圣火并没有熄灭，毕竟又长了一岁，失去的一切是找不回来的，而面对未来又充满了抗争的魅力。

我相信，所有的结局都由自己抒写，还是让我们坚定地向前走吧！

郇利华（个体）

1991年1月10日　阴

看完所有的日记，我默然了。

有一种说不出的感觉，似乎有几分惊异，又有几分愧意，更多的却是来自内心的感叹：想不到这些看似无忧无虑的同学们的心里，竟也有着如此丰富而复杂的事情！

一页一页，无不倾注着他们内心的呼声；一行一行，无不抒写着我们心灵的轨迹。我仿佛听到了心灵深处的搏击声，看到了那一颗颗跳动的心，感受到他们那股自强不息的精神……

而我呢？我似乎离他们太远了，离生活也太远了。

曾几何时，我也有过如他们这般激情热烈的生命、梦幻般的追求、美妙的梦想，有过如他们的冲动与不安，有过如他们的欢乐与悲伤……

我曾经深思过生命的极致，执著地寻求过人生的真谛，独自一人在茫茫的旅途中跋涉。我疲惫地走着，苦苦地寻着，然而有一天就在我自以为寻找到了生命极限的一刹那，却突然发现，原来我所追寻的一切全是空的，因为它一直就陪伴在我身边，而我却始终没有发现。

我曾经研究过社会，我将我的整个身体溶于社会，用我的双眸去观察、用我独特的心去感受。我发现了人与人之间的虚伪、人情之间的淡泊、世俗的丑恶……我失望了，这是一个与我想象中完全不同的世界。

我退却了，我迷茫了，于是我把我的心封闭起来，开始用我那支墨绿色的笔去圆我的梦，我拼命地学，没白没黑地学，把我的一切寄托于空幻、美梦之中，我整日坐在角落里，做着一个又一个梦。

梦，终于被现实击碎了，我从空中跌落下来，跌得好痛。

“走文学之路，本是一个美丽的错误。”就在我跌落在地上的一刹那，我想起了一句不知谁说过的话，我终于完全失望了，我把我的笔藏起来，撕碎了我的底稿，毁弃我的梦，我明白了梦是不可以做的，梦做得太多只会带来更多的痛苦。

而今，在自我矛盾的挣扎中，我领悟到世界上像我一样经受坎坷与痛苦的人有很多。回首身后，在我走过的路上，仍有许多人在苦苦地跋涉，但愿他们能够勇敢地直面人生与现实，把握命运的脉搏前进，所能得到的不会失去，所希望的都能得到。

其实，人生犹如赶车行路，错过了便永远不能追回。

王昭文①

1991年1月12日　晴

每个人对生活都有一种感受，可我对纷繁复杂的世界却读不懂，也看不透。过去的一切有如烟雾，随着时间的流逝散去了。即使是现在对生活有点感受，那也只是淡淡的。我没有其他人聪明的头脑，缺少应有的老练与深沉，对一些看来“很有价值”的小事（在同龄人看来却是非常平常的事），我却会像小孩子一样手舞足蹈，总是稚气未褪、童心未泯。我既不会潇洒地表现自己，也不会虚伪地掩饰自己，更不懂得塑造自己。我只想用真诚来迎接我的生活，迎接到来的每一天。

其实，我只是一个非常平凡的人。我不想过多地把我的欢乐与悲伤显露在外面，于是我把一切都珍藏在心里，把我的眼泪都吞到肚里。我只用微笑去对待一切，我不喜欢那些受到挫折便伤心不

① 王昭文，性格内向，善于独立思考问题，自毕业以后未能取得联系。

已、泪流满面的懦夫。眼泪并不能代表一切，重要的是如何摆脱困境、寻找出路。

在人生的旅途中，能使人解除痛苦、得到安慰的良药是不懈的奋斗，而唯有知识能使人获得生存的力量。记得有人说过："学习是医治一切痛苦的良药。"你为什么只是懊悔和悲叹呢?

未来不可抗拒，还是珍惜你的眼泪吧！不要有太多的忏悔，不要再做无望的祈祷。前方的路虽不平坦，但我想说："何能尽如人意，但求无愧我心!"

乔瑞雪①

1991年1月14日　晴

有一个黄昏，阴郁而寒冷，我静静地坐在空寂的屋子里，细细地听一首歌。那支歌的旋律很温柔，每一个音符都似从我的生命里流过。

有一个黄昏，昏黄而迷离。我独自靠在老槐树下，静静地看一本书。那本书的内容很动人，每一个字都似融入我的心里。

这黄昏的氛围完完全全淹没了我。我只愿沉浸在这平淡、恬静的永恒里活过一生一世。不辉煌，也不沧桑，只要一支温柔的歌，一本动人的书，我已满足得不能再满足。

19年来，走了多少路，过了多少桥，我自己也不知道。我不像许多人，总要走宽阔的路，总要过壮观的桥。小小的路、小小的桥，亦如我小小的不算抱负的抱负、小小的不算理想的理想。

我是一个普通的人，我是一个忧郁的人，我是一个渴求宁静的人。

那些有美丽星光的夜晚，我在想，为什么我平凡的理想就像这美丽的星光，永远可望而不可即?

一个细巧的声音在冥冥中回答我：每个人来到这世上，都有自

① 乔瑞雪，高二文理分科后她选择了理科。在高三不到一年的时间里做出了理改文的决定，经过刻苦努力，1991年高考被山西省供销学校录取。

己的责任，都要去干一番事业。然而，我的责任是什么？我的事业在哪里？那个声音不再回答我了，但是我明白我的责任绝不是我的抱负，我的事业绝不是我的理想。

凭什么说万丈雄心，凭什么说满腔豪情，我只想拥有心灵的宁静，只想自己的灵魂不再流浪。

有的时候，当蓦然回首望着走过的一段小小的路时，我不禁若有所悟，那路不正是我曾经的小小的理想？于是我的内心便多了一份信心，多了一份寻求宁静的勇气。可当我从许多小小的路上走过，我猛然明白，小小的路连接起来便是一条长长的路，小小的理想加在一起便是一个很大的理想。

而心灵的宁静呢？天长日久的平凡也是一种伟大。我要负起我的责任，完成我的事业。

那一个黄昏，有一支歌，每一个音符都从我的生命里流过；那一个黄昏，有一本书，每一个字都融入我的心里。

我浅浅一笑，忍不住又泪光盈盈。

白光①

1991 年 1 月 16 日　晴

明媚的春光享受着轻风的温柔抚慰，羞涩地留下一片落红缤纷；碧青的仲夏沐浴在暖风悠悠的絮语中，奉献着生命的源泉；清爽的金秋伴随着日渐火红的枫叶的轻唤，抛下厚厚一层落叶，怀着一份苍茫的希望，弥撒在辽远的天际；白雪皑皑的寒冬，在北风狂怒的咆哮中，叱咤风云地享受它短暂的生命，封冻了生命的热泉。

春去冬来，经过迷惘和彷徨，我选择了这一条路，默默地开始了人生艰难的旅程。

我带着沉重的问号，深深地思索着人生的真谛，谨慎地迈着每

---

① 白光，山西省五台县人，1989 年来河曲巡镇中学就读。

一步——为的是留下充实的记忆。我知道，我的选择意味着什么。这条路上有鲜花的诱惑，有阳光下的快活，也有风雨雷电的袭击。但我心里的信念告诉我：我会走下去的。

曾有过蓝天白云底下的眩晕，有过鸟儿叽叽喳喳的逗引，但我还是轻轻地走过去了，因为我明白——这一切无非是生活的甜蜜陷阱。曾有过后悔和动摇，但我还是坚决地迈开了步，尽管我还在伤心地落泪。我认为——这一切都是不可避免的。泪痕未干，我又带着几分自豪、几分矜持，因为我已找到了一根“拐杖”。

只要不忘记赶路——向着希望的路，我坚信，经过一番艰苦奋斗和追求，终会换来成功的！

刘美美（山西大学晋中学院）

1991年1月17日　晴

也许时间是无情的，也许自己是无能的，也许命运是不佳的，也许……

1990年，我在昏昏沉沉、迷迷失失中一晃而过，构成了我补习生涯的第一个篇章。罗曼·罗兰说过：“人生不出售来回票，一旦动身就不可回首。”的确，往事已成为历史，不论你过去多么完美、多么勤奋、多么成功，那只能是过去，而留给现在的是无边无际的一张白纸，至于什么内容，还得重新去写。

“天无绝人之路。何必天不绝，人人自绝呢?”我反复地默念着这句话，终于鼓起一点点进取的信心，重新进入了教室，开始了再次的补习生涯。

在人生的沼泽地带，我继续跋涉，人生的路不可能像长安大街那样平坦，也不可能像白杨树一样修直，它如同正弦曲线，有高峰也有低谷，有直又有曲。曲曲直直、直直曲曲的路，也许更适合我吧！我不想轻易折服于别人，更不想在别人的白眼与讥讽中放弃对生活的追求。我就是我，一个实实在在的我。

人人都有本难念的经。在通向成功的大道上，谁也不可能一帆风顺，不可能没有险滩沼泽。成功的欢乐，正是由于经过了艰辛的耕耘。

我真心希望我们63班的每个人都能抓住今天，从今日开始努力学习，而不是在明年（1991）的高考中悔恨昨日。

王小莉（个体）

1991年1月18日　晴

平日里读书或写文章，我总感到空虚，没有太多收获。我不愿神游那虚无缥缈的云烟雾海，只希望能从现实起航，与现实靠得近点、再近点。

有人说文学不是现实，是艺术。这无疑是正确的，但文学是源于现实的。即使说是艺术，也不能做成空中楼阁。事实上有人做了，甚至越做越高；有开辟这条道路的先驱，便不乏有紧步其后尘者，于是便形成了这么一个层次。他们的杰作看来是极精美的，语言华丽，词汇冷僻，事件引人，能刺激人的神经，但绝不触及现实……也正因为如此才使它缺乏内涵、缥缈虚无，让人捉摸不透，似有美蕴于其中，却不知在何处，事实上你永远捕捉不到。因为它的美只在于你的第一印象，当你看第二眼时便消失得无影无踪了。如果把这也叫做艺术，那简直是对艺术的玷污。它没有艺术的生命力和存在的价值，对我们又有什么作用呢？

也有人说那是憧憬未来的表现，如果对憧憬未来产生疑问，甚至反对，那简直是在扼杀进取心。我不敢武断地说那是错误的，却要善意地说，憧憬未来与毫无根据的幻想可谓同出一脉。谁敢保证不越雷池半步呢？所以调定低点，保险系数大点，总归不是一件坏事。

看来，我们还有必要从身边说起、做起！

杜瑞华（内蒙古包头市运输个体）

1991年1月19日　晴

古时候的读书人，一心只读圣贤书，把读书作为走向仕途的“光明之路”，于是就读死书、死读书。

近来看了周总理在求学时写的一句话“从无字句处读书”，感觉到它包含着丰富的内涵，形象地揭示了书本知识只有与社会实践相结合才能成功的道理。

“无字句处”指的是什么呢？指的是广阔的社会、城市、农村及自然界的山山水水。“从无字句处读书”就是从这些场所学到真正的知识。“读万卷书，行万里路”，没有行万里路的实践，万卷书也就会变成死书。但若能将两者结合起来，就相得益彰了。学习知识最终的目的就是为了在社会生活中发挥作用。如果不能活学活用，就像政治家没有斗争经验而缺乏大智大勇的才华。如果不能把自己的才能与国家、社会、人民的事业结合起来，不就像作家没有生活的实践而没有创作的源泉了吗？

席理政（忻州师范学院）

1991年1月22日　阴

寒假又迫在眉睫。蓦然回首，我已度过了高中生活的大部分。生活的酸甜苦辣我已品尝不少，但从中也有所领悟。窦老师常说：“历史是人生，历史更是生活，是生活告诉了我们如何去生活得更好。”今天终使我有了个清楚的认识：生活就是这样多味儿，以至于让人时而累、时而乐。

我，就是这样的时而累、时而乐。

尤其是刚进入高三的时候，每天均可以听到“高考”两字，无论是干什么，总会与之接触。一度使我胆战心惊，似要奔赴前线之前的几刻钟，神经特别紧张，“高考”不断地在我眼前跳跃。那段日子里的我生活得很累，难以挣脱生活的负载。好在有远方友人的引导，我进行了适当的自我调节，来重新安排我的看似枯燥的生活，慢慢地我又转入了自己正常的生活程序。其实，我已体会到生活的乐趣。

无论是谁，都有不快乐的时刻，但是诸如“累垮我了”、“活不活无用”之类的话说出来，却是没有必要。你之所以忧愁，是因为你没有用心去热爱、观察发生在你身边的一切，相反，你会从中得到许多的乐趣。

没有必要硬搬“高考”来吓唬自己，毕竟我们并不是为了“高考”而生存，我们要为了生活的酸甜苦辣而奋进。

不要有过多的埋怨，因为生活就是这样。

徐利平（山西财贸学校）

1991 年 1 月 23 日　小雪

在同学们所写的日记中，我看到有些同学感到生活很累、很空虚。他们对于过去发出的是“逝者如斯夫”的感慨，而对未来则是一片渺茫。

但我却要告诉大家，不要忘记我们正处于人生的黄金时代。青春是无怨的，尽管逝去的，往往会引起我们的追悔，但青春岁月将带给我们的是真实的感受和对未来的无限憧憬。

学校的生活也许本来就是清苦的，但每天泛舟书海、苦中求乐，不也是人生的一件快事吗？每天上床以前，想想自己一天之中所做的事情，虽然收获不大，但内心是感到充实的。

青春的心是充满激情、飘逸浪漫的。我将在不断的成长中去感受生活，体会生命的价值。我们也无须强求别人的理解，更无须让别人的言论约束自己。假若我们一味地沉浸在无休止的解释中，人云亦云，只能使自己被动，并且丧失个性。我们应将别人的嘲讥、蔑视沉浸于不屑之中，沿着生活的轨迹勇敢地向前走！

有人说过：“人的生命好像流星，瞬息即灭，所以我们要趁活着的时候，尽量发挥生命的价值，正如流星放射出了它的光和热，把能量贡献给永恒的宇宙一样。”

人的生命是这样的短暂，这就需要我们用自己年轻的心、青春的激情去竭尽全力地充实它、光彩它，发掘它的神奇和美丽。

1991 年 1 月 26 日　晴

怎么还有 5 天？我扳着指头数了三遍，是的，还有 5 天我才能见到妈妈，回到久别的故乡。真难熬啊！我开始埋怨时间过得太慢了。

谁不曾有过等待，那种滋味简直能让人发疯，一会儿是激动的，一会儿又是痛苦的。因为所等待的总是像幽灵一样时而虚无缥缈，时而又浮现眼前。

可是等待又比拥有幸福。当你拥有一切时，你肯定会空虚得难受——没有追求、没有渴望的生活太单调。

等待则不同，它可以使你振奋，使你变得活跃起来，对生活充满信心，因为远方有你所追求的美好事物，它像磁铁一样吸引着你。你呢？在它的磁场范围内奋力拼搏。

是龙，就要腾飞；是凤，就要展翅；我们是朝气蓬勃的龙与凤，怎能禁锢自己。轮船自是在港口最安全、最轻闲，但是那不是造船的目的。于是乎，它便久经风吹雨打、海浪冲击，慢慢地、慢慢地向着它既定的目标前行。

多个等待吧！尽管滋味难品，然而真正的幸福就是在等待的阶梯上攀向“理想”这个顶峰。

我之所以有了这份等待，就是因为我在追求。

李晓敏①

---

① 李晓敏，忻州市偏关县第一中学毕业，1990 年来河曲巡镇中学就读，第二年高考被山西省粮食学校录取。

1994 年

1994 年 12 月 20 日 晴

路有千万条，条条有它的风貌，有它的好，全在于你是否体会得到。每个人有每个人的路，不需与他人比较，过得好坏，只有你自己知道。

人生之路的好坏，在于有多少路途合乎自己的意愿，不在于途中获取名利多少。

太多权威者喜欢当圣人，指引别人的道路。蚂蚁要往何处走，蚂蚁知道，蜜蜂要飞往何方，蜜蜂知道。以万物之灵的权威，又能指引它们什么？

蜂蚁自有它们的秩序，步步合于它们的礼仪。鸟兽自有它们的规矩，处处合于它们的随意。人也有自己的一套，不需向蜂蚁鸟兽看齐。

每个人的人生旅途，每一秒都要自己去看，每一步都要自己去走，没有人能代替。那么又何必在乎别人的看法？

人生的意义就是变化无穷的，人生不能一成不变，不变就是死亡，变才是生生不息。

人生有很多个阶段——出生、成长、退休、死亡，能够在成长时成长、奋发时奋发、退休时退休、死亡时死亡，这就是人生大幸。

在工作时工作，享受时享受。大多数人往往是工作时想去享乐，享乐时又担心着工作。

这就是变化无穷的人生，一个人一旦意识到念书是一种享受，就是一条合乎自己的路途，就会成功在即，踏进诸如清华、北大等知名的一流高等学府也会顺理成章了。因此，人的潜力需要得到充分的挖掘！

有人说，自从进了文科班就受别人鄙视；有人说，学文不敢说学文；又有人说，学文靠不住。

我不信，我们有爱事业、爱学生如同爱生命、爱子女，具有性格感召力与影响力的班主任窦老师；有知识渊博，幽默地带我们走进文学殿堂的张老师；有白发增生、同情学生、具有多年教龄的张老师……

我不信，芝麻不能开门。我相信，到时面包会有的，牛排也会有的……

这就是一个人的自信力！

段明远（忻州师范学院）

1994年12月31日　晴

爆竹声中又迎来了新的一年。我真想伴着一个个高升的麻炮，一览远远近近的人们的一张张笑脸。我也想乘骑快马追上时间老人，问他为啥对世人这样不讲情面，为什么只留给我们165天的时间攻读，然后就要把我们带到那个令人惶恐不安的“黑色的七月”？

回顾过去，展望未来，心里就像打翻了的五味瓶，酸、甜、苦、辣应有尽有。过去，曾经想创造一个崭新的自我，但一次次萌发的念头，总是被另一种无形的自卑感击得粉碎。现在，我想奋力拼搏，开始一个新的生活，但脚下的路并不那么畅通。

我生来喜欢红色。红色象征着朝气蓬勃的生命，象征初升的太阳。的确，我们青年人就像那早晨八九点钟的太阳，我们拥有希望，拥有辉煌的明天，也拥有一个伟大的历史使命。

我最欣赏夏天，因为夏天是四季中最热烈的一个阶段，人的身心得到解脱。

我情愿只活一秒钟去照亮世界，而不愿意在灰暗的角落里苟活一万年。

燕儿去了，有再来的时候；杨柳枯了，有再绿的时候。但愿我们更加珍惜今天！

韩焱（忻州师范学院）

1995年

1995年1月2日　晴

时间飞逝，一晃又迎来了新的一年。回顾自己在过去一年中的所作所为，我很惭愧。在新的一年里，为重塑一个全新的自我，我制订了一个小小的计划：

1. 课前认真预习，上课专心听讲，课后及时复习与总结。

2. 合理地安排学习时间，找出自己每天的最佳学习时间。在这段时间里尽量不做与学习无关的事情。在晚上睡觉前记下明天早自习自己要复习的科目。

3. 提高学习效率，尤其是提高课堂学习效率。

总之，在新的一年里，我要抓紧每一分钟去努力学习，坚决抵制过去的一些坏习气，以新的姿态展现自己。

文苑（山西农业大学）

1995年1月3日　晴

今天下午课间10分钟，我和几名女同学正在门前的冰坡上玩耍。我做了一个漂亮的滑冰动作，恰逢一位语文老师经过时看到了，高兴得硬要我再做一次，可一向胆大的我不知怎么踌躇起来——一怕滑倒了，让同学们笑话；二怕同学们说我爱逞能。尽管老师再三“邀请”我却始终没做，最后那位老师带着失望的神情离开了。

事后，有位同学说：“哪怕你给他表演一下呢，太遗憾了。”我细细想来确实如此，不禁慢慢地责备起自己来——该表现的时候不表现，真没出息。

由这件事，我意识到应抓住机遇，完善自己。当今社会充满竞争，若不趁机表现自己，即使你是人才，别人也不容易甚至不能发现你，直至落得个“玉珠藏于顽石，永不见天日”的结果。

因此，我们青年朋友们应抓住机遇，发展自己，充实自己，完善自己。

任晓萍（北京师范大学研究生）

1995年1月5日　晴

1月6日要毕业会考，19日要进行质检考试，再过160多天又要高考。这些能说明什么呢？说明了我们要经历一次次的检验、一次次的“练兵”。我们要想通过检验和社会对我们的选择，就应该好好抓住时间去努力奋斗。

时间对于每个面临高考的高三学生来说，实在是太短了。其实，时间虽然是最无情的，但是它却最公平。因为它给了每一个人同等的时间。它对于那些庸庸碌碌的人来说是冷酷无情的，它带给他们的只有悔恨和不尽的牢骚。但是它会给奋斗的人送来成功与非凡，使他们的辛勤付出得到应有的补偿。

时间对于每个人都是公平的，即使是稀世美女，脸上也会被它刻下道道皱纹，即使是骁勇之士也会被它催得老态龙钟。

时间……

为了我们能得到时间老人的补偿与恩赐，而不是得到满腔的悔恨与不尽的牢骚，我们要在这有限的时间里努力奋斗，通过社会对我们的检验和选择踏入理想的大门，在人生的这一小小驿站，画下一个完美的句号。

王芳（北京师范大学博士）

1995年1月9日　晴

期中考试即将来临，蓦然回首，才发觉时间过得飞快。

刚到文科班时对着一副副陌生的面孔，想起分班时同学们学文、学理的议论，我的心仍在进行着激烈的斗争……

然而，班主任的开场白，震动了我的心，使我坚定了学文的决心。特别是假期的30天补课生活，拉近了师生之间的感情，班主任窦老师的容颜在我的脑海里烙下了印迹。窦老师注重培养学生的个性，也注重观察学生的学习方法并加以指导。这使我对窦老师的敬佩之情油然而生。

时间稍纵即逝，转眼半年已过去。同学们经过辛勤的耕耘，想必是顺利地通过了会考，然而在我们的面前，还有许许多多的大山需要去翻越。我们不能就此停步，为目前的所得沾沾自喜，我们应该尽自己的全力去学一切可以学到的知识。

要知道：多一点知识，就多一点本事。

杜文娟（忻州商业学校）

1995年1月10日　晴

面临为期不远的高考，班主任对大家仍沉迷于课外读物发出了最后通牒——要清醒，要实惠些，为了我们的明天！班主任的意思是怕这些读物会“喧宾夺主”，影响我们的正常学习。我觉得，如果仅是作为面对学习紧张时的一种放松式的消遣，也未为不可，而假若是欣赏到爱不释手、废寝忘食的地步，就会是一种极端了。我认为班主任窦老师的话说得很及时。原想同学们会因此而对以往的“亲朋密友”有些冷落。可谁想课后看到的、听到的仍有不少有关此类的内容，“哇，你啥时买的《封神榜》，我可不可以欣赏啊？”“你看的这篇武侠小说真是太棒了！”不解中夹杂着诸多的同龄人的感慨——原来，对生活的迷惘、对人世的感慨、对理解的寻求、对未来的向往是处于我们这个年龄阶段的通病。

涉世未深的我，心中充满着对外界的向往、好奇。一旦面对纷繁复杂的大世界，不由顿感手足无措。大人把你当孩子，孩子把你当大人，有谁能理解这颗敏感而又多思的心呢？唯有写给不珍惜时间的人的这些小说会诱惑我们的心，会给我们一种相识已久的老朋友的感觉。班主任的心思是要同学们割舍这份“交情”，可我们还真有点舍不得！

不管怎么说，我们的漫漫征途，还要自己心平气静地走过，需要我们耐得住寂寞、耐得住孤独、耐得住苦闷彷徨，还要下大决心忍痛割爱。

张红霞（太原理工大学）

1995年1月11日　晴

我并不相信世界上有神，但现在我又希望世界上真能有神，真有一位大慈大悲的观音菩萨，来解脱一个在忧愁和烦恼中不能自拔的我。

“黑色的7月”即将降临。多么可怕啊！那在很大程度上就是一条人生命运的分界线。回想一下自己，腹内空空，脑子里一片空白，这样如何去应付高考？我不时地悔恨，大好时光竟被自己白白地浪费，以至于如今在自己肩上的担子那么沉重，真感到有点透不过气来。

时针是不会倒转的，现在抱怨又有什么用呢？关键还是去珍惜今天吧！

我有一个弱点，就是人们所说的“小心眼”，对一些无形的忧愁、烦恼想不开、摆不脱，不能以大局为重，一旦陷入这种境地，很难走上“正轨”。上课时，想下课；背语文时，想数学……我深知这种情况会耽误自己的学习，为此我想了许多力所能及地“良策”，终未能“得胜归来”。也许是因为我的自控能力太差了，也许这就是人们说的所谓“战胜不了自我”。人们不是常说“无论做什么事，必须保持一个良好的心理状态，否则很难做成”吗？可我就缺乏这一点，因此我必须下决心来一个彻底改观。

是该清醒了，不要继续在忧愁和烦恼中折磨自己了，必须用一个新的姿态去对待学习，迎接新的挑战。我坚信，只要我不懈努力，奋力拼搏，目标明确，就一定能够达到胜利的彼岸。

吕四海（忻州师范学院）

1995年2月25日　晴

高尔基说过："世界上最快而又最慢、最长而又最短、最平凡而又最珍贵、最容易被忽视而又最令人后悔的就是时间。"这的确是句至理名言，弹指一挥间，高中生涯已近尾声，只丢下4个多月。这4个多月，说长不长，说短不短，取决于我们对它的态度。如果我们能充分利用它，它就会过得很慢，变得更长；如果我们随意浪费它，它就会过得很快，变得更短。高考已迫在眉睫，这段时间可以说是最珍贵的，但是假若我们忽视了它，那么它也将是最令我们后悔的。

在此，我抄下《今日诗》敬献给诸位：

"今日复今日，今日何其多！今日又不为，此事何时了？人生百年几今日，今日不为真可惜！若言始待明朝至，明朝又有明朝事。为君聊赋《今日诗》，努力将从今日开始。"

贾文勇（山西师范大学）

2000年

2000年9月2日　晴

9月1日，我如愿以偿地跨入了巡中的大门，被分到了109班，班主任便是窦老师。

分班后，我们跟着窦老师走到了教室门口。"从小个到大个整队，小个子站在这边！"老师说。大家可能是由于不熟悉的缘故，过了好一阵还没站好。"快点，小个子站这儿！"老师大喊一声。好严肃啊！

回到教室，老师简单说了几句，便让我们去整理宿舍。“把自己的东西都带好，宿舍里缺什么，可以找我。半个小时能整理好吗?”“能！”大家异口同声回答。“好，马上动手。”窦老师和蔼地说。

上第一节历史课时，由于我们没有课本，窦老师便漫谈了一节课，这是一节很好的思想政治课。这节课上，老师教育我们要先学做人，并给我们留下一句话：“真心求学，实意做事，正直做人。”窦老师是一位善于教育教学的好老师。

窦老师，大家都说您是位好老师，我也打心里喜欢您。

邬蒙（山西师范大学）

2000年9月4日　晴

敬爱的窦老师，您是人类灵魂的工程师，您的职业是崇高的，是受人尊敬的。为了革命事业后继有人，您以启明星为伴，开始您的“设计”。待天色微明，您带着我们——祖国的未来，迈向知识的宝库，晚上您认真批阅一份份历史答卷。老师，您那一滴滴辛劳的汗水，是滋润我们心灵的甘露；您的满腔热忱，是我们成长的和煦阳光……

老师，当我跨入您的班集体时，我又何尝不在暗自为自己庆幸呢?

记得刚开学的那几天，我如一只迷途的小羊羔，整天昏昏沉沉，是您在这关键时刻拉了我一把，帮助我梳理了“初高接递”的思想，而且您还初步给我讲了社会形势、做人的道理。

窦老师，虽然您年纪大了点，但是您的思想、行为一点也不落伍，我们一定会努力超越自己，争取在这虽长但又极短暂的三年中，搞好人际关系，创出我们的非凡业绩。

窦老师，我们这些从山沟沟里爬出来的小孩子，虽然刚开始做得不够好，但是我们有信心取得进步。我们一定会让您满意的！

放心吧，我的好老师！

王志强（牡丹江大学）

2000 年 9 月 12 日　晴

转眼间，军训结束了。对于一周的军训生活，我感到十分留恋。虽然军训很累，但苦累背后是甘甜。我感觉这一周的军人生活是最美好的。

不知为什么，有些事比如说军训吧！当我们正在操场上顶着骄阳训练时，希望的是这 6 天能一闪而过。然而当教官向我们宣布军训结束时，对于已经度过的 6 天军训生活，我们大家却都感到十分留恋，希望能再多训练几天，哪怕再多一会儿。

邬萌萌（西北师范大学）

2000 年 9 月 26 日　阴

说起我们这个班，你一定很熟悉吧——高一年级 109 班，是一个由 52 名同学组成的团结友爱的大集体。

同学们不但和睦相处、友爱互助，而且都想着为集体争光。前几天的军训会演中，同学们都认真地参加训练，自觉地遵守纪律，听从教官的指令。最终我们班获得了“军训会演高一年级第一名”的好成绩。

我们班好比是浩瀚的大海，我们每个同学就是那一滴滴小水珠。每一点成绩、每一点进步，都凝结着每个同学的汗水。可为了这点滴成绩，老师的白头发不知增添了多少根。在生活上，老师更是无微不至地关心着我们，爱护着我们。

如果把我们班比作乐团，那老师就是指挥。在窦老师高水平的指挥下，我们一定能演奏出动听、悦耳、和谐的乐章。

杜雪梅（北京航空航天大学）

2000年10月8日　阴

看到这本日记的前言，我犹如看到了窦老师您那一双期盼的眼睛、一颗时时刻刻都在为我们这52个不懂事的孩子着想的过度操劳的心，心里不禁感慨万分。

刚进这个班时，我看着一张张陌生的脸，心里很紧张。我和他们能在一起愉快地度过这三年的高中生活吗？但我很快就给了自己肯定的答案，于是，我微笑着同这些不熟悉的面孔打招呼。每个人也同样回报我一个微笑。我成功了——得到了应有的回报，因为我从小就相信——送给别人一个微笑，别人也会还自己一个微笑。微笑能感化一切……

刚进这个班，知道您是一位只代高三班、补习班而从未代过高一班的历史老师，心里免不了有些担心，您能管理好我们这些淘气顽皮的小学生吗？但很快我的怀疑就消失了。因为您是一个善于引导我们的老师，很快您就了解了我们的情况，然后您与我们进行了思想交流，又让我们才了解了您。

在以后如流水般的日子里，您教导我们：作为一名学生应该“真心求学、实意做事、正直做人”。您不仅在教我们科学文化知识，还在教我们怎样去做人。

刚从初中升入高中，我一时适应不了这个突发性的变化，觉得自己很笨，心情很不好，像被泼了冷水一般。是您耐心地教导我，反复地给我做思想工作。您说：“现在的不适应并不意味着你就低人一等……”我心里的那点求知火苗在快要熄灭时又一下子燃烧起来，心里亮堂了许多。“谢谢您，窦老师！”这是我的心声。也许这句话并不重要，但这是我的真心话。

现在的我，正在努力适应着一切。上课时专心听讲，认真思考老师提出的每个问题；课后看一些书报杂志，丰富自己的精神生活。我就如在通畅的学习“轨道”上快速前进。是因为您的出现，才使我找回了一份自信。在这里，我再次对您说一声“谢谢”！

邬敏敏（辽宁科技大学研究生）

2000 年 10 月 8 日　阴

阵阵微风过后，树上的叶子纷纷飘下来，整个校园充满了浓浓的秋意。

我的心情格外舒畅，学校组织我们去郊外打柴，这是一件有意义的活动。组长的担子落在了我的肩上，组员多数是女生。我肩上的担子是重还是轻？打柴能否顺利？我带着种种疑问出发了。

不知不觉来到了樊家沟，这里的秋景更为美丽，使我流连忘返。俗话说："良好的开端等于成功的一半。"刚开始大家都很积极，四处寻找，看到田野里有一些玉米秸秆，算是有一点收获。我们继续前进。可这时大家却畏惧了，因为前面有一条狗，虎视眈眈地望着我们，拦住了去路。这下该我出头了，我鼓起勇气，大步向它靠近，可它却畏缩了。我们又继续前进……

这次打柴活动很成功，"打柴"并没有我想象中那么难，也许是我们去做也就不觉得难了。对每件事情的难易判断，主要是看你是否做了，做了，难的就成了容易的；不去做，容易的也成了难的。至今，仍记得窦老师说的那句话——"不论做什么事，你只要多动脑、倾注自己的全部精力并坚持不懈地做下去，就一定会成功"。它让我受益匪浅。

蔡航[①]

2000 年 10 月 15 日　晴

窦老师您对我们的帮助不可估量！

晚自习的讲述——我们学会了做人。

神秘的出现——我们必须遵守纪律。

魔术的诱导——我们学习时感到轻松。

我们会牢牢记住您的教导，勤奋、努力，使自己今后的人生更

---

① 蔡航，原是一个不学习的"差生"。高中三年变化较大，后被山西警察专科学校录取。

光彩，成为合格的社会主义事业接班人。

徐彬[①]

2000 年 11 月 11 日　晴

这几天，我躺在床上，总是翻来覆去睡不着，脑子里想着一些乱七八糟的事。

我的数学、物理、地理成绩差，因为我对这三门功课一点兴趣也没有。一看见那些公式和定理，我的脑子就似乎已被填满了。由于我这几门功课成绩差，便在小测验中给我“颜色”看。随之而来的一切就可想而知了。爸爸批评我学习态度不端正、时间不抓紧、上课不认真听等。这些“罪状”正是我平时的一贯所为，我对自己很失望。我感到害怕，害怕自己改正不了，害怕自己的成绩上不去……

面对困难，用眼泪来发泄是一种办法，可发泄过后呢？该面对的还是得面对，逃避是不现实的。再说“天下无难事，只怕有心人”，这句老话岂能被抛之脑后呢？

我们正处于一个充满爱心和生机的世界里，享受着无限幸福的生活。即使偶尔落下几滴酸涩的“太阳雨”，也终究是美好的。这不仅仅是因为它是青春朦朦胧胧的写照，更是我们进一步走向成熟的宣言！

我想，我知道自己该怎样做了。

任媛（忻州师范学院）

2000 年 11 月 13 日　晴

学习知识不等于通读每一本教科书。

学习知识也不等于认真地完成每一道作业题。

---

① 徐彬，2003 年毕业后未能取得联系。

知识的范围要比课本里的广阔得多。

知识是无穷无尽的。人类时时刻刻都在创造人们尚未掌握的东西，这些东西都是知识的来源。

学习不仅仅是为了掌握知识，更是为了创造新事物，因此，重要的是如何运用最重要、最有用的知识，创造美好的明天。

只有善于从人类创造的全部知识财富中筛选那些对自己有用的知识来丰富自己的头脑，进而去指导生活、创造生活，这才是聪明人做的事情。

我们学习是为了掌握知识这个工具。掌握知识是为了使知识得到不断丰富和发展，因此仅掌握知识是不够的，单积累知识也是不够的。

仅仅掌握知识只不过是个“书呆子”。

单积累知识也仅是个“书呆子”。

知识是在不断创造中变得丰富多彩的，它永远不会枯竭。

我们应当在不断丰富自己知识的同时，让它为人类提供创造性地服务。

请不要让自己溺死在作业堆里，也不要把自己捆绑在课本中。

请筛选那些对你有用的知识，掌握它并创造性地运用它，带着它去迎接生活、拥抱世界。

最后，在期中考试即将来临之际，我祝愿同学们取得好成绩！

王宇（贵州大学硕士研究生）

2000 年 11 月 14 日　晴

面对这本沉重的日记本，我有千言万语，却不知从何说起。

怀着兴奋的心情踏入巡中大门，分班——109 班。分了班就意味着新生活的开始，新的大家庭、新的老师和新的同学等。

最初对窦老师的印象是严肃，分班后，窦老师带着 109 班同学来到教室门前时场面一片混乱，突然之间一声“立正”，所有的新生都吓得不敢乱动。我真没想到，我们的班主任虽然长得不是很魁梧，但是却有这样大的气场。两个月来，窦老师有时严肃，有时和蔼；有时风和日丽，有时又电闪雷鸣。

分入 109 班，我感到自己非常幸运。我们班是实验班，可是实验班要有创新，创出新风格。为此，您为我们操了不少心，您费尽心思、绞尽脑汁地想出新分座法——分组法。看到房顶的灯布置不合理，您去找校长，又找电工，最终为我们安了灯，使教室里多了一线光明。天气一天天地变冷，您看到玻璃碎了，就给我们糊上了纸。教室门很难关上，您又想了新办法——砍掉门槛上结的冰……这些我们都看在眼里，记在心上。

您不但教我们学习课本知识，还教给了我们许多做人的道理。开学初，我深知自己基础差，听到同学们都在 400 多分以上，不禁感到自卑。可是您一再说："基础差是缺陷，但不是耻辱。"我能在这个班上，有这样的好班主任，真是受益匪浅。

您也说过，没有压力就不会产生动力。有时迟到，总是盼望您不要在教室里。仔细想想，真像您说的那样，"好像是给他人活着"。现在，考试的日子一分一秒地逼近了，可是我还总是拖拉、懒散。两个月的时间一晃而过，可我不知退到哪里，真是愁死了，我害怕考试。

分了组，就要由组长组织大家学习。我的中考成绩不好，可是您还是把组长的职务让给了我，给了我这样一个好的锻炼机会，可是我将这样一个好机会错过了，我真是差劲。我的胆子小，课堂上，即使站起来回答问题的勇气也没有。我觉得自己毫无自控力。

我常发现自己整日无所事事，于是暗自下决心：从明天起我一定要改头换面。可一觉醒来，所有的誓言都被丢得一干二净，真所谓："有志之人立长志，无志之人常立志。"

当我发觉日子像流水一样逝去时，我的心猛地缩紧了，我这样奢侈地挥霍我的光阴，而地球却并没因我而停止转动。我掉队了，我的青春、我的人生还经得起几个明天的折腾？

也许生命中本来没有明天，明天只是人们构想未来的一个概念，是虚无缥缈的。面临我们的是永永远远、确确实实、真真切切的今天，一味地坐等明天的人，不但会坐失今天，而且会坐失生命，因为生命中的一切只以今天的形成展现在我们的面前。

窦老师，我相信，认真做好今天的事，踏实走好今天的路，下一个今天才不至于迷失自己。漫漫人生路，崎岖又坎坷。三年，我们的路定是不平坦的，我们应坚持一个原则："真心求学，实意做事，正直做人。"不仅学会读书、学习，也学会做人。

我深信，三年中，有您的循循教诲，有我们这个大集体中成员间的相互团结、相互影响和相互促进，我们一定会成功的！

苗彩宏（个体）

2000 年 11 月 25 日　阴

接力日记已开始好久了，但不知道发生了什么事，到现在才沉甸甸地落入我的手中。

开学已两个月了，在这短暂的时间里，我感到前途茫然。我只是一个人默默地暗自立志："从明天起好好学。"但这句话已说了不是三句两句了，俗话说："有志者立长志，无志者常立志。"我这样常立志是无志者吗？我不敢去想，因为我至今还没有真心求学。

我也像别人一样打水、打饭，没有做到先人后己。

我更没有做事的诚心，所以，我不能全心全意做事。

难道我是一个坏孩子吗？不，我觉得不是，那下一步呢？下一步还是这样吗？不。

我要扬起"真心求学，实意做事，正直做人"的风帆起航，早日回到正轨。相信我吧，因为我相信那 12 个字！

周剑鹏（东北师范大学）

2001年

2001年3月8日　晴

新学期开始了，班上的班委进行了改选，由于大多数同学的一致推举，我被选为体育委员。

当选的第一天，早操队伍由我来带。黎明时分，起床铃一响，我急忙起床，快速穿好衣服、鞋子，急切地奔向操场。因为这是我生平第一次带队呀！操场上人很多，我走到我班队伍的位置上，等待其他同学。同学们陆续到来了。“立正!”嘿，感觉还不错，声音挺洪亮。这下同学们可精神多了。我下了一系列的口令后，我们班的队伍向校门外跑去。出了大门外，我喊起了“一、二、三、四”的口号。这时嗓子不知怎么了，感觉不如刚才了，我想可能是第一次带队，心里紧张吧。我心里自我安慰着。

路上静悄悄的，月亮也不知躲哪里去了，队伍在黑暗与寂静中整齐地行进着。“咔咔、咔咔”，我现在才感觉到跑步声竟是这样美妙、动听。听着那动听的跑步声，我想到我们班是一个实验班，既然是实验，就是在逐步摸索中前进，而我们不也是在新世纪的又一个黎明前的黑暗中阔步前进吗？想到这，心里笼罩的补考的阴影也就逐渐消散了。顿时，我的心里亮堂了许多。

队伍仍在黑暗中前进着，“咔咔、咔咔”……

王振伟[①]

2001年3月10日　晴

当我接过《接力日记》时，我没有立即动笔，因为我担心5年后或者10年后，当我拿起这本自己曾亲手写下的日记时后悔；因

① 王振伟，2003年高考结束后至今未能取得联系。

为我无法预料未来，但我又不想在将来再次拿起这本《接力日记》时，心里有更多的后悔。所以，我先看了班内各位同学写的日记。让我出乎意料的是，平时看起来对学习很不负责的学生，他们对未来、对自己都有明确的目标和严格的要求。此时，我被他们感动了。因为他们有着和我一样的理想和抱负，有着同样的期望。我暗自告诉自己：109 班是自己跨入高中大门后最正确的选择。

说实话，刚来到这个班时，我的成绩在班内很不起眼，可以说是一个中等生。我对自己并没有做什么定位，整天只是学习，希望自己在期中考试时，成绩不至于太差。终于功夫不负有心人，那次考试我在班内名列第二。从那以后我告诉自己：不能退步，只能一直向前。其实，那时在窦老师的指导下，我已经给自己定了位：我就是我，一个真实的我，我不因谁而活着，也不因谁而烦恼，只要我坐得正，行得直。我的性格比较外向，平时喜欢和同学们开玩笑，也许会引起同学们或多或少的议论，但我告诉自己：人要活得有个性，为什么要有意让自己怎么样呢？那岂不是很累吗？我来到这所学校为的就是读书。我从小在这儿长大，真的，我觉得这里有太多太多的不公平。常有吵骂、打架事件在繁闹的街市发生……也许仅仅因为这些，也许还有别的原因。总之，我告诉自己，学习不为什么，就为那些自己所追求的东西。

写到这里，你也许会觉得我一定是位乐观的人吧？其实不然，因为我深知在这所学校中，也许你会有意无意地被人伤害，这就要求我们要有自己的做人原则，把握好自己。我告诉我自己：保留那份纯真，把握住上帝给我们均等的机会，有原则、有计划地学习，走向属于自己的金光大道！

张雨霞（内蒙古大学）

2001 年 3 月 16 日　晴

“人之初，性本善……”多么好听的《三字经》，其实在一个人刚刚出生的时候，他确实是善良的、清洁的、单纯的、可爱的，但随着年龄的增长，他也渐渐变得对各种事物有了自己的认识，便常常会依赖于某些东西，作为他崇拜的对象，从此便“误入‘藕花’深处”。在这当中，有的人会视而不见，一直走下去，也就永远没有回头之日；有的人很机敏，他会马上觉察到自己的失态，自动退出，去寻找自己的光明前途；可怕的是那些处于中间的人，既不退出也不走下去。这种人活得很累，他十有八九会变得更坏。

这些“中间人”老是见异思迁，让别人不能信任他，因为他会时常有意无意地去伤害别人。而在他做错事以后，他又会深深地感到自己做错了，就连他自己都不能原谅自己。

我们要关爱他们，注意他们，帮助他们。

我们共同生活在社会中，人人都应该献出一点爱，来维护我们身边的环境，让它变得更好一点。

比如我们一个班级，每个同学都应该珍惜，不让每一件东西丢失，不随意去伤害每位同学。因为有些东西失去了就永远也不能再得到，就像一面破碎的镜子，永远都不会再合拢。

愿我们都有一份爱心！

赵军（兰州交通大学研究生）

2001年4月2日　阴转晴

再次拿起这本“有如千斤重”的《接力日记》，心里不禁有一种异样的感觉，我很想立马翻开它，可是又没有勇气，看着它已满载同学们的“成长足迹”，我不免有几分羡慕。思考了一个晚上，终于慎重地翻开了它，但想说的话实在是太多了，也不知该说什么，还是说说自己的心里话吧！

我是一个不合格的高中生，是窦老师亲自带我走出了那个能毁了我前途的职高班。当时我的心情非常沉重，自己竟会落到如此地步。曾经我也是老师们眼中的好学生，可就是以4分之差而被距之于“普高班”门外。然而，您挽救了我。我立下誓言，要为您、为父母、为自己努力学习，可半年又已经在我无声无息的叹气中滑过去了，我的誓言如同一张空白纸，我什么也没有实现。虽没有排在倒数第几名，但成绩还是不理想。我不明白自己半年的努力，为什么竟得不到一点起色。究竟是什么原因？我一遍遍地询问自己，父母也对我失去了信心，认为我的前途将是渺茫一片。我茫然了……

为了使自己不至于那么痛苦，我尽量在您和父母之间“伪装”着一张充满青春活力的面孔。其实，我的心如刀绞一样痛。这根本解决不了我的问题，压制不住我内心的悲伤。这样的我，活得好累。我似乎已不是以前活泼可爱的我，我要改变自己，因为如果再这样下去，我不仅将来一无所获，也许性格也会变得孤僻起来。我想，我们这代人一定“有醒着的、睡着的、立着的、躺着的、玩着的，但也一定有前进着的”。我要选择最后一种，我渴望自己是前进的，我也坚信，我不会令含辛茹苦的老师失望，所以当前我一定要把握好机会，努力学好高中的几门功课。

窦老师，我这次所说的，决不是一句空话，我一定要树立一个新的学习目标，战胜自己，克服各种困难，走向更有意义、更有价值的明天。

路就在我脚下！

任媛（忻州师范学院）

2001年4月12日　晴

日记，我认为它是我们生活中最亲密无间的朋友，面对这本载满了同学们笔迹的《接力日记》，我想说的话有很多。于是，我提笔写下如下的话。

我还记得这样一句话：一个人如果没有目标，就失去了在人生道路上前进的方向，他就像一只断了线的风筝，不知该飘向何处。这句话曾不知给了我多少启发，使我懂得了许多。以前，我总是像小孩子似的，整天撒着娇，错过了一天又一天的大好时光，到头来一无所知。我不知道自己究竟活着是为了什么，也从未问过自己，究竟这一天过得充实与否……一个个的问题从未在我的脑海里出现过。

可是，随着时间的推移，我似乎也长大了许多，懂得了许多做人的道理。但是我觉得，我现在的每一点进步都受教于窦老师。因为在您的教育下我取得了很大进步，我感到自己长大了许多。并且我也懂得了做人一定要踏实，不要骄傲自大，所以我又默默地下了决心。

随着岁月的流逝，我们渐渐长大。我们都应该确立新的目标。因为只有这样，才会顺利抵达我们的彼岸。努力吧，让我们过得再充实一点！

徐晓敏（郑州轻工业学院）

2001 年 4 月 23 日　晴

人的一生，不可能时时都获得成功。有令人激奋的日子，也有使人沮丧的时刻在等待我们。难道我们会因为沮丧而停止追求？平庸者，纵然没有因为失败带来痛苦和沮丧，也没有因为成功而招致嫉妒和风险。他们只是追求普普通通、安身立命，这样的人对社会有什么贡献呢？如果人们都如此，人类又怎能向前发展呢？

人生是由一个又一个考场组成的，在这个漫长的人生旅途中，处处有考场。

生活中的考场，不仅检验一个人的学识，而且更检验他的信仰、他的意志以及他对生活的态度。

人生犹如一条多岔的道路，无数的人在这条道路上奔跑，却很少有人能始终结伴而行。

面对人生的“十字路口”，是进还是退、是左还是右，每个人都有选择的权利。可是我们的同学身上却缺少一种敢于选择的勇气。面对考试、升学都表现得很冷漠。

在教育体制和古老的文化习俗下，我们是不大喜欢“行先于人”的行为的。请不要总是回首，要忘记那些十字路口的红灯。我们是“路漫漫其修远兮”，但必须“上下而求索”。

站在人生的“十字路口”，我们可能会感到命运的无情和生活的苦涩。但是如果我们坚持自己的目标，在每个“十字路口”都能用自己的头脑去思考，找到一条适合自己的路，那么我相信，我们不会再为命运而烦恼，我们的人生将会更充实。

王宇（贵州大学硕士研究生）

2001年5月9日　晴

在不知不觉中半个学期又过去了，我第二次拿起《接力日记》，打开它，里面洋溢一种生活的气息，在这种气息中我可以感觉到每一颗火热的心。每位同学的内心世界是那么丰富多彩，所以我也准备打开自己的心扉与同学们倾心相谈。

期中考试刚刚结束，直到这几天成绩才出来，我又退步了。我在这里把原因分析一下。从整体上看，我的理科成绩低于文科成绩，而且可以说很差，这其中的一个原因就是平时做的题少，不能够熟练地掌握、应用公式；再者，与我的兴趣有关——文科和理科对我来说，我更喜欢文科。我的文科成绩也不是很好，如语文、外语都很差，这主要是因为在平时的学习中我很懒散，不注意知识的积累，对课本不熟悉，平时也不注意增加阅读量，所以写作能力也比较弱。

总结这次学习退步的原因只有一个，那就是没能全心投入进去，没有认认真真、踏踏实实地学。

眨眼间，三年高中生涯已快度过一年，马上就要进入高二。高二也将一晃而过，高考日益逼近。所以从现在开始，我必须静下心来全身心投入到学习中。我要做好充分准备迎接即将来临的会考，尽自己的最大努力来缩短和同学的差距。

在剩下的两年里，我必须加倍的努力学习，我想凭自己的能力和努力，两年后我会成功的，即使没有成功，我也不会后悔！

李志强（山西师范大学）

2001年5月19日　晴

当我翻开充满自信、充满收获的《接力日记》时，我有一种说不出的感觉，也许是羞愧，也许是内疚、后悔……

如果，时间可以倒流的话，我绝不会成为今天109班最差的一名，也不会有现在和将来的后悔。

如果我不到巡镇中学，不到109班，遇到的不是您——窦老师，我也许不会有以上这些感慨。

我现在无法树立自信，有的只是由于懒惰所造成的薄弱的意志力。

人总是爱面子的，我由于成绩差，失去了面子，可我还是尽量伪装自己。我常常安慰自己“走自己的路，让别人说去吧”，可又常常询问自己：真的是这样吗？

我从内心里感激您。作为您的学生，我认为我是幸运的，全班55位同学也都是幸运的。您对我一次次的教导、一次次的宽容，我除了感激别无他言。您每次给大家训话时，或许您没有发现，有一个用心听您话的学生，那就是我。

我相信三年后自己不会后悔，因为我的班主任是窦根锁。

吾师之教永不忘，吾师更不能忘！

蔡航（山西警察专科学校）

2001年5月20日　晴

人是在不断变化的。

直到现在，我才真正懂得这个道理，因为我就是这样。

从小学到初中，可以说我是一帆风顺的。那时的我，在表扬声中养成了骄傲自满的性格。但自从开学后，我才彻底地发现，自己并不是最好的，所谓“强中更有强中手”，我也理解到了其深刻的内在含义。一下子，我承载不了这摆在面前的事实，我开始沉默了。

经过半年的认真思考，我终于想通了。世界就是这样，存在着竞争，或许有过你在先、我在后的时候，但这个过程是短暂的。我为什么要停滞不前呢？仅仅是因为一次小小的失意？我为什么要沉默？于是，我又找回了一点自信。

今年开学后，窦老师细心地辅导我们，教会了我许多东西，我也体会到了您的良苦用心。小学时那种忘我的学习精神，又回到了我的生活中。

现在，我正在努力地调整自己的心情，争取向更高一个层次发展。

自己的路要靠自己走，自己的命运要靠自己把握，自己的前途要靠自己创造。总之，一切都要靠自己，同时也是为自己。不要在某一个“十字路口”徘徊不定，而对自己失去信心。因为，从沉默中你找回了自信，你离成功又近了一小步。

在世俗中找回自信，就要勇敢地去挑战自我，不要畏惧世俗的眼光，因为你就是你。

我是真实的我！

勤奋＋自信＝成功

邬晓敏（辽宁科技大学研究生）

2002 年

2002 年 4 月 22 日

下午闲着无聊，我便约许文涛等同学去邻近的河南村看戏。听人说是某二牛剧团，以前也只是听说过有这么一个剧团，而并非亲眼所见。

今日总算是有幸目睹其“风采”了。看后也觉得不怎么样，和其他的“河曲二人台”没有什么区别，同样是那个演不烂的曲目，看了让人乏味。

“河曲二人台”可以说是我们河曲民俗文化的重要组成部分，也是我们河曲人引以为荣的精神沉淀。可惜的是，在今日许多优秀曲目如《走西口》、《拜年》、《闹元宵》……已不多见了。

有一部分观众还是想脱开“河曲二人台”，欣赏一些真正艺术性的文艺剧作。这里需要说明一点，河曲二人台具有艺术性，但是被现在的风气污染，失去了本来面目。

落后的经济导致了我们这个小县城有些人的思想愚而又未达到昧的境地，这便是大多数人想看戏却又欣赏不了京剧、晋剧，只得看小戏的原因，而如果小戏缺乏知识性、艺术性，这就酿成了“周瑜打黄盖，一个愿打，一个愿挨”般的苦酒。虽苦，可又是酒，舍不得弃之。古语有：“鸡肋，食之无肉，弃之有味”。

樊利锋（北京人文学院）

2002 年 5 月 3 日　星期四

三天的假期让人感觉过得太漫长了，还是尽快到校回到孩子们的身边来吧！因为和他们相处有一种无穷的乐趣，特别是他们的一言一行会使你年轻了许多。

窦根锁（班主任）

2003 年

2003 年 5 月 20 日

第一次来到食堂，对任何事物都很生疏，只能跟师傅学着做一些普通的工作，如削土豆皮。在家里偶尔妈妈忙不过来时我也削几个，这事做起来并没有什么难度，只有快慢之分。而在学校就不一样了，一日三餐，每餐都需要八大桶土豆，还要求削得干干净净。平时我们买饭，总是看到一些土豆眼儿中残留的黑斑，使我们难以咽下去，现在走上这个岗位，我一定要尽心尽责让大家吃得顺口。

王文广（120 班）

2003 年 5 月 23 日

我们花父母的钱是来念书而不是来劳动的，在我真正亲身实践后才觉得劳动不过是一种手段，是一种使自己融入社会的途径，透过这个窗口我们更加清晰地看到人间千姿百态，饱尝生活的艰辛。学校这个窗口固然不大，却成为一种浓缩的社会形态，其中有人间温暖和可贵的真善美，也有世态炎凉和黑暗的假丑恶。无论何时何地，我们总能体会到时快时慢的生活节奏，总能嗅到人与人之间不同的人情味，总能勾起我们对人生的思索，只要我们融入这个小社会，就会最终融入如潮的大社会。

此刻，我想放歌，也想飞舞，只是我实在太累了，身子处在困乏之中，还是好好休息一下吧。经过一周的劳动，大家形成了一个共识：虽然累，但很开心。

我们多么希望能够再有一次这样的机会啊！

金刚（120 班）

2003 年 5 月 25 日

一个礼拜的值周活动值得发扬光大。这次实践活动给了我们劳动锻炼的机会，让我们感受到劳动的艰辛，尽量改掉大手大脚地花钱的习惯。平时一些同学见了老师不是低头躲过去，就是早早地避开。经过一周的锻炼之后，同学们的胆子明显大了，见了老师不再躲闪，而是大大方方地问好，这也是令人高兴的一方面。

在当今社会不断进步、经济迅速发展的时代，需要的是全面创新型人才，这次活动给了我们很大的启发。

宋明仁（120 班）

2003 年 5 月 25 日

星期日的晚上学校要举行迎高考晚会，同学们都迫不及待要观看，但是班主任王老师又给我们分配了新的任务。我们组的任务是检查教学楼和整个校园的安全，同学们一遍一遍检查着，虽然没有到场观赏晚会，但我们的心里是甜的。为同学们服务，我们值得！

田佳莉（120 班）

2003 年 5 月 26 日

通过这一周的亲身体验，我认为分班、分组轮流值周为创建一个良好、优雅的校园环境起了重要作用。

首先，这样可以充分调动师生的积极性，让人们深深懂得校园环境是靠大家积极参与，同心协力营造的；懂得我们每一个人都是学校的主人。其次，使我们知道在校期间，一方面要抓好学习，另一方面要不断充实自己，提高个人素质，为将来走上社会打下坚实的基础。再次，通过一周的锻炼，使我们认识到素质教育下的佼佼学子，应该脚踏实地，努力使自己成为德、智、体、美、劳全面发展的青年。

孙庆华（118 班）

2003 年 5 月 27 日

短短一星期，已悄然逝去。这次活动给我们留下了最深刻的印象——“累”，然而我们也从中体会到了成功的喜悦。

在此过程中我们明白了很多道理。在烈日下，当那一滴滴汗水顺着脸颊流下的时候，我们更深地体会到父母的艰辛，更加理解了父母的不停的唠叨也是对我们的一种爱。当我们在执勤管理时，我们也深深地体会到学校的规章制度是为了帮助我们健康成长。

团结友爱、互帮互助、坚定信心、不怕困难的精神在我们班也得到了充分体现。由于我们班人少，某些方面人手不够，但这并没有给我们带来多大困难。每一个组，只要一做完本组的活就去其他组帮忙，没有人去休息。从他们忙碌的身影中我们懂得了什么是

“团结友爱、互帮互助”。我们36个成员拧成一股绳，完成了其他班六十多人要完成的任务。值周活动还拉近了同学们与老师的关系。那一声声的问候、一壶一壶的开水就可以证明。校园中的每一个角落都有我们的身影。

值周活动也增强了我们的责任感，使我们认识到，我们每个人都是巡镇中学的一员，在这个大花园中，有一朵属于我们，我们的成长需要她的抚养，她的辉煌需要我们的绽放。

袁文玉（118班）

2003年6月1日

一周的值日活动转眼间便过去了，在这短暂的几天里，我发现同学们的意志是那么坚强，对待劳动是那样的认真，对待别人是那样的热情，对待自己是那样的严格。在整个过程中，大家团结一致，互帮互助，一起度过了一个又一个难关。这也真正体现了我们118班不畏艰辛、不怕困难、共创文明班级的决心和共创美好校园的强烈愿望。

这次活动丰富了我们的课外生活。我们不仅仅要从课本中汲取知识，还需要参与到社会实践中去，这样才能弥补我们人生旅途中的空缺。

作为一个人，做什么事情都要做得轰轰烈烈，做出一点名堂来，一定不要半途而废，不要浪费我们的青春年华。

最后，我希望学校继续将“今天我上岗”的活动开展下去。让更多的山里娃走出大山、走向社会、走向世界。

李长江（118班）

2003年6月2日

忙忙碌碌、饱含酸甜苦辣的“值周之战”终于结束了。虽然在这次“战役”中我们苦点、累点，但我们得到的将远远大于这些苦和累，使我们受益终生。

这场特殊的“战役”若能打好，无论对学校还是对我们都是有益的，特别是对我们这些独生子女来说是一次很好的教育。

各个“岗哨”都留给了我们，我们更没有理由不去把“岗哨”站好。尽管我们没有什么“名枪、名炮”，只有笤帚、拖布等，可是我们觉得这场“战役”打得很漂亮。

窦润田（石家庄铁道学院）

2003年6月3日

忘不了雨中捡石头的情景，忘不了挥汗拉车的感受，忘不了挑灯夜战的热烈场面，忘不了班主任老师递来的凉到心底的雪糕！

经过一周的奋战，在班主任郝老师的带领下，我们班终于在指定的日期内完成了铺路的任务。看看自己铺好的石子路，虽说不是那么平整，那么美观，但也有着我的一份贡献。在劳动中同学们充分体会到了友爱、团结、互助的力量。平时看上去懒惰的学生，在拉石头时没有一个不出力的。

让我们感到欣慰的是，平时在同学们的眼里“高高在上”的校领导也来到了我们的身边，指导我们的工作，甚至亲自给我们做示范。一下子感觉领导也不再神秘，他们也是如此平易近人、和蔼可亲。总务主任李老师也走到同学们中间一起夜战，还请同学们一起吃夜宵。领导和同学们的关系由远在天涯，拉到了近到咫尺。

我们不仅为巡镇中学师生铺就一条小路，也为我们的生活画上了美丽的一笔。我喜欢“上岗”。

薛建国（118班）

2003年6月6日

一星期的值周活动不知不觉的结束了。从未劳动过的我们首次体会到了劳动的艰辛，也首次感受到劳动后那种发自内心的喜悦，这就是我们常说的苦尽甜来吧！

这次“今天我上岗”实践活动，不仅培养了我们的动手能力，也磨炼了我们的意志，同时还增强了我们的自信心，更重要的是通过这次活动我们在无形中形成了一种团结互助、互相协作的精神，改变了以前那种“各人自扫门前雪，休管他人瓦上霜”的局面。

通过这次活动，我们变得更开放、更胆大、更文明了。见了老师不再感到害羞、拘束；敢于向老师问好，敢于和老师坐下来倾心相谈。师生间不论在生活上还是学习上相知相交，关系更加密切！

值周活动不仅没有影响我们的学习，反而为我们以后更好地学习做了铺垫。请相信我们，我们是最棒的！

赵智勇（118 班）

2003 年 6 月 9 日

周六的那天，下起了蒙蒙细雨，可我们并未感到有丝丝凉意，站在那条“走向成功”的石子大道上，心中充满了喜悦和激动之情。多爽呀！六天的汗水全都顺着雨滴溶入了这方土地。

转眼的功夫，值周的活动就结束了，不知怎的，心里倒有一丝留恋。尽管值周时很累，但让我们这些“四体不勤，五谷不分”的人也对生活有了更多的体验。

“团结就是力量”，我真正感到这力量之大。短短的几天时间，我们就筑起了一条“步入巡中，走向成功”的大道。所用的石子都是我们从河边捡来的，而且还经过细心地筛选。在这几天的时间里我们组的同学们对自己的工作从未松懈过，从早到晚士气十足，大家兴致勃勃、勤勤恳恳地工作着。这不正是一种可贵的精神吗？

我也懂得，累累硕果是用辛勤的双手创造出来的。劳动是艰辛的，这要求我们有坚持不懈的精神，娇柔造化将会一事无成。

学业上也是如此，只要我们懂得为什么、怎么办，再加上一个良好的心态和一个明确的目标，每一条道路都是我们通往“胜利”的成功之道。

朱铭（121 班）

2003 年 6 月 10 日

上周我班参加了学校倡导的“今天我上岗”活动，活动虽然结束了，但是它给我们带来的感受颇多，使我们受益匪浅。在一周的活动中，我们每个人的主人翁意识增强了，而且体会到劳动的艰辛。特别是团结协作精神在这次活动中显示出它的价值。还有一点是我们学会了珍惜别人的劳动成果，不乱倒垃圾、乱倒脏水，这些都是换位思考的结果。

我班全体同学共同筑起一条石子路，这条路上洒满了我们的汗水，我们感到有一种成功的喜悦荡漾在心头。这让每个学生都体验了成功。这条路也是我们成功道路的延伸，伸向成功的未来!

聂向远（118 班）

2003 年 6 月 12 日

参与自主管理这样的值周活动对我来说是第一次，与其说是一次尝试，还不如说是一次真正的考验。

在这次活动中，我们尽了最大的努力。哪怕是失败了，我们也无怨无悔，在这一点上我们班的同学人人都做到了。

通过这样的活动让我们真正明白了“劳其筋骨”的含义。在劳动上，我们懂得了吃苦；在学习上，懂得了努力；在生活上，懂得了节俭；在与人相处上，懂得了以诚相待……

在今天看来，父母视我们为掌上明珠，怕我们吃苦受累，处处都为我们着想，其实这种想法和做法是完全错误的。这样的溺爱对于我们现在的成长以及未来的发展是没有任何好处的，所以我们希望这样的活动继续开展下去。

李俊杰（118 班）

2005 年

2005 年 8 月 24 日　雨转晴

今天，我看了姑父所带班同学们写的《接力日记》，深深被他这种教育人的方法而震撼。姑夫只是一个普普通通的历史老师，我只能想象他在课堂上绘声绘色地讲古往今来的名人轶事，只知道姑父是一个好父亲、好姑父、大好人。一张富贵脸，一个大肚子，平平常常、简简单单、和和蔼蔼、兢兢业业，诠释了我的姑父。姑父很疼爱我，而我直到今天看了他的学生写的《接力日记》后才更加了解他。

姑父只是一个普通的人民教师，一个普通的不能再普通的人，但我相信姑父在学生们的心中是与众不同的。在姑父的书架上，摆放着十几本历史名著，我曾看过姑父写的《教学总纲》，它是那么有个性、那么完美。6 岁时我也想当姑父的一名学生，可长大了才知道，当姑父的学生很辛苦，因为姑父会随时随地纠正学生的错误。今天，我也在《接力日记》上写下一篇日记，祝愿姑父的学生都出类拔萃，也祝福姑父捷足先登、更上一层楼。

侄女　燕娜①

2008 年

2008 年 11 月 26 日　阴转晴

---

① 燕娜，侄女。河曲县实验小学学生。一天她看了一些原来我所带过班上学生们写的“接力日记”、书信等后写下的接力日记。

又一次考试结束了，这是一次期中考试。这次数学考试试题对我来说不是很难，做起来得心应手，所以就放松了心情，以至马虎大意，考试失利。很久以前就想要写点什么了，只是一直推脱，寻找借口，而到了今天。数学成绩揭晓了，同学们都很急切地去打探成绩，我不敢，也不愿意，因为早就料到这一次我又是失败。以前我会坦然地接受事实，可是今天看到同学们对成绩都很热衷，我突然觉得自己落伍了，不仅是成绩上，更主要是态度上的落伍。我觉得自己一直很注重自己的学习，可是今天才强烈地觉得自己在学习态度上真的有问题。

总结这几次考试，也许别人会赞许地说我成绩很稳定，可是只有我自己才知道：我并没有尽力。想想曾经的那些辉煌、那些成绩都是自己全力以赴换来的。所以我一直很有信心，觉得在自己面前所有的困难、所有的障碍都不是问题，相信自信的人可以化渺小为伟大、化平庸为神奇，所以我一直保持积极向上的乐观心态，觉得自己很聪明。可是，不知从什么时候开始我的成绩真的很“稳定”——低分段原地踏步。我真的很不甘心。于是，我痛下决心准备再次“革命”，可好景不长，没几天这种“雄心壮志”就消磨殆尽，然后庸庸碌碌地度过一段时间，直到下一次考试时，我才再次想起以前不会做的题，现在还不会，于是打击又一次接踵而至。我一直坚持不要和别人比，那样做会影响自己，所以我只和自己比。可是，现在的自己还不如过去，于是我再也没有信心了。我开始怀疑自己的能力，怀疑那些曾经带给我力量的“自信”是不是“自傲”，终于品尝到“自傲”的恶果了。也许是，也许不是，说它是，我内心真的有过些小波澜，取得一个不错的成绩了，就放松了警惕，觉得自己还行；说它不是，我觉得关键还是在态度上，我对知识的渴求，对成绩的在乎程度已经不如从前。考不好，我总是自我开脱，会很快地原谅自己，觉得自己不是不会而只是不细心，然后我就从自责的泥潭中退了出来，又开始狂妄自大。

我平时喜欢低调，内心的这种感觉说给别人听，别人也不会懂。他们总是会说“连你都不行了，那我们还能活吗?”之类的话。不被人理解的感觉真郁闷，而对这种想法、这种感情我闭口不谈。其实，我知道把它说给一个不理解我的人听，会更加重我的郁闷。我一直对这个问题采取回避的态度，因为我总觉得我会调整好自己，然后为那个在心里追求了十几年的梦想拼搏、奋斗；相信一个有梦的人，决不会停下寻梦的脚步。我庆幸至少我还有梦。只是我需要一种力量，一种催我奋进、让我不松懈的力量，一种每当我想起都会自信满满的力量，或许是一种方法，一种不让我在一些不值得的小问题上斤斤计较的方法，也或许是一种让我觉得即使渺小可还是金子的自信。

是金子总会发光、发热。我想，这种方法、这种力量我曾经有过，可是我把它丢了，也忘记了如何重新找它的方法。郁闷时、低落时，我曾幻想：如果我是阿里巴巴该有多好，只要喊一声“芝麻开门”就能实现愿望。如果可以，我愿意变回原来的我，变回那个不是最闪亮、最耀眼却总处在上升阶段的我，那个为梦想愿意付出一切的我。可是现实是残酷的，那样的幻想也仅仅是在梦里偶尔才会有的。

不能再幻想了，应重新审视自我、寻找自我。

因为写这篇文章之前没有决定要给谁看，所以写得很潦草，语言也有些散乱，不知道窦老师您能否谅解，原谅我这一封似信非信的东西。直到写完了，我才决定要给您看一下。在决定要给您看之后，我又有些犹豫，您会不会有一天把这件事告诉学弟、学妹们，您会不会有一天又会拿我举例子。但是最后我还是决定拿给您看，因为我在乎您的意见和想法，也愿意把我的这些心情和您分享。最后我还要说，今天我们不是师生，而是朋友。特别声明，这篇文章不是针对这次考试，而是针对这学期以来失落的我。

本文写在考试之后、成绩公布之前。

鸿雁（桂林理工大学）

2009 年

2009 年 8 月 26 日　晴

今天是军训的最后一天了，所以我们都格外认真，为的就是能够打好在三中的第一战。

大概是因为军训快要结束了，教官一改往日的严厉，竟然和我们玩了起来。我第一次发现，原来教官也有童真的一面。记得第一天见到教官时，我非常讨厌他，可是不知道从什么时候起，我突然发现其实教官为人很好，他的严厉只是为了能让我们学到更多东西。

下午，我们满怀信心地来到比赛场地，本来以为我们班可以夺第一的，可是最终的结果却是我们没有想到的，我们班只得了第二名。虽然也获得了不错的名次，但还是有些遗憾。在转头的一瞬间，我看到了教官、老师、同学们眼中的失望。

军训结束了，教官快要走了，我们都争取能够和教官多待几分钟，哪怕是几秒。虽然我们只在一起度过了五天，但是在这短短的时间里，留下了我们共同的美好的记忆，有欢笑、汗水、责骂……这些都足以让我久久地回味。

教官，或许我们不会再见到您，但是我真的会用心记住这五天里发生的点点滴滴。教官，我会思念您，但我不会哭，这五天里我学会了坚强。

张建国（宏志班）①

2009 年 8 月 27 日

寒风悄悄地拂过衣衫，我和同学们都静静地站在教学楼前，听校长讲一些关于军训的规章制度。

---

① 一等奖学金获得者。

从今天开始就要军训了，同学们对新来的教官感到很好奇。当教官缓缓地向我们走来时，同学们都仔细地上下打量着教官，后面的同学踮起脚尖，伸着脖子，尽力地张望着，只见教官身着整齐的军装，在灰色的天空下，那张脸显得十分严肃。同学们的心里都打起了鼓，这么严肃的教官，不知道会怎么“整人”呢?

在教官的带领下，我们来到了区一中，一进校门，宽敞的橡胶跑道就展现在我们的面前，与三中比起来条件好多了。看到这么优越的环境，同学们的心里多多少少增添了一份喜悦之情。

我坐在台上看着同学们在下面军训，一支支整齐的队伍行进在跑道上，一朵朵绿色的“军花”在操场上指手画脚地讲解动作，我的心中不由产生了一种敬佩之情。

不一会儿，天空就洒落起了小雨点，一丝丝雨水慢慢地渗透了我单薄的衣服，冷得我直哆嗦。看到同学们依然屹立在风雨中，丝毫不顾风雨的袭击，一股敬佩之情再次涌上我的心头。

我想人生也是这样，只有不惧怕前方的阻隔，才会拥有更加美丽的人生。

李娇娇（宏志班）①

2009 年 9 月 2 日

为期五天的军训匆匆结束了，我感觉像梦一般不真实，但又确实经历过。还记得最初头顶着烈日站军姿时，我内心十分盼望军训快点结束，可如今它结束了我却希望军训可以再延长些时间，甚至回到五天前。昔日严厉的教官在分别时看来是那么的亲切。我想，我会想他的，我们都会想他的。也许，将来的某一天，我们会逐渐淡忘教官的样子，但我们会永远记得这宝贵的军训时光。

军训过后我们又回到了自己的主战场——教室，面对成堆的书

① 二等奖学金获得者。

本，我不由得倒吸了一口凉气。我不知道自己是否有能力应付如此多的科目，更不敢保证自己可以面面俱到，令每位老师满意，但我唯一可以保证的就是我会脚踏实地、刻苦努力，认真对待每一天。

对于未来，我有彷徨、有期待，我希望自己更有信心！

杨倩倩（宏志班）①

2009年9月5日　多云

我是一名刚跨入高中大门的学生，面对整天忙碌的学习生活，我每天问自己九个问题，大家不妨也参考一下：

1. 今天你有没有提出问题？
2. 今天你有没有为自己的目标而努力奋斗？
3. 今天你有没有搞懂以前不会的知识？
4. 今天你有没有改掉一个坏毛病？
5. 今天你有没有在课堂上走思？
6. 今天你有没有做完今天应该做的事？
7. 今天你有没有浪费时间？
8. 今天你有没有思考出一道难题？
9. 今天你有没有取得进步？

人生的路很短，却充满坎坷，我们每天都为琐事烦恼，高中也是人生路上的一个坎儿，面对这又一个路口，三年生活会更艰苦，我们要为走过这一路口努力拼搏，认真对待每一天，珍惜每一天，所以，我们要一天九问，让每天都过得充实。

高中三年也会很快过去，我想通过日记告诉自己以及大家，把握每一天，珍惜每一天，希望大家可以记住这“一天九问”。

刘小玲（宏志班）

---

① 一等奖学金获得者。

2009年9月5日　晴

时间随着岁月流逝，没有丝毫印迹留下，我不曾觉得它轻轻走过。突然间，发现在迷惘中惊醒的我变得如此小气，没有了活力，每天闷闷不乐，愁眉不展。

老师说："每天的太阳都是新的。"我们应该像每天初升的太阳一样充满生机与活力，以全新的精神状态迎接崭新的一天。

自从来到三中，我觉得我有了一个新的面貌，我开始学会节约，每天一起学习、生活的同学就像并肩作战的战友。听着疯狂英语，觉得身上的每个细胞都被充分调动起来，散发着学习的激情。

"三中的太阳是新的"，照着我们散发青春活力的脸庞，它在笑，给予我们力量，给予我们激情。看啊！操场上矫健的身姿，还有那洪亮的口号声，代表着我们对生命的向往，对未来的无限憧憬；代表着我们对生机的热爱。听吧！教室里朗朗的读书声，正是我们对知识的渴望与追求！

让我们在三中这片土地上迎接每天最新升起的太阳！

李星亮（宏志班）

2009年9月7日

仔细品味那五天的风吹日晒，再看看头顶的天花板、窗外的绿树，我难以想象那五天是怎么过来的。回想过去四年学习中的酸甜苦辣，我很佩服自己。上学读书绝不是享受。

我佩服读书人，他们拥有坚持不懈的勇气与毅力。我们始终坚信：坚持就是胜利！

我们现在所面临的是三年的艰苦奋斗，成功与否，就在于坚持，因为我相信坚持就是胜利。而只要我们有信心、有信念，就一定能坚持下来。

回想初四那年老师说的早自习、晚自习早已如家常便饭了，以至于星期六、星期日全不休息，连天赶课，我们不都一样坚持下来了吗？同学们，加油，坚持就是胜利！

最后说说我当时的信念吧，当年与5必须要起床，于是同学们有了一个共同的约定，放假一定睡到11点起床。

张雨露（宏志班）①

2009年9月10日

时间过得真快，转眼间高中生活已过了一个月了。在这个月里，我对高中生活进行了认真的“品读”。

与初中生活相比，高中是一个完全不同的概念。进入高中我结识了很多新同学，我在与他们的相处中发现他们中的每一个人都很强，都很优秀，此时我却发现自己是那么微小。我们既是朋友又是对手，在竞争中成长，在竞争中学习。在学习上我也有过很多困扰，数学一直以来都是我喜欢的一门课，在初中时，我的数学成绩也很不错，但是，高中的数学却很抽象，让人难以理解。记得在那天的数学课上老师所讲的内容我几乎没有听懂，放学后我哭了，那是我来到三中后第一次哭，事后在朋友的帮助下我完全懂了。我眼里闪着泪花，却开心地笑了。从此我明白了朋友就应该互帮互助。

那些过去了的已经不在，重要的是我们拥有现在。只要我们抓住现在，努力拼搏，高中生活会有亮丽的色彩，我们的明天会更加美好！

要学松柏千年绿，莫作桃花一时红。

李仁静（宏志班）

2009年9月11日　多云

在三中报名的那一天，“141”这个不同寻常的数字，就注定与我结缘。的确，与“141”结缘，让我的生活与众不同。

---

① 二等奖学金获得者。

“一、二、三、四”，你听见那嘹亮的口号声了吗？你看见那步伐整齐的队伍了吗？那便是我们141班。在操场上，同学们昂首挺胸，双眼目视前方，一丝不动，即使是面对那最要命的“双腿绷直”，同学们也都咬紧牙关挺了下来，这便是我们站军姿的样子。正步走、转身、蹲起，重复了一遍又一遍，天地之间仿佛显现出一股浑然正气，那是我们141班同学军训的样子。

时间被推移到星期一下午的第三节课，那是我们最喜欢也最兴奋的一节课。“五星红旗迎风飘扬，胜利歌声多么响亮，歌唱我们亲爱的祖国，从今走向繁荣富强……”嘹亮的歌声响彻整个教学楼。那可是我们班主任亲自指挥上阵呀！每当看到邻班同学那羡慕的眼神，心里便不由得意起来。每次，班主任都会选一首精曲与我们一起分享，带我们走进歌的海洋！

我为自己成为141班的一员而感到骄傲、自豪、荣耀，我们班拥有最嘹亮的口号声、最慷慨激昂的歌曲。

良久，我不由得默默吟唱起来：“141班我为你骄傲，141班我为你自豪，为你欢呼，我为你祝福，你的名字比我生命更重要……”

马丽（宏志班）

2009年9月12日　晴

在初中时，高中是我们的向往，是我们的奋斗目标。现在，我成了一名高中生，明白了高中生活是丰富多彩的，是很累人的。

开学第二周开始军训，严厉的教官规范了我们的行为。那段时间我们很累，但我们学到了真本领。军训的最后一天，教官放下往日的严肃面孔，和我们一起玩耍，那时，我才了解到其实教官也很可爱。我们对他全新的认识，竟让我们舍不得走出这“苦难”般的日子，后悔没有珍惜那几天相处的日子。教官走后，我们很伤心，汇操表演的结果也很令人失望，不过这并不是最重要的，重要的是我们有五天最美好的记忆，我们会永远记得那五天。

高中生活，不同于初中，我们有写不完的作业，有时感觉真的很累，像被泰山压顶一般，但我们会坚持，并一直走向成功！

珍惜高中生活，珍爱班级、同学，让我们携手闯高中！

读出疯狂英语的真正境界，创造疯狂、惊人的成绩。

喊出我们的决心，向目标奋进。加油！

胡杨（宏志班）①

2009 年 9 月 18 日

朝霞映衬着我们焕发青春气息的脸庞，烈日照射着我们行色匆匆的身影，夕阳的余晖洒落在我们如行云流水般的笔尖上。

我们日夜奔走在教室——餐厅——宿舍这“三点一线”间。

教室是我们一天中待的时间最长的一点，我们在这里就像不停息的机器，不断地运转着，尽可能地在有限的时间内做得最好；我们像母亲怀抱中的婴儿，贪婪地吮吸着知识的乳汁；我们像地球一样不辞辛苦地绕着太阳转。

餐厅是我们待的时间最短的一点，但是在这短暂的时间里，我们可以获得学习的能量。恰如一座加油站，几分钟的加油，就可以使汽车跑几万米的路程。正所谓“时间不在多少，有用就是最好”！

宿舍是我们的温馨家园，在宿舍里我的身体可以肆无忌惮地放松，但是我们的大脑要时刻保持清醒，殊不知“清醒的大脑是成功的基础”。

同学们！让“三点一线”成为我们迈入辉煌殿堂的捷径。

马佼（宏志班）

① 一等奖学金获得者。

2009 年 9 月 29 日

步入高中的大门，感慨颇多，几许疲倦、几分充实，还有发自内心的敬佩之情。

敬佩老师们的博学多才、见多识广，敬佩大多数同学的艰苦奋斗、持之以恒。老师让我不断进步，同学让我倍感温暖，我要充满信心地去面对每一天的学习生活。

经过几周的相处，我认为班里的所有同学都比较好相处，我希望大家能够相互帮助，共同进步，共同度过让大家无悔的三年高中生活。

杨怀亮（宏志班）

2009 年 10 月 10 日

赤艳的红色闪烁着青春的激情，鲜橙的梦想甜美让人迷恋，带着心中的疑问、迷惑、憧憬与期盼，我们在丰收的季节进入了高中，进入了我们生命中永远不会忘记的 141 班。

泰戈尔曾说："年轻的时候，我的生命犹如一朵鲜花……当和煦的春风到她的门前乞讨，她便从那富得繁华中摇落一两片花瓣，丝毫也不觉得有什么损失。如今青春已逝，我们的生命已无物可施，只等待着把自己彻底奉献，连同那甜蜜的负重。"是的，如今的我们在成长，深深地感到了 141 班是我们成长的部落！

在你进入新的环境后摇摆不定时，《励志箴言》帮你寻求了方向，找回了自我；当你面临更强劲的对手想放弃时，《我能行》帮你重拾自信；当你对生活感到厌恶，对家庭感到失望时 141 班给了你温暖，给了你生命中可贵的情与爱，给了你……

面对 141 班的"宏志"旗帜，我们曾经承诺过，拼搏、求真，我们以积极向上的姿态面对我们的生活与挑战。转瞬间，时间悄悄流逝，美丽的时光总是那么短暂。高一学年就要结束了，我们就要彼此分离。新的环境下，新的老师、新的同学、新的对手将会扮演所剩时间中的配角，而主角依然是你。那一刻，141 你会记得我吗？曾经的一切都已过去，未来的路还要走，该面对的我们还是要面对，老天让我们齐聚141班就是一种缘分。既然来过，就该留下一点什么，那就把我最真诚的幸福送给我们141班吧！

“寄浮游于天地，渺沧海之一粟。”激流勇进，我们加油！芸芸众生，我们拼搏！成功的路上你我有约，让我们一起相聚在成功的领奖台上。让我们更加一起珍惜“141”！

周海亮（宏志班）

2009年10月10日

考试时一头雾水，考试后瞬间清晰。这次考试似乎是没有考好，但我考完之后生发的感想，却使自己重新找回了自我。

由不会考试，到懂得一些方法，再到明白考试的真正含义，我进步了。因为我学会了思考、学会了检查自我。

老师，您曾说“不比聪明比勤奋，不比基础比进步”。这句话似乎是专门针对我说的，我更要勤奋、进步；同时努力学习，争取使“感想有所用，感叹不自来”。

李延（宏志班）①

2009年10月15日

脚下的路是通过无数的人走无数次而形成的。我们做每一件事情，都应该如此，要脚踏实地。面对学习时应如此，不能总是大意，不能总是粗心，一定要做一题算一题，不做不必要的无用功。就像现在虽然成绩并不太好，但我想，通过自己的努力、奋斗，下一次一定会取得进步，一定能成功。所以现在我一定不会放弃，更不会对自己失望。我想只要春天有汗水的挥洒，秋天一定会有果实的收获，只要自己肯下苦功，成功就并不久远。

---

① 一等奖学金获得者

为了明天更加辉煌，今天一定要有一颗进取的心，有一颗永不放弃的心，用自己的努力去实现自己的梦！

李天波（宏志班）

2009年10月20日

结束不久的月考，成绩并不令我满意，甚至糟糕到了极点。大多数同学都只是在说自己没考好，而我却想对同学们说：好好努力，争取下次考好。我说这话并不是因为我考得好，而是因为或许这次考试对我们高中生来说是一次小小的挫折，而我们正是在这种挫折中成长的。

挫折是什么？沮丧者说，挫折是无穷无尽的烦恼；失败者说，挫折是被击倒后的眩晕；懦弱者说，挫折是充满坎坷的道路；而我觉得，挫折是一笔宝贵的财富。

面对耳聋，贝多芬顽强拼搏，终于成为一代“乐圣”。

面对失败，爱迪生坚持不懈，终于给世界带来光明。

挫折是坚韧之石，擦出希望之火。

是希望之灯，照亮前进之路。

是前进之路，给人积极向上的力量。

朋友，你还在为遇到挫折而苦恼吗？你还没有意识到挫折的宝贵吗？珍惜挫折吧！挫折是成功后的微笑。

是的，挫折是成功后的微笑，生活需要挫折！

树因浓郁而苍翠，花因色彩而娇艳，人生因挫折而美好。

加油！同学们！

吴艳艳（宏志班）

2009年10月20日

不知不觉中，已经一个月过去了，一个月的生活真的是丰富多彩。这一个月中，我们学习、生活的节奏不断加快，同学之间彼此相互了解，师生关系也愈加紧密。

再过一个多星期就要月考了，这是我们上高中以来的第一次考试。可以看出，同学们都非常努力，每天的睡眠时间只有5个多小时，一天中更多的时间花费在学习上。不过月考也会让我们紧张、担忧，但我觉得我们始终要保持一颗平常的心，只要自己努力就好，即使结果不理想，也无关紧要。

在考试前学校将举办运动会，而考试完后正是“十一”国庆节。我想我会与同学、朋友聚在一起，度过这个美好的时光。现在想这个可能太早了，我要用最好的状态来面对这次考试，也希望大家都能取得好成绩，这样假期也会快乐、无忧。

刘慧敏（宏志班）[①]

2009年10月20日

名次终于出来了，却连看的勇气也没有，真的挺难受的，好像自己被彻底否定了，仅仅一个月的时间，自己究竟干了些什么？为什么同学之间差别会这么大？我感觉一阵阵的冷风吹来，我却无处可逃，心情特别低落，特别羡慕那些成绩好的同学，他们脸上洋溢着满足、快乐的神情，可我的面部表情已经显得极不自然。我现在的成绩，在宏志班根本待不住，好像一不留神就会被抛弃。该怎么办？总结教训，从头再来，可哪里去找那么多的时间？心情特别失落，现在的我怎么这样？可我明白，我不能再放松自己了，应该奋起直追。我会愈挫愈勇的，不再在自我安慰下看闲书了，不再上课走神，该到静下来的时候了，我要去勇敢拼搏，不会让自己、父母、亲人失望。加油！

温馨（宏志班）

---

① 二等奖学金获得者

2009年10月23日

读了《大堰河——我的保姆》，使我感触良多。

大堰河细腻而又沉甸甸的爱，轻触着我心里的某个地方，我想到了我的妈妈。

年节里，大堰河为了孩子切冬米糖，她独自一个悄悄地想念她的孩子，她更把孩子幼稚的画作贴在灶边……

我的妈妈也会这样，只是我的眼睛被遮住了，我从来都是只为从她那里得到而烦恼着。

她会因我每次念书归来而匆匆忙忙，她甚至会争着洗我的衣服，尽管她知道我已不再需要。在我心里，妈妈是最坚强的，当我听到妈妈因为想我而哭时，我鼻子酸溜溜的，我以为妈妈不会这样的，原来只是我不知道。她总是把那一张张奖状都整齐地贴在墙上，或许在我们看来只是一张张纸，但却是她的骄傲。因此，我告诉自己，我要努力，不可以放弃，为了自己也为了妈妈心底的那份骄傲。

苏晴（宏志班）[①]

2009年10月27日

随着时间的推移，渐渐长大的我们思想越来越丰富，不断积累人生的经验。年少的我们有过不幸的遭遇，也曾患得患失，总是为失去而痛，总是在不幸时抱怨，也总是轻视乃至忽视自己曾拥有的。

有一句话："一个人的快乐，并不是他所有的，而是他计较得少。多是负担，是另一种失去。少非不足，是另一种有余。舍弃也不一定是失，而是另一种宽阔的拥有。"所以舍弃那些对我们不是特别重要的，如新陈代谢死去的细胞。该放手时就放手，解放的心灵与幸福相连，让生活和学习变得轻松，把握住正确的航向，让人

① 二等奖学金获得者。

生之旅闪耀出烁烁光辉。

很多名人都在事业高峰时选择退出，如作家费奥里娜，在事业高峰时带着两个子女悠然隐居在新西兰乡间。现实生活中，由于这样或那样的变故，一些人可能会从辉煌中退出来，这时他必须及早转换心态，不要纠缠于过往的得失，这样才能隐退后拥有一个崭新的未来。

所以，我们应该正确面对得失，不被胜利冲昏头脑，也不因失败而痛苦，甚至耿耿于怀，将一切释怀，用快乐、轻松的方式重新与知识拥抱，重新快乐、幸福的生活，有时舍弃是为更好的珍惜。

第一次的月考成绩糟糕的几乎让我窒息，作为学生，那分数就是我的耻辱，而两天后就是期中考试了，我无法预测我的成绩，但我觉得比上次强多了，我开始主动学习，基本适应了忙碌的高中生活。

我是一粒盐，当全世界都变成了糖的时候，我仍是一粒盐。

我是一尾鱼，一尾微小却倔强的鱼，我会拼尽自己的全力，逆流而上，去实现自己最初的梦想。

选了这条路，就没有回头的理由了，只有适应，只有像悬崖上的松，顽强地把自己的根深深地扎下。

班主任窦老师说得对，我们学校无论从硬件设施还是软件设施上，都不是一流的，我们底子薄、起点低，因此要跑赢别人，就一定要做到比聪明的人更勤奋，比勤奋的人更聪明。我知道，我不是最聪明的，也不是最勤奋的，但我会塑造一个最优秀的自己。我告诉自己，我的基础不如别人，我只有脚踏实地地打好基础，才有与他们一决雌雄的资本。我要挤时间，挤别人空闲时间，挤出一切我可以利用的时间，去做作业、总结、归纳、复习。

从上学期以来，数学就一直是我最头疼的科目，这次考试我的数学成绩如此低，我被它拖得太惨了，我真的很不甘心，我更加努力学习，让数学成为我的骄傲。

我遇到挫折而想放弃时，我就想到了班主任窦老师的那句话："伟大的人之所以伟大，关键在于和别人同处困境时，别人失去理智，他却下决心实现自己的目标。”我要实现我的梦想，就必须保持一颗平静的心，去迎接更多的挑战。正所谓“唯有心静如水，方能气贯长虹”。

我相信“天道酬勤，地不亏人”，只要努力，我依然可以活得很精彩，很特别。

赵秀岩（宏志班）

2009年11月8日

在懵懂中，我踏入了高中，高中，让我充满好奇，可在班主任的教导下，我逐渐了解了高中生活，这还归功于班主任的两句名言。

1. 两眼一睁，开始竞争。身处宏志班，觉得自己那么渺小、那么孤陋寡闻，我怕会在这个地方跌落，失去自我。这里的竞争，就是初中老师所讲的“天外有天、人外有人”。

2. 不苦不累，高中生活无味。无味与乏味近意，这充分地说明高中生活就是“苦”和“累”，这是它该有的佐料，否则就算你煮最好的饭，它都会失去味道，毫无引人之处，也无法引此为荣。想想刚刚走过的初四，那只是短暂的一年，而高中，意味着每天都是那样的日子，三年过的都是那种生活，想想九门必修课本，再想想遇上的新课改，你如何得以轻松？

这就是我眼中的高中“竞争无处不在，苦累围绕身边”。即使与同学间有偶尔的乐趣，却又是何等短暂、模糊……

我们解读高中，身处高中，过好高中！

王丽娜（宏志班）①

① 二等奖学金获得者。

2009年12月2日

人生如一杯酒，有一种如红酒，倒一杯是一杯；另一种则如啤酒，才倒半杯，却已经泡沫翻腾。

许多人的一生是庸庸碌碌的，原因是不懂得反思。

反思也是一门艺术，当你回首今天所发生的事时，你想过自己做得好不好吗？有没有尽力？我是不是可以做得更好？

我们必须学会反思，反思自己的一举一动；反思自己的思想；反思自己的学习、生活。当然，我们需要的不仅仅是反思，而是反思之后的实际行动。反思到自己的不足之后，需要做的是改正它，如果你不改，反思是毫无意义的。

《钢铁是怎样炼成的》中有一段话："当你回首往事时，不因虚度年华而悔恨，也不因碌碌无为而羞愧。"的确如此，从这一刻起，让我们一起来反思，一起来改正，到高三毕业时，我们可以自豪地说："我不后悔!"

吴艳华（宏志班）①

2009年12月6日

在生命的旅途中，我们一路走来，采撷那些属于自己的回忆。是伤心的失落之美；是拥有又失去的美；是无私给予的美。每个人心中都有不同的"美"，因为生命的每一部分都不是注定的。我们没有理由因痛苦而抱怨，没有理由因为失去曾经的拥有而失落。你可知，生命的美丽没有终点，失去就意味着重新拥有。

带着记忆的匣子，把那些贪婪、自私的观念除去，用心、用爱去填充生命，在行进中寻找，在寻找中感悟生命的美丽真谛。

花开花落，生命在喜悦与悲伤中行进，在这弥漫花香的气息中，是否嗅到属于生命的美丽气息？用心感悟，用爱为自己围绕栅

---

① 二等奖学金获得者。

栏，种下美丽的种子，结出美丽的花蕾，装扮美丽的生命。

请铭记：生命在行进，美丽一定存在！

高红梅（宏志班）

2010年

2010年4月3日

在我的内心深处，我一直相信一句话：人就是活的一个盼头。

我曾深深地记得一首诗：《生活》。这首诗看起来特别简单，但它却准确地概括了我们生活的点点滴滴，生活仿佛就像一张网似的，永远密密麻麻，分不清楚。所以，在这盲目的大海中，我们必须定位心中的目标、心中的理想，即“盼头”。

刻苦学习就是为了取得好成绩；礼貌待人就是为了做一个好孩子；帮父母亲做家务，就是为了减轻他们的负担，就是爱自己的父母。我们如同刚上任的船夫，在生活的大海里独自远航，如果我们没有注意航标，而一味地向前，恐怕会走进危险的境地。所以，只有以航标为前行的标准，我们才会顺利地到达目的地。目标是至关重要的，是我们成功的关键。

现在，我们如同刚学会飞翔的小鸟，前面的路仍然很远、很远。我们一定要树立正确的目标，向这个目标前进，在未来的日子里，我们才会更快乐。

韩莉莉（宏志班）[①]

2010年4月3日

不知不觉开学许久了，对于这将近一个月的日子，我不想回忆

---

① 一等奖学金获得者。

太多，泪水、无奈与痛苦是我对它的总结。曾经因为不适应而痛哭流涕，因为受不了而选择逃避，因为不满意而怨天尤人……

高中生活，曾经是我的梦，如今睡醒了，梦也破碎了。

在人生的岔路口，我无法抉择。

薛明（宏志班）

不要徘徊，不要退缩，要勇敢地面对，坚定地走下去。因为在你无法选择的时候，正需要你做出瞬间的痛苦的抉择。没有选择，就不会有绚丽多彩的人生！

班主任寄语

2010年4月8日

一寸光阴一寸金，寸金难买寸光阴。一眨眼，进入高中已经有半年多的时间了，无论是身体上还是精神上都让我异常疲惫。对同学不熟悉，对老师陌生，离开家的冷落寂寞……

这让我想起过往，觉得以往的人生是多么幼稚，也正因为这种幼稚才会使自己无忧无虑。或许让我重新选择我仍会如此吧？

有人说过，快乐是一天，不快乐也是一天，为何不让自己快乐呢？的确如此，高中生活虽是苦的，但也是苦中有甜，半年多来给我留下了深刻的回忆。

希望同学们在这三年时间里不断充实自己，给自己一个满意的答案，同时学会用微笑的心态去面对这一切。

武卫东（宏志班）

2010年6月3日

在许多人心里，都有一个定式：只有达到目的，才算得上成功，才会让人瞩目。但我认为，这是错的，这样只是泛泛而谈成功，在乎的是它的结果，而忽视了它内在的一种形式美。

前几天，刚学了《老人与海洋》，起初觉得那位老人是一个十足的失败者，因为他奋斗了那么长的时间，反拿了一具残骸回来，不免令人感到好笑。但又一想，这是一个极大的错误。几天不吃不喝，能与一条鱼打持久战，这需要的是什么？是一种勇气，一种不轻易放弃的坚毅。那具残骸说明着什么？是失败吗？不，那恰恰是一种成功，他打败的不仅仅是那条鱼，更多的是他打败了自己，自己原本易退缩的本性、易妥协的软弱，他不是一个失败者，因为他为自己的目标奋斗了，并获得了成功，他得到了自己想要的大鱼，这便是收获。残骸如何？整鱼又怎样？最弥足珍贵的莫过于自己奋斗的过程了。只要奋斗了，就没有失败，这是一种精神上的收获，是另一种成功，只不过是换了件“衣裳”，换了一种表达的方式。

米娟（宏志班）[①]

2010年7月3日

《接力日记》你们一定要接着写下去。她会给人以激励、启示……坚持，坚持，直到最后！到那时你们也许才会真正感受到它的作用与价值。

窦根锁（班主任）

① 二等奖学金获得者。

随　笔

青春绚丽一瞬间，

抓住它，就有机会；

描绘它，就见彩虹；

感悟它，就是智慧。

青春的魅力，不知在花间抖落下多少个春夏秋冬。

折叠着希望的小船，起帆远航。

原来青春并不单调，并不苍白，并不空洞。

这里并不单是钟情，不单是怀春，

这里也有追求，也有沉思，也有睿智，也有硬朗的入世担当情怀……

引　子

居里夫人说道："如果能追随理想而生活，本着正直、自由之精神，勇往直前的毅力，诚实不自欺的思想而行，则定能臻于至美至善的境地。"作为班主任，我和同学们建立了真正的"朋友"关系，使自己尽量具备"学生的心灵"。用"学生的大脑"去思考；

用“学生的眼光”去看待；用“学生的情感”去体验；用“学生的兴趣”去爱好……走进学生丰富多彩的内心世界。在工作中不断地发现问题、思考问题、解决问题，成为学生的良师益友。

不论高一新生入学，还是高二文理分科，抑或高三的高考复习，我总是要根据他们的身体、心理以及认识上的变化规律建立“学生成长档案”。让学生以随笔的形式写下自己的真言，说出自己的心里话，明确自己的崇高理想和奋斗目标等，从每一次考试成绩的记载与分析，到每一次班会的交流，尽可能让学生能够有所悟、有所得。特别是到了高三，在校学习时间不多的日子里，让他们记录所走过的每一步。

鲁迅先生曾说过：“我们是应该将‘名人的话’和‘名言’分开来的，名人的话并不都是名言；许多名言倒出自田夫野老之口。”本文所选的部分内容并非出自名人之口，更称不上名言警句，但这些话语正是学生们根据当时自己的学习、生活经历，在一定的环境中发自内心的表达。虽说语句上有一些稚嫩、笨拙，可又不时地跃动着青年学生的激情。有的学生还把这些话作为座右铭来不断地鼓励自己，有时候也给自己敲响警钟。尽管这些话看起来朴实了一点，但也称得上逢其时、适其人、正其事，其效果远远超过所谓的一些名言，甚至会影响学生们的一生。

理想篇

时间就这样一天天地过去了，我的梦想始终不变，“复旦”这两个字早已在我心中烙下深深的印迹。不管这条路有多难走，我只有一个选择，会认真走下去。高中生活让我学会不服输，所以到了这样的紧要关头，我仍然会对自己说“不认输”。我会始终奉行“真心求学，实意做事，正直做人，励志成才”这一箴言，使我的人生更精彩。

——陈雪梅（内蒙古大学）

高中生活就是这样忙忙碌碌，又觉得有些苦，但却是最充实、最美丽的。在这里种下了希望和梦想的种子，努力终会取得成功！

——乌日勒格（西南大学预科班）

一切从“零”开始，扬起理想的风帆，早日完成“改造”！

——窦汇丰（呼伦贝尔学院）①

考一流大学，实现人生巅峰。我不是第一，但我愿意去争取。只有奋斗，人生才会精彩！在心中这片圣洁之地，我永远不会比别人低。相信自己，超越自我，这才是人生的价值。

——邵文博（宏志班）②

我们不是风中飘零的落叶——没有自己的方向，只能随风而逝；而是拥有梦想翅膀的鸟儿——为了心中的天堂，展翅高飞。

——张莉（安徽师范大学）

成为一名人民警察是我儿时就立下的志愿，如今理想之火愈燃愈烈，因为它将变为现实。我相信一个心中有梦的人不会在乎脚下的羁绊，纵然路有荆棘，途有坎坷，我也会勇往直前。我享受高三，感谢高三！

——刘玉玲（山东师范大学）③

高中三年，再多的苦，我也不怕，我要考上好大学，考上我最理想的大学。

学习再苦，没有爸妈种地苦；学习再累，也没有父母没日没夜地干活累。我不会害怕，学习时的灯光就如爸爸、妈妈期待的目光，他们会一直陪着我。三年的苦，足够自己甜一辈子；三年的苦，足够我们全家幸福三代人。加油！

——张玉婷（宏志班）

也许曾经狂妄，也许曾经平常，也许理想太大，也许梦想太

---

① 荣获年度二等奖学金。
② 荣获年度二等奖学金。
③ 荣获年度一等奖学金，中国共产党预备党员。

远，但我要说：让理想的帆在奋斗的风中竭力前行！

——马先（天津外语学院留学韩国）

考上大学，去参军，留部队。只有铁和血才是真理；没有精力是缺铁，没有热情是缺血。

——王飞（宏志班）

我的最高理想是考入中国人民大学的金融学专业，金融相对于政治更会成为人类永恒的话题。随着中国经济的崛起，中国对高级金融人才的缺乏直观地展现出来。以中国国土面积之辽阔，战略纵深之大，人口之多，以美国为首的霸权主义国家从物质方面打击的程度不足以覆灭中国。中国是一个拥有核武器的国家，全面热战一般不会发生。但是，美国可以像 1989 年金融侵略日本一样，将中国的金融打垮，威逼中国全面开放资本市场，制造泡沫，做空中国经济，让无数中国家庭数十年的积蓄灰飞烟灭。一定程度上说，金融战争要比军事上的战争更可怕。若干年内，是否重蹈日本“失去的十年”的悲剧，很大程度上是由中国高级金融人才决定的。金融人才将会撑起“民族脊梁”，保卫国家，我愿做一名中国金融卫士。

待到风云再起，看吾辈遇雨化龙。

——常嘉琪（宏志班）

有理想的人在逆境中看到希望，在黑暗中看到光明。

——马艳芳（宏志班）

此时打盹，你在做梦；此时学习，你在圆梦。

——高慧琴（宏志班）

目标篇

选定目标，迎难而上，永不言败。稳定提高各科成绩，用高考成绩证明自己不是弱者。

——柴敏（长春税务学院）

人的一生中充满选择，选择好后，自己不后悔，并且把它做到极致，做到完美。

——高雪峰（沈阳师范大学）

朝着心中既定的目标，勇往直前，始终坚持用最适合自己的方式去努力，最重要的是将其运用在实际行动中。

——石小敏（内蒙古师范大学）

世界总是会给那些有目标和远见的人让路。

——王楠（呼伦贝尔学院）

初中老师说："考上高中就意味着一只脚踏入了大学门槛。"但随着意识的增长，我觉得考大学并不是一件易事。考入"二本"大学，这是我的目标。分数是硬道理，我一定要超越"二本线"。

——马冬梅（内蒙古工业大学）

人生就是一连串的教训，问题是你给别人教训，还是别人给你教训；"枪打出头鸟"，但有的鸟飞来人间是为了做它该做的事，而不是专门躲枪子儿！

我的目标，就是逼着自己成才。

——李俊秀（宏志班）

目标，预示着生命不止、奋斗不息的前进；过程，就是为达到目标，而不择手段。现在终于明白了：一切只看成绩，其他都是虚的。

——白龙（宏志班）

奋斗篇

我相信没有付出就没有回报。我们要努力拼搏，用汗水与智慧铺就成功的道路，为了实现自己的理想坚持不懈，勇往直前，走向成功。

——白云（内蒙古财经学院）

我虽然走得很慢，但我从不放弃！

——梁超（安徽大学）①

---

① 一等奖学金获得者，内蒙古自治区三好学生。因在校期间表现突出，被学校保送上研究生。

认真的态度＋坚韧的毅力＋冷静的思考＝最好的高考学习方法。

只要不放弃，只要坚持到底，只要不服输，最后一定能百分之百获得高考成功！

——张丽娟（广西师范大学）

高考在一天天走近我们，人生的一大转折已为期不远，为了心中的梦，希望自己能在这样优越的条件下，在付出艰辛的努力后，实现自己的梦。我也要保证，考完不后悔！

——张晔芳（内蒙古财经学院）

从小到大，学习成绩一直平平的我，终于在高中这个不平常的阶段开始不甘于停留在这种状态中。虽然在过去的两年中，我的进步并不很明显，虽然我还不知将来会怎样，但是我可以肯定地说，我不会放弃！

——雁南（内蒙古农业大学）

踏入成功的殿堂前必先经历艰苦的试练，有的天才是在坚定不移的信念中诞生。虽然体育是我的爱好、特长、职业，但富民强国的理想更会激发我奋斗的激情与斗志。

——韩鹏飞（天津体育学院）

再苦再累的生活，也阻挡不住我们前进的步伐。让我的梦，用汗水来抒写无悔的青春！

——李延（宏志班）①

进入一直让我好奇的高中生活，发现并没有想象中那么简单，依然是每天辛苦地前行，但想到三年后等着我的成功，心中便增添了更多的动力。我要努力，我要拼搏！走过眼前的风雨，就会有彩虹。我一定要考上理想的大学，让父母、老师放心！

——韩远征（宏志班）②

鸵鸟不能飞翔，但它竭尽全力奔跑，最终成就了一场展翅掀动

---

① 二等奖学金获得者。
② 一等奖学金获得者。

黄沙的雄姿。

——鸿雁（桂林理工大学）

活出个样儿来，给自己看看！酸甜苦辣全咽下，谁也难不倒咱“爷们”！

——杨国栋（宏志班）①

老师的教诲和亲人的关爱，让我没有理由不去奋斗。我不会高估自己现在的水平，但绝对相信自己将来的能力。

——祁明山（西北民族大学）

方向比努力重要；生活比文凭重要；情商比智商重要；能力比知识重要；健康比成绩更重要。战胜自我，努力奋斗，决不让自己失望！

——吴明华（宏志班）

生命不能被保证，但我相信我的能力，只要我努力奋斗，就会看到希望的曙光，也相信天生我材必有用。

——陈冲（内蒙古大学）

一个人只有超越自我，才是最大的胜利。世界是我的！

——张宏伟（吉首大学）

努力不一定成功，但不努力一定不会成功。眉毛上的汗水和眉毛下的泪水，我们必须选择一样。

——吕晓琴（天津工程师范学院）

我很幸福，我有爱我的父母，还有关心、教导我成长的老师，以及身边一起共同学习的同学。我生活在爱与快乐的王国里，我一直是以父母为动力，虽然他们疲惫的身体，日日承受着生活的重担，但看我的眼神却永远充满了希望。我还有什么理由不努力？我要努力，努力去学习！

——冯霞（宏志班）

高三来得太快，令人措手不及。对于高考我有些盼望，也有些

① 一等奖学金获得者。

抗拒，可眼下能做的只有专心备考，尽自己最大的努力，发挥最大的潜能，去迎接高考。只要尽力了，那么结果无论怎样都无所谓。

——高敏敏（内蒙古大学）

世界上有一架天秤，天秤的一端是不懈的奋斗，另一端是成功的彼岸。我会努力使天秤向成功的一端倾斜，乘风破浪，直抵彼岸。

——邵丽媛（辽宁科技工程大学）

在尘埃落定之前，一切皆有可能，用行动来说话。

——武元（大连民族学院）①

吃得苦中苦，方为人上人。要用汗水与毅力赢得人生价值，实现自己的抱负。

——郭莉（内蒙古大学）

尽我最大的努力实现我的梦想，即使不会使梦想发光、发亮，也会提高自身的价值。

——杨萱（内蒙古大学）

既然努力奋斗了，就不必后悔；既然不后悔，就撇开一切去拼搏！

——吴丽（宏志班）②

友情与事业代表着人生两大乐趣，一是要开朗，二是要勤奋。只要为之奋斗，未来就会变为现实！

——席婵（内蒙古大学）

生命不能被保证，我相信我的能力，只要我努力奋斗，就会看到希望的曙光。同时，我也相信“天生我材必有用”。

——陈冲（内蒙古大学）

相信自己，超越自己。成功的根是苦的，但果实是甜的。奋斗吧！尽我所有的力量来冲刺成功，心中只有一个信念：“用行动来

---

① 该生在2009——2010年度荣获由教育部设立的大学生“国家励志奖学金”。在2007年高考中日语成绩为142分。

② 二等奖学金获得者。

说话!”

——呼博（内蒙古财经学院）

往上走，即使小小一步，也有新的高度。

——王进（内蒙古师范大学）

“会当凌绝顶，一览重山小”。只有你站在最高峰，才会无限风光一览无遗。

——于小刚（宏志班）①

经过三年的努力，考上一所父母、老师和我都满意的重点大学。

高中生活虽然辛苦，但苦过了才会获得更大的幸福，奇迹将在高中产生；生活虽说很累，但很精彩，通过奋斗获得的果实最甜，所以我会过好每一天。活出激情，活出精彩，让每一天都精彩!

我会“享受”真正的高中生活。

——胡杨（宏志班）②

我从不在乎别人对我的看法，否则我只会成为别人的奴隶。考上自己心目中的大学，选择自己喜欢的专业。

——白洁（宏志班）

努力不够是因为痛得不深。现在哭也哭了，痛也痛了。请收起你的冷漠，放下你的孤高。没有人怜悯你的不堪，面对伤痛，从容应对。努力学习，习惯沉默。做个有用的人，为时代留下些许痕迹便好。为中国的民生工程而奋斗，是我一直以来的夙愿。

——丹丹（宏志班）

言行一致，行动高于一切。超越每一个值得自己尊重的对手。

——刘小刚（宏志班）

谁说我不可以，做给他们看！只要努力我也能行。

——尚仁（宏志班）

学习不是做游戏，而是一场赌博，堵上自己的一生，所以一旦疏

---

① 一等奖学金获得者。

② 一等奖学金获得者。内蒙古自治区鄂尔多斯市三好学生。

忽，必定赌输。为了这场赌注，即使付出再多，也要竭尽全力去赢。

——周丹丹（宏志班）

只有拼出来的美丽，没有等出来的辉煌。充实地过好今后的每一天，每天都有进步，或大或小，正确对待每一次的成功与失败。

——项惠（宏志班）

我喜欢“努力不一定成功，但不努力一定不能成功”这句话。虽然目前我做不到刻苦努力，但我一定要一天比一天更进步，一定要步入那所理想的殿堂。

在目前，要让自己真的“动”起来，投入学习中，把弱势科目补起来，减少考试中的失误。

要充分实现自我的价值，在未来的职业中做得出色，成为一个职场上的“杜拉拉”。

——白倩倩（宏志班）

学习不是比谁努力，而是比谁更努力！

——冯霞（宏志班）

一直相信，坚持就会有希望！

——苏晴（宏志班）

两眼一睁，开始竞争。不苦不累，高中生活无趣无味。

——班主任

赢要赢得霸气，输要输得大气。人活着就是为了争这口气！

——吴远（宏志班）

要做自己的第一，不做他人的第二。

——宏志班（2）

总是认为自己先前好于现在，其实是你今天还努力得不够。

——班主任

我能行，今天我能行，明天你更行，你在这点行，我在那点行，力求都能行，这才是真行，为啥我不行，谁说我不行，相信我能行，我就一定行！

——2009 届毕业班全体

惜时篇

不要轻言放弃，否则对不起自己，苦心在，梦就在。天地之间还有真爱，看成败，人生豪迈，一定要珍惜现在！

——高慧（宏志班）

抓紧时间，刻苦努力。一定要做好每一件事，在人生的第一个路口转好弯儿，为心中的目标奋斗！

——郝伊敏（南京工程学院）

人生本是一趟单程旅途，而我却有了更多的机会，相信我会更加珍惜！

——董江海（吉林师范大学，留学俄罗斯）

尽管未知的路不会一帆风顺，但我会保持最好的状态去迎接挑战。为明天、为自己、为父母和老师、为一切关心我的人，珍惜每一天，认真面对自己的生活、学习，不给自己留下遗憾。相信我是最棒的！

——温馨（宏志班）

希望秋风再次拂动漠南的时候，回味一年来走过的高三里程，我很高兴——自己没有虚度光阴。

——蓝天（黑龙江大学）

总以为有那么多的青春可以挥霍，我就这样漠然地看它从指间滑过。不经意回眸时，我始悟：纵然烂漫的樱花也只有一时的绚丽，便匆匆凋落，我还是要珍惜自我，莫负光阴。高三，我要让自己真正地火一把！

——郭小磊（内蒙古民族大学）

学习与时间不成比例，但时间是学习必不可少的要素，同时还要掌握正确的学习方法。

——杨腊梅（南华大学）①

---

① 一等奖学金获得者。在 2009 年的高考中，数学成绩为 137 分，全市第三名。

或许成功离自己还很遥远，但我知道，只要抓住机遇，只要努力，它一定会近在咫尺。

——张玉英（内蒙古师范大学）

生活中有太多从头再来的机会，但也有许多事情是很难再来的，该把握的时候应好好地把握。

——乔俊峰（内蒙古大学）①

新的学期开始了。首先，我要进行自我检讨，一个长达 30 多天的寒假被我虚度过去了，寒假作业几乎没写，开学前我还在侥幸：可能不考试。其次，每当我一想起身为农民的父母，我都感到十分对不起他们，感到我身上的压力很大。最后，回顾多年的学习生活，我发现自己存在一个很大的问题：学习自觉性不高，惰性克服不了。

——边志强（宏志班）

忙碌是一种幸福，让你没时间感受痛苦。

——刘敏（宏志班）

有恒篇

我会尽力每天付出努力，换来对人生有价值的东西！高三，火一把！

——武燕燕（天津农业大学）

虽然我的学习成绩不是很好，但我相信我会一点一滴地取得进步。我虽然走得很慢，但我不会放弃，直到最后我也不会放弃！

——高丽琴（内蒙古财经学院）

做人、做事、做学问，问心无愧。

——王莹贤（西北民族大学）

在这一年平淡的复读生涯中，我要汲取足够的养分，做一名成

---

① 该生 2005 年高二时参加高考就取得了总分 495 分的好成绩，超过当年本科录取分数线 25 分。

功的考生，以满意的成绩回报我的老师、父母，让他们不再失望。而我自己则走向新的生活起点，为自己的追求而坚持不懈地拼搏。

——张新（吉林华侨外国语学院）

只要用心，就能赢得精彩！

——郝梅梅（天津中医药大学研究生）①

我虽然不能像猎豹一样飞奔，在奔驰中实现华丽的变身，但是我却可以像蜗牛一样，一步一步向前爬，掌握自己的节奏，背着自己的行囊，走着自己的路，为自己的未来一点一滴地取得进步。有一天，我终究会爬进属于我的幸福殿堂。

——李玉婷（内蒙古医学院）

我有着与生俱来的自信——从未消失；我有一个信念——永不放弃。我外表大大咧咧，但我想得很多。自信与信念让我安心。我相信“天道酬勤”，我也相信，我现在所做的一切都在为以后的成功做准备，只想为以后不会失去更多。活着需要勇气，而我还有一份勇敢。

——艾青（宏志班）

进步是今天的成绩、明天的保证。

——刘新（内蒙古大学）②

这个世界没人会使你倒下，只要你的信念还在。

——苏丽丽（宏志班）

励志篇

8月15日，我走进了高中，走入一个与以前截然不同的学习环境。从那以后，我都在不断适应新环境，不断改变自己。我希望通过三年高中生活，可以磨炼我的意志，学会学习，学会做人，凭着自己的努力获得丰收。我相信自己，我要对自己负责，对父母、老

---

① 一等奖学金获得者，内蒙古自治区鄂尔多斯市三好学生。

② 一等奖学金获得者。

师负责，对国家负责。

——李佩道（宏志班）

我相信大爱无疆，我更相信大道无痕。即使身后留下的轨迹只是深深浅浅，已经看不清晰，我也依然会永不停息地行走。价值越高，经受的磨难和需要付出的就越多。战胜自我，超越自我！

——刘霞（内蒙古工业大学）

不能控制自己的贪念，就会失去自由的天空。

——张艳丽（内蒙古财经学院）

有志者，事竟成，破釜沉舟百二秦关终属蜀；苦心人，天不负，卧薪尝胆，三千越甲可吞吴。我不甘平凡，我不想让我的生命暗淡无光，高三固然艰苦，但我相信：凭着我的毅力、我的信念、我的执著，高三定会成为我梦想的起点，成就我绚丽的一生。

——杨欢欣（河南许昌学院）

我很想考上“一本”大学，即使希望渺茫也不曾放弃。我要在稳定中不断前进，直到理想实现。志向：成为一个有担待、有召唤、有价值的人，而不是浑浑噩噩混日子，碌碌无为虚度光阴。即使是市井中的无名小辈，也愿自己做好分内之事，发光发热，积极进取，有野心、有胆识，不气馁、不放弃，灿烂生活。

——嘎贝贝（宏志班）

努力不够，是因为痛得不够。只有真正感到了痛，才能激发自己的潜力。而这个“痛”，我正在经历着。

——贺敏（宏志班）

也许我没有聪明的头脑，但我有坚定的毅力！

——牛野（内蒙古大学）①

① 一等奖学金获得者。在 2009 年高考中英语取得了 134 分的好成绩。

勤奋篇

爱迪生说："天才等于百分之一的头脑加百分之九十九的汗水。"我没有天才的头脑，可我有百分之九十九的汗水，辛勤的付出总会换来丰硕的成果，用汗水换来的成绩将更加辉煌。我笨，我会用毅力和坚持实现属于自己的成功。

——李晓凤（山东泰山学院）

人生的道路很长，每一步都渗透了泪水与汗水。我为能成为宏志班的一员而骄傲。我努力学习，在风雨中学会坚强，学会长大，把泪水留给夜晚，把希望留给黎明。加油！

——高秀玲（宏志班）

学习是自己的事，要靠自己努力。学习上没有捷径，只有一步一个脚印才能勇攀高峰。

——吴文清（宏志班）

记得初中的班主任曾说过一句话："学习不是比谁努力，而是比谁更努力。"这一句简单、朴实的话鼓励、鞭策着我，直到大学。力争进入班上前 20 名，争做一个"屁股最重"的人。

——邱雨（宏志班）

比我聪明的人没我努力，比我努力的人没我聪明。

——贺庭玉（宏志班）

勤奋是好运之舟。

——邱丽（宏志班）

学问是苦根上结出的甜果。

——马艳芳（宏志班）

心动不如行动，行动会高于一切！

——高秀玲（宏志班）

勤能补拙，巧思则益智。

——班主任

教室里的灯光，就是妈妈期待的目光。

——吴娜（宏志班）

求实篇

高三的学习生活中，充满着汗水与泪水。不管现在成绩如何，绝不能先放弃自己；坚信付出就会有收获，为自己定下看似不可能的目标，并朝着目标，不断向前。我要的不仅是“不管成绩如何，我努力了，就无怨无悔”，而是真真切切的成功，不留任何理由为自己开脱。

——贾洪波（北京化工大学）

一分耕耘，一分收获，脚踏实地的一小步，胜过梦幻中的万里行程。

——撒乐乐（内蒙古财经学院）

高三是我人生与命运的转折点，虽然这条路要付出很大代价，但我无怨无悔。我不求比谁强、比谁好，只想在这条路上脚踏实地地吃自己的饭、滴自己的汗，自己的事情自己干。“志当存高远，有志者事竟成”，我相信自己一定会给父母、给老师、给自己一份12年之久的满意答卷。

——尚剑华（集宁师范学院）

三年后我将考上重点大学，30年后我将用行动让母校为我骄傲。目标，是空的，不过是人生的方向；理想，是虚的，不过是人生道路上的灯塔。唯有行动才是实的。我愿乘风破浪，勇往直前！

——李斌（宏志班）[1]

通过自己的努力，打造一片属于自己的天空，毕业后问心无愧。

——李朴（山西大学）

---

① 一等奖学金获得者。

“书山有路勤为径，学海无涯苦作舟”，踏实走好生活中的每一步，过去了就没有后悔药可吃。

——赵大为（大连水产学院现留学日本）

认真，是长跑运动中的一瓶兴奋剂。

——韩小磊（吉林师范大学）

尽我所能，做好目前的事和我想做的事。踏进理想的大学门槛，实现我的愿望。求学之路，也是学习做人之路。活着，从来就不是一个人的事。

——郭向伟（宏志班）

新的学期，新的开始。我要调整好自己的心态，去努力做好自己应该做的事情。把每一天、每一节课……不知不觉中我已融入这个班集体中来，我希望我的高中生活过得最快乐、最充实、最值得回忆……

——张海英（宏志班）

落实是水平，实干是能力。

——班主任

学习并不是困难之事，只要认真对待，始终向着理想大学努力奋斗。高考是人生的重大转折之一，时刻明白高考意味着什么。

韩婷（内蒙古科技大学）

生活篇

我是个不甘于平凡的人，我所做的一切都是为了我的生活不再平凡。

——周强（华中农业大学）

三年高中生活，让我们携手共同度过。在这三年之中，让我们互帮互助，互关互爱，互相理解，珍惜这三年之中的每一天、每一分、每一秒。虽然达到理想很难，但我们一定要全力以赴，不给自己留下遗憾。

——李慧娇（宏志班）

高中三年，我最喜欢、最满意的就是天天都很充实、天天都有进步的日子。从中我学到了一点：学习没有捷径，只有不断充实自己，让自己慢慢长大。

——陈娜（中南民族大学）

失之坦然，得之淡然，争之必然，顺其自然。

——班主任

使人成熟的是经历，而不是岁月。

——武冬梅（宏志班）

生活需要挫折！

——梅兴国（宏志班）

帮助别人成功，意味着你正在走向成功。

——班主任

历史是人生，也是生活。是生活告诉了我们怎样去生活，生活的最好老师其实就是历史。

——历史老师

与人相交，在于情；与人相知，在于明；与人相惜在于品；与人相信，在于诚；与人相敬，在于德；与人相拥，在于礼；与人相随，在于义；与人相亲，在于爱；与人相处，在于善。

——班主任

不需要努力就能得到的东西只有一件，那就是年龄。

——班主任

创造环境，善于沟通，抱以平常心。

——成功家长

绕过泥潭，踏着鼓点，稳步走过来。

——学兄、学姐

“状态不好”这是你偷懒的理由。我们唯一的办法就是让“有状态”成为一种习惯，这就需要学会用行动找到状态，用行动找回自信。

——班主任

并不是因为事情太难我们才不做，而是因为我们不做事情才难。

——班主任

成功的实质就是获得自由度，就是当你想当的人，做你想做的事，去你想去的地方，说你想说的话。

——班主任

对自己苛刻一点，对别人仁慈一些；多一些朋友，总比多一些敌人要好；尊重对手，他是帮你实现梦想的另一只手。

——刘政（内蒙古财经学院）

礼貌不用花钱，却能赢得一切。

——薛明科（宏志班）

自信篇

如果说手纹是命运的象征，那么握紧拳头，命运就在自己手中。相信自己，我能行！

——苗苗（内蒙古大学硕士研究生）

谁说我不可以，做给你们看！只要努力我也能行。

——尚仁（宏志班）

一个人缺少了自信，就容易对环境产生怀疑和戒备。

——胡杨（宏志班）

学习篇

学习，永不谓晚。少而好学，如日出之阳；壮而好学，如日中之光；老而好学，如秉烛之明。发愤忘食，乐以忘忧，不知老之将至。

注意力＋精力＋学习力＝实力

——班主任

开始学总是觉得自己不能进入角色，那你就“假装学”。只要你能坚持假装学下去，总会有一天你再也假装不下去了，因为你的学习已成为一种习惯了。

——班主任

合理规划，科学复习，事半功倍。

——任课老师

调整自己，营造和谐，享受高三。

——班主任

思索篇

以全求专、专而深，以专求专、专而浅。

——班主任

一个不明大势的人，你所做的一切努力都是徒劳。

——历史老师

为君者读史，可悟兴衰之道；为官者读史，可明进退之道；为商者读史，可晓成败之源；为民者读史，可知福祸之由。

——历史老师

历史是时间，也一个是过程。没有时间，便不称其为历史。其实一切历史都是一部当代史。

——历史老师

当你在原谅自己时，事实上你又在成功的道路上失去了一次成功的机会。

——班主任

我们没有明天，好的开始就是成功的一半。行动吧！行动会给我们带来意想不到的收获；行动比任何思想更能控制我们的情绪；行动会使我们立刻进入状态；行动会帮助我们解除痛苦；行动会使我们发现目标；行动会使我们找到感觉；行动会使我们得到体会。行动高于一切！

——班主任

历史的本质就是探究。置疑作为历史探究的基础，也是历史学习的开始。概念是思维的细胞，问题的提出却是思维的发端，构建问题性习题体系，会使你的思维更加完善。

——历史老师

同样的灯光，如果放在谷底，只能照亮很小的地方，而放在灯塔上却能照亮一片海洋。

——班主任

尊重自己不理解的事，这样的人是智者；推荐自己比不上的人，这样的人是贤人。

——班主任

走得越远，世界离你越近；走得越近，世界离你越远。为让自己走得更远，现在你就应该做好动身的准备。

——班主任

有勇气改变可以改变的事情，有度量接受不可以改变的事情，有智慧分辨两者的不同。

——班主任

“十年寒窗无人问，金榜题名天下知”，定期进行心灵的反思。

刘瑞华（上海海洋大学）[1]

---

① 该生高二时参加2005年高考，总分为475分（其中英语成绩为127分），已超过“二本”分数线。

附　录

教育的艺术在于激励，激励是对人们良好思想和行为作出肯定、积极的评价，它能使人得到愉快的情感体验，受到精神鼓舞，焕发出更大的积极性。年终给学生写评语时，许多老师已将总结性评语改为激励性评语，这体现了当代教育工作者教育理念的一个提升。下面是本人从事教育三十年来写给学生的评语，其中一部分参考了同行们的评语，现把这些评语案例提供给读者，敬请参考。

激励性评语

例 1，老师爱看你欣喜的笑脸，也爱看你为集体、为大家热情服务时认真的态度。你是一位活泼可爱的女孩，似乎不知道什么是忧愁，不过你的学习又常常使我不安，一会儿语句不通顺，一会儿出现错别字，能改掉这些缺点吗？

例 2，在我们相处的三年时光里，聪明可爱、真诚坦率、兴趣广泛、想象力丰富的你，使我难以忘怀，在你即将开始新生活之际，我真诚地祝福你能有一个光辉的未来，有一片任你拼搏的辽阔的天地！

例3，把生活比作大海，把友情比作大海中的浪花，大海有了浪花更加美丽，生活有了友情更加甜蜜，愿你珍惜和同学间的友情，用真诚和宽容去融化一切误会。

例4，你聪明活泼，工工整整的字迹透露着你求知的执著，老师总忘不了你课堂上那双求知的大眼睛，回答问题时，你自然大方、声音洪亮。“书山有路勤为径”，相信你一定能成功！

例5，你是一个是非分明、有责任心、心地善良的孩子，对每件事都能尽职尽责地做好，你的成绩在一天天进步。老师喜欢你在知识的海洋里畅游时的劲头，也一定能看到你在未来生活中快乐飞舞的身影。

例6，你正直、诚实的品质，认真、踏实的学风给我们留下了深刻的印象。你很有责任心，做任何事情都能一丝不苟地完成，这也赢得了老师和同学们的信任。你马上就成为一名中学生了，老师祝福你有一天能展开成熟的羽翼在蔚蓝的天空中翱翔。

例7，学习犹如大海行舟不进则退，一个人只有顽强拼搏，才有驶向海岸的可能。老师希望你能勇敢地面对学习中的困难，相信自己的能力。只要你像一只辛勤的小蜜蜂，就一定能酿出鲜美醇正的蜂蜜。

例8，你的诚实、善良像温暖的阳光照耀着我们，你的热情、勤劳像轻柔的雨点，滋润着我们的心田。现在你即将成为一名中学生，希望你能以更认真、执著的态度对待学习，像你的品格那样给大家留下深刻的印象。

例9，你拥有聪明的大脑，你思想活跃、反应敏捷，学什么都快，真令人羡慕。不过，作业字迹潦草是不对的，一笔好字加上渊博的学识，一定会很有出息。

例10，课堂上，你成竹在胸，却从不轻易举手；班级里，你满腔热情，却从不启齿表白。你的作业本整洁，成绩总是保持优良，若能敞开心扉，融入集体的海洋中，你将会收获更多的快乐。

例11，你是一个懂事、善解人意、令人信任的女孩，你是老师的得力助手。在学习上也较努力，但却常常无法取得理想的成绩，关键是你要再踏实些。老师希望你今后在继续做好工作的同时，更加严格要求自己。老师等待着你在中学的好消息！

例12，刻苦学习、认真思考、迎难而上，是你的特点；勇于开拓、沉着应战、大胆创新是你的魅力所在。但是要想在学习上取得更大进步，仅仅停留在这个阶段还不够，希望你在书山学海中，找到开启智慧之门的金钥匙。

例13，你关心集体，独立能力强，能按时完成各科作业，但有时上课不够专心，还有些小动作。希望你能勇敢地站起来与贪玩作斗争，这样才会不断进步。相信你一定会做到的！

例14，你是位乖巧、文静的孩子，为人谦逊，心地善良，如果能勤奋努力，以认真、执著的态度对待学习，一定会学有所成。再请你记住：鸟无翅膀不能飞，人无知识无所为。

例15，“积累知识在于勤，学问渊博在于恒。”这一“勤”一“恒”是你做得不够的地方。你是个聪明的孩子，希望你今后能持之以恒、勤奋学习，提高自己的成绩。

例16，你听话、开朗，并且乐于帮助他人，只是在学习上，精神不够集中，上课讲话现象频频出现，希望你能够改掉这个坏毛病。相信你会得到长足的进步！

例17，进入高二，你的心安静了许多，能够全身心地投入学业当中。虽然高二的理科课程难度不断增大，但你凭借自己的顽强意志力，仍努力地向学习的山峰攀登着。希望你能继续努力，到达成功的顶峰！

例18，表面文静、瘦弱的你，却有着非常大的毅力，一直用自己的坚持与努力在学海之中扬起奋进的风帆。祝愿你早日缩小各门功课之间的差距，取得更优异的成绩！

例19，本学期，你的学习成绩有所下降，课外阅读时间过多，在很大程度上影响了你的学习。希望下学期，你能控制住自己看课外书的欲望，将心思全放到学习上。

例20，你一直是一位学习认真、刻苦，勇于钻研，勤奋好学的好学生，而且做事认真负责，任劳任怨，以自己的努力，带领全班同学积极参加体育比赛，取得了不错的成绩。正因为你的付出，所以得到大家的认同，得到学校的奖励。

例21，你处事稳重，与同学关系好，思想淳朴，待人随和、诚恳，热爱集体，乐意助人。你爱好广泛，有一份执著追求知识的信念。愿你坚持不懈，多一份朝气与冲劲，做一个强者、胜利者！

例22，你聪明伶俐、活泼好动，也像个精美的“小话匣子”，一件简单的事儿都能被你说成一个生动而美丽的故事。课堂上，你总能表现得机灵和敏捷，而且在课外组织同学搞好班级活动，大家都很喜欢你。但是你的“小话匣子”经常在不恰当的时侯打开，影响同学们听课。希望你以后努力使自己成为一个精美而有很好调控机能的“宝匣子”，好吗？

例23，你画纸上的动物栩栩如生、活灵活现；你画下的鲜花逼真美丽、充满生机。然而你忽略了，美术也需要知识的滋润，只有用辛勤的汗水浇灌的土地才会结出累累硕果。希望你上课专心听讲，积极发言，能发表自己独到的见解，打下扎实的基本功，如此才能更好地把握作画的技巧，圆你心中的梦。

例24，你是一个令家长欣慰、令老师骄傲的乖乖女，温顺平和的性格使你与同学们都相处得很好。对于学习，你不仅认真，而且精益求精。也许你的性格、你的气质、你的成绩才是你“古典淑女”的完美展示，但是老师多么希望在课外活动中能看到你的身影，与同学们一起打球、跑步、做游戏。老师期待着……

例25，你聪明能干，你的学习成绩总是很好，运动会上你的身影总会出现在领奖台上，故事讲的也那么绘声绘色，同学们都非常羡慕你。但是老师有一个小小的希望，希望你主动融入集体之中，主动与同学们相处得更好一些，与同学交往时更主动一点，同学们会更喜欢你。

例26，你是一个懂事、孝顺的好孩子。爸爸外出工作，你能理解妈妈的艰辛，经常帮妈妈干活儿，生活非常俭朴，你是班级里自理能力最棒的学生，是同学们学习的榜样。若是你能更多地帮助和关心其他同学共同进步，那你一定能成为最受欢迎的人。

例27，你时刻关注着班中发生的一切，看得出你是个做事很认真的好孩子。每天清晨，班内总能看到你忙碌工作的身影，你聪明，接受新知识的能力很强。我发现，你越来越会学习了。你课前认真预习，不懂就问，课上不但积极思考、回答问题有新意，而且学会做课堂记录，养成了良好的自学习惯。老师真高兴。不仅在学习上刻苦、认真，成绩优良，主动获取各学科知识，而且遇事总要问个为什么，这种打破沙锅问到底的精神最可嘉。你的阅读量还真不少，若能坚持下去，你所担心的写作水平一定会提高。

（写给上进心强的学生）

例28，你思维活跃，上进心强。你是一个为目标勇往直前的男孩，又是一个有强烈集体荣誉感的学生。当你一次次主动帮助同学打扫教室时，当你为一道难题凝神沉思时，当你矫健的身影活跃在运动场上时，作为老师的我，是多么的高兴！我为你的热心、勤奋和勇敢而自豪！老师也一直为你有很强的学习积极性而高兴。你业余爱好很多，不论在学习、体育还是文艺上，你既是同学们的榜样，又是老师的小助手。平时你能够认认真真地学习，积极思考问题，有独到的见解，养成了自觉学习的好习惯，并能根据学习内容查找资料。而热情奔放的性格，让你拥有了不少好朋友。

（写给全面发展型的学生）

例29，课外知识会把你带到一个神奇而充满智慧的世界，希望你能多读一些文学书，增长文学功底。你身边还有很多小朋友也很了不起，要记住："三人行，必有我师。"要会吸取他人的优点来完善自己，使自己成为班上的佼佼者。

例30，你有很广泛的兴趣爱好。同学们可羡慕你了，能做到学习与特长发展两不误。思维活跃的你，学习上自觉主动，我为你这学期的书写进步而高兴，相信你是下了一番苦功的。你的组织能力和责任心使你成为老师的得力助手。热爱劳动、讲究卫生、爱护环境、大胆发言、思维敏捷、有独到的见解，令人钦佩，在同学中有很高的威信。

要知道学习犹如逆水行舟，不进则退。在某些方面只要你一放松，就会呈现出不理想的一面。比如写字，稍不注意，你的字就会“龙飞凤舞”，老师希望你能更加完善自己。

（写给一位聪明、能力强的学生）

例31，聪明、热情、活泼是你的优点。这学期，你偶尔几次在课堂上精彩的回答，令老师和同学们对你刮目相看。你爱劳动，热心帮助同学；你爱琢磨，喜欢看课外书，经常给同学们讲故事；你喜欢滑冰，也很投入。

如果你能把课外的知识应用到课内该多好呀！老师也想从你那里得到更多的知识。希望你能在班中找到合作的伙伴，共同进步。记住老师的话：人的天赋就像火花，它既可以熄灭，也可以燃烧起来，而迫使它燃起熊熊之火的方法只有一个，就是劳动。你是一个极有天赋的孩子，脑子灵，反应快，希望你能认真对待每一件事，让智慧的火花早日点亮你。

（写给自我陶醉型的学生）

例32，你是一个坚强的孩子，因脚伤，几个月来你都睡不了一个好觉，真的很让人心疼。善良的你却像没事一样，从不让别人担心。你真的长大了！你与同学相处时很真诚，乐于帮别人解决困难。这学期，你在写字、积极举手发言、听讲的认真程度等方面有明显的进步。大家都看得出你是个聪明的孩子。过去，因你缺乏脚踏实地的学习精神，学习成绩不理想。凭你的智慧，相信你不比别人差，没什么难得了你的。知道吗？天才出于勤奋，知识在于积累。只要你能早日振作起来，充分发挥脑子灵、反应快的优势，显著的进步就一定在等着你！

（写给淘气且善良型的学生）

例 33，富有幽默感的你，带给大家不少欢乐。课外书是你的“好朋友”，看课外书时的你是那么沉静，把自己融入故事之中。我很感谢你为集体做的好事，你对人热情、宽容，不管是班里的事还是同学的事，你都积极主动去关心，人缘很好。你算是个“乐天派”的学生，每天不急不躁，悠然自得。

你要注意：不要让懒惰埋没了你的聪明，做事不能应付，不论做什么都要踏实、认真，期待有一天你能意识到自己的责任和义务，希望不要让关心你的人等的时间太长。在取得成绩的过程中要付出艰辛的劳动，但却会伴随着胜利的喜悦，愿你用辛勤的汗水换来丰硕的果实。

（写给不思进取型的学生）

例 34，关心集体、热心助人是你的优点，你乐于在别人有困难时伸出援助之手。这学期，你的作业能按时完成，好像长大了，更懂事了。老师真为你有如此大的进步而高兴。在上进心的驱使下，你终于能“悬崖勒马”，知道学习的重要性了。从在班中打扫卫生的举动可以看出，你是一个不怕苦、不怕累的人，这是你能学到真本领的资本。

一个人光有聪明的头脑而不用功，不去开发自身的潜能，他就会一事无成。假如你能彻底改正上课注意力不集中的坏习惯，做个认真细心的好孩子，那么定会走向成功的大门。万事开头难，你已迈出了第一步，但还需独立迈出第二步、第三步……成功一定属于你！

（写给无忧无虑型的学生）

感言：德育在“五育”中居于首要地位、领先地位。国运兴衰，系于教育；教育成败，系于教师。把教师比作世界上最“危险”的职业一点都不过分。学生是多样的、多变的，这就要求我们教师尤其是班主任在工作中不断自我反思、学习和改进。我们教育工作者的一次错误或一句错误的评析，如果没有得到及时弥补，也许会对学生造成终生的伤害。我们可以犯错误，但不要在学生身上犯错误，要给学生树立一个完美形象，而要做到这点确实不易。不可否认，教育学生是一门艺术，学好、用好这门艺术，必须终身学习、终身研究。

后　记

本书作者中有一位从教近30年的老教师，他从教经历的特点是，多年一直承担着高中历史课教学，兼任文科班班主任，而且至今仍然精力充沛地工作在教育岗位上。

鄙人在20多年前，曾经是他的班主任，兼授历史课。在我从教的三十几年里，从事过多种领域的教学，而且从教育战线上退休倏忽已十有余载矣！所以单就高中教育这一领域来说，他比我的工作时间长得多，自然他的教学经验与感悟也比我多得多。

还有更重要的一点是，他这个人总不满足于做一个老实安分的教书匠，而是三十年如一日地追寻着自己的教育梦想。时常有新生的教育理念在闪光、在跃动；不时地有些与常人不同的做法在试验、在践行；他从不情愿“吃别人嚼过的馍”。我认为这是一种精神，也正是他的难能可贵而又诚为可爱之处。

十年，在人生长河中是短暂一瞬，但对于一个认真做事的人来说，却也是不算短的一段宝贵时光。本书的编者曾获得历届优秀班主任、师德模范和教学能手荣誉称号。2009 年又获得全国教育科学“十一五”规划、德育研究与实践的“先进实验教师”称号，近来在内蒙古鄂尔多斯市被评为“师德标兵”、“优秀班主任”和中国教育学会内蒙古实验学校骨干教师。但愿他在未来的十年里，取得更大的辉煌。

应编者之约，写下以上几段话，权作《心语实录》的后记，或当作一篇班内的“接力日记”，录以留念。

赵三再

写于山西忻州师范学院

2010 年 9 月 7 日